国家广播电影
电 视 总 局　规划专业教材

电视节目制作

（技术类）

主　编

梁　小　山

副主编

刘　元　春

王　凤　梅

中国广播电视出版社

《电视节目制作》系列教材编委会

主　编　　刘爱清

副主编　　周南森

编　委　　李绍新　　丘敬平　　刘佳骥
　　　　　　沈兵虎　　高虎崧　　岑祥盛
　　　　　　覃路宇　　阿布都外力
　　　　　　李　明

序

　　电视是当今社会最有影响的传媒，是人们获取信息、知识的主要渠道，得到娱乐、美感的重要手段。随着人们审美水准的提高和对精神文化需求的发展，对电视节目的数量、品种、质量、品位的要求越来越高。为适应广大观众这种日益增长的需求，全国所有省级电视台都把一套好的节目送上了卫星，栏目改版创名牌、节目更新出精品，已成为各家电视台改革追求的目标之一。节目制作社会化的比重将逐步提高并成为巨大的产业。节目制作从业人员队伍也将随之不断壮大。节目制作从业人员应是经过专门训练的专业人才，其中，大专和中专层次的职业技术人才应占较大的比重。为了加快节目制作人才的培养速度，广播电视系统的院校都把节目制作专业作为重点专业来办，但缺乏适合职业教育特点的专业教材。这套电视节目制作系列教材就是在这样的背景下编写出版的。

　　这套教材分两批出版。第一批六本：《实用电视新闻》、《电视节目制作》（技术类）、《实用电视摄像》、《实用电视编辑》、《非线性编辑应用基础》、《有声传播语言应用》。第二批六本：《电视音乐与音响》、《电视美工与照明》、《电视文艺》、《电视广告》、《电视解说词写作》、《电视节目制作》（艺术类）。

随着其他参考性、资料性及音像电子教材等辅助教材的陆续出版，该系列教材将在内容上更加完善，结构上更加优化，并呈现出系列化、多样化、现代化等特点。

这套系列教材的推出，其指导思想是要努力体现两个转变，即变应试教育为素质教育，变学科本位为能力本位，构筑适应劳动就业、教育发展和人才成长"立交桥"需要的职业教育课程体系。

这套系列教材主要面向中等职业教育，同时也兼顾了高等职业教育、普通专科教育和在职岗位培训的需要，是一套适用范围较广的教材。它在结构、内容及编写方法等方面还具有以下新特点：

一、对课程结构的整体优化，有利于加强专业素质和综合能力培养。《实用电视新闻》让学生掌握最主要的专业知识，具备制作新闻节目与专题节目的能力；《实用电视摄像》、《实用电视编辑》、《有声传播语言应用》三门课程，分别培养学生的采、编、播能力，并开设《非线性编辑应用基础》课程，以适应数字技术的新发展；《电视节目制作》（上篇为技术类，下篇为艺术类）则以"文理渗透"、"技艺结合"为特点，对不同专业方向的学生"打通培养"、综合训练。整体课程设置，符合培养复合型专业人才的需要。

二、对"基础"部分的科学定位，符合工作岗位特点和业务性质要求。如：《实用电视新闻》把"电视新闻记者"、"电视新闻业务流程"作为该教材的基础部分；《实用电视摄像》把"摄像机构造与原理"、"光色与构图"、"画面运动与组合"作为该教材的基础部分。同样，《实用电视编辑》中的"视听思维和语言"、"画面组接与声画组合"；《非线性编辑应用基础》中的"线性编辑和非线性编辑的联系与比较"；《有声传播语言应用》中的"有声传播语言的应用基础"、"广播电视语言的应用"、"主持人的语言应用"等，都体现了各门课程对基础部分的科学定位。

三、对迁移价值的追求，是教材内容优化的重要体现。如：《实用电视新闻》中的"场性思维"、"电视新闻业务流程"，就是最具迁移价值的内容，它反映了事物的本质和内在联系。因为电视新闻制作不是一般的制作，而是一个业务流程。要驾驭这个业务流程，就必须具有场性思维；反之，要培养场性思维能力，就必须了解业务流程。又如，《有声传播语言应用》把播音基础理论与技巧通俗地概括为"气、声、字、句、情"五个字，这也是最具迁移价值的内容，它对有声传播语言的广泛应用具有直接的引导作用。

四、模块化的组装，为实施产教结合新的教学模式提供了基本依托。就整体课程设置而言，第一批六本教材可视为电视节目制作专业的大模块，第二批六本教材则可看做是根据市场需要和岗位群的不同分布而设置的小的活动模块。这种大小模块的结合，可根据不同专业或专门化的要求，进行课程的拼装、组合和调整。模块化的组装，还体现在各门具体课程上。如《有声传播语言应用》就包含了广播电视语言、主持人语言、窗口行业语言等几个模块。模块化的组装，打破了传统教材过分强调的学科的系统性和完整性，使理论与实践相结合的"双线课程结构"成为可能。

五、"三个一"（一个知识点，一个或多个能阐释知识点的实例，一个或多个相应的思考练习题）的基本编写体例，同样为实施产教结合的教学模式提供了条件。这种体例融理论教学、实践教学、技术服务与节目生产为一体，不仅适应模块化教学的要求，而且也适应学分制弹性学制的要求，并可做到

3

"教、学、做"的结合与"脑、口、手"的并用，使职业教育的实用性与灵活性得到最充分的体现。

这套系列教材的编写队伍是一支产教结合的队伍。来自全国各广播电视学校的课程组成员和有关广播电视机构的 30 余名专家及资深专业人员参加了编写。我对他们的辛勤劳作谨表深切的谢意，对这套教材的如期出版表示热烈的祝贺。但由于参编人数较多，期限又紧，难免存在内容繁多、水平参差、体例不一甚至个别差错等问题。诚恳希望读者批评指正，并请讲课教师在教学实践中提出修订意见。

刘爱清

2000 年 7 月 15 日

（注：为本书作序者系国家广播电影电视总局人事教育司副司长）

前　言

　　电视以其丰富翔实的内容，绚丽多姿、饱满动人的声画语言，已经成为人们政治、经济和文化生活的重要组成部分。电视是当今媒体中发展最为迅速的媒体之一，作为电视事业的技术基础——电视技术也随着科学技术的发展而日新月异。

　　电视节目制作是节目艺术创作与电视技术应用的综合。对电视节目制作基础知识、基本方法的掌握以及多种设备的操作使用，全面提高综合运用能力，是电视从业人员至关重要的基础，也是促使电视事业发展的重要保障。

　　本书以电视节目制作基础知识、基本操作为主，以专业设备为例证，从可操作性入手，着眼于专业能力的培养和实际动手能力的提高，将电视节目制作基础理论、新技术的发展应用以及电视节目制作实践融为一体，系统地介绍了电视节目制作的整个过程。

　　本书作为21世纪广播电视专业素质教育系列教材之一，适用于广播电视专业职业教育。如：电视节目制作、电视编导、电视摄像、播音、音响灯光、广播影视等专业，也可用于相关的专业培训或有关专业人员的参考书。

　　本书的作者队伍力求体现产教结合的原则，由电视节目制作生产第一线专业知识扎实、实践丰富的浙江电视台高级工程师梁小山和有多年丰富教学经验以及电视节目制作实践的浙江广播电视学校讲师刘元春、山西广播电视学校讲师王凤梅、湖北广播电视学校讲师李春涛组成。本书由梁小山主编，审定了全书并提出了修改意见。刘元春编写了本书的第一章、第二章和第五章；第三章由王凤梅编写；第四章由李春涛编写。

本书在编写过程中得到了多校领导的大力支持以及浙江电视台制作部有关专家的热情指导，我们在编写过程中参阅了有关专业书刊和资料，在此向他们一并表示衷心的感谢。由于本书编写时间仓促，书中可能有不足之处，希望广大读者批评指正。

编　者

2000 年 5 月

目　　录

第一章
节目制作基础

本章内容提要

◎ 电视节目制作是节目艺术和制作技术二者天然的结合。电视节目通过图像与声音向观众传播信息，是由各种制作人员根据节目的要求，操作使用各种制作设备系统，采用一定的制作方式，通过合理的制作流程，按照一定的规范制作而成的。

◎ 节目的质量取决于各种制作因素以及它们之间的配合和综合，电视图像的质量可用一定的方法来评价。

◎ 本章主要介绍电视信号、彩色电视基本原理、电视制式、制作方式、制作流程以及制作系统等内容。

△ 第一节　电视信号

电视台每天都播放着丰富多彩的电视节目，电视节目是电视的灵魂，是综合了绘画、雕刻、建筑、音乐、诗歌、舞蹈、戏曲、电影的综合艺术，被人们称之为第九大艺术。电视节目，有反映国际、国内最新大事要闻的新闻节目，如 CCTV

的"新闻联播"等；有提供娱乐，陶冶情趣的体育、音乐、戏曲节目以及文艺节目，如"春节联欢晚会"等；有感人肺腑，给人以启迪的影视剧；有注重普及、提高观众文化素质的教育节目；有富有创意、耳目一新的广告节目等。无论电视节目如何名目繁多，也不论节目的内容、制作与播放的规格、方法各不相同，但都有一个共性——电视是通过图像与声音向观众传播信息和观念的一种媒体。

电视（Television），拉丁语中的原意，是遥视。它是用无线电电子学的方法，实时地、远距离地传送活动或静止图像的技术，它包括电视信号的产生、处理、存储、记录、发送、接收等内容，涉及到微电子学、光度学、色度学、视觉心理学及通讯技术等多种学科，并随这些学科的发展而发展。

一、电视图像的传送

电视是采用无线电电子学的方法实时地传送图像的。

电视的活动图像包含着景物的亮度、色度和色饱和度信息，是随空间和时间的变化而变化的。为了简要说明问题，我们把活动图像简化成平面的黑白图像，即只有亮度的图像信号。再把平面黑白图像分解成许许多多的最基本单元——像素，每个像素都包含着瞬息万变的明暗不同的信息。要把这么多像素同时转变成信号传送出去，需要与像素同样多的传输通道，这在技术上是很难实现的。好在人的眼睛具有视觉残留特性，即图像消失后，仍可停留约 0.1 秒的时间。电视利用人眼的这一特性，采用扫描的方法，把图像中的像素按照时间顺序逐个地变成电信号进行传送和接收。当传送和接收的速度足够快时，在接收端就可以看到一幅完整的图像。把一幅图像连续不断地传送和接收，就可以看到活动图像。

电视传送图像的原理可以用图 1-1 来描述。空间景物通过

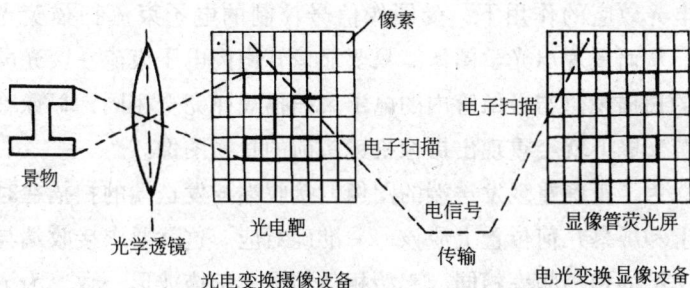

图 1-1 电视传送图像的原理示意图

电视摄像机的光学透镜成像于摄像机内摄像管的光电靶上形成平面图像。光电靶的靶面材料是一种光电导材料，它能够按照图像的明暗程度将光学图像变成一幅电子图像。亮处电荷多，暗处电荷少。在摄像机的摄像管内会产生一根很细的电子束流，它在"靶面"的内侧，一行一行地从左至右，从上到下反复地进行扫描，每接触到"靶面"上的一点时就将其电荷变成电流。电流的大小与该点的电荷量成比例，即与该点对应的景物图像的亮度成比例。这样电子束依次扫描光电靶上的每一个像素，就把像素上的每一个明暗不同的光信号转变成电信号。这个电信号通过摄像机内部的各种电路的放大、加工、处理，最后编码形成符合一定规范的全电视信号，即视频信号。在这里，电子扫描实现了两种变换：一是空间时间变换，把随空间和时间变化的活动景像变换成只随时间变化的图像信号；二是光电变换，利用光电靶的光电效应，把以光能形式出现的活动景像变换成电能信号。视频信号最终传送到电视接收机（简称电视机）的显像管中进行逆变换。显像管的电子束扫描与光电靶的电子束扫描规律相同，以图像信号控制电子束扫描的强弱。在黑白显像管的荧光屏上，涂有能够发出白光的荧光粉，

荧光粉的发光强度随电子束流的强度而变化。在显像管荧光屏的电光效应的作用下，受图像信号控制的电子束流扫描荧光屏，从而重现出光学图像。只要显像管内的电子束流在荧光屏上的扫描规律与摄像管内的电子束扫描规律完全相同，显像管的荧光屏上就会重现出摄像机镜头前的景物图像。

为了正确重现发送端的图像，接收端与发送端的扫描在时间上和屏幕几何位置上应该一一准确对应。这就要求接收端与发送端的扫描频率相同，起始相位相同，扫描波形一致。为了解决这个问题，摄像机内有个同步信号发生器，它产生行同步和场同步信号。这同步信号控制摄像管的扫描电路，即控制了摄像管内电子束的扫描频率和相位。编码时，把行、场同步信号与图像信号相加，编制在视频信号内。在电视机或监视器接收时，又把同步信号分离出来，控制显像管的扫描电路，即控制了显像管内的电子束扫描。行同步使摄像管和显像管内电子束扫描每一行的起止时间相同，场同步使它们每一场（即每一次从上到下）扫描的起止时间相同。同时规定：在摄像管内电子束从左至右扫描时送出图像信息，而从右回到左端的过程中不传送任何图像信息。同样，在垂直方向从上至下扫描时传送图像信息，而从下返回上部的过程中也不传送图像信息。这两个不传送图像信息的时间分别叫做行消隐和场消隐期间。同步信号就是在行、场消隐期间传送。

我国的电视制式规定：每秒钟在电视中传送 25 帧图像（即 25 幅画面），每帧图像从上至下共扫描 625 行，其中 575 行为正程扫描，传送图像信息，有 50 行不携带图像信息，是消隐时间，电子束可以在此期间从屏幕下端返回到上端。在 575 行正程扫描中又可分两次完成，即第一次只扫描奇数行，即 1、3、5、……行，第二次只扫描偶数行，即 2、4、6、……行，于是每一幅图像分成两场扫描，每次完成312.5行扫描，其中25行为消隐期间（即场消隐）。扫描奇数行的一场称为奇数场，扫描偶数行的一场为偶数场，奇数场图像与偶数场图像镶嵌在一起组成一幅完整的图像，如图1-2所示。这种扫描方式称为隔行扫描。

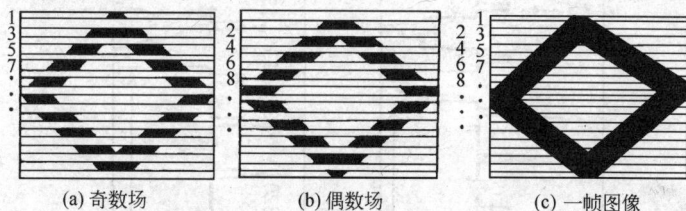

(a) 奇数场   (b) 偶数场   (c) 一帧图像

图1-2 隔行扫描重现图像示意图

因此，我国的黑白电视制式称为：25帧（一帧即一幅图像的传送时间）、50场、625行、2:1隔行扫描制即D制。

二、全电视信号

从电视图像的扫描、传送可知，一个黑白全电视信号（即视频信息）应包括：

图像信号，代表图像亮度变化；

行同步信号，指挥行扫描同步；

场同步信号，指挥场扫描同步；

行消隐信号，消匿行回扫线；

场消隐信号，消匿场回扫线。

其中，行、场同步脉冲信号的组合就构成复合同步信号，行、场消隐脉冲组合在一起，就构成复合消隐脉冲信号。

全电视信号可以认为是由携带图像信息的图像信号和保证正确显像的复合同步和复合消隐脉冲信号所组成的，如图1-3所示。

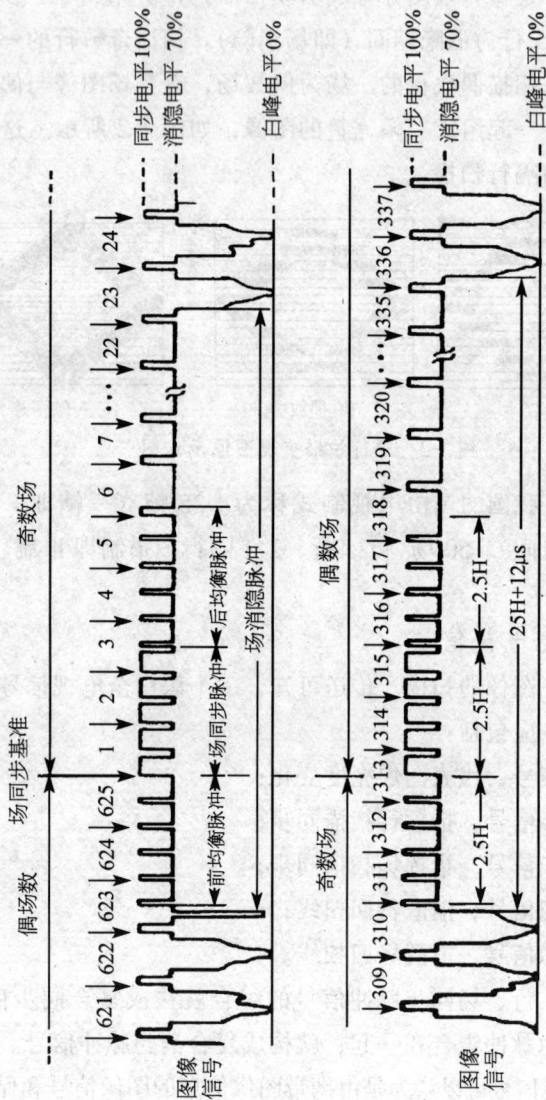

图1-3 全电视信号波形

国际上各个不同国家和地区制式不同，国际黑白电视标准如表 1-1 所示。

表 1-1 国际电视制式标准特性

参数 制式	每帧行数	场频 (Hz)	帧频 (Hz)	行频 (Hz)	全电视信号标称电平				标称视频带宽 (MHz)	标称射频带宽 (MHz)	伴音载频相对于视频之载频差 (MHz)	视频信号调制极性	伴音调制方式	使用国家和地区
					消隐电平 (%)	白峰电平 (%)	同步电平 (%)	黑电平与消隐电平之差 (%)						
M	525	60	30	15750	0	100	−40	7.5±2.5	4.2	6	4.5	负极性	$F_3 \pm 25kHz$ (FM)	美国、日本、台湾地区、南朝鲜
B,G,H	625	50	25	15625	0	100	−43	0	5	7,8,8	5.5	负极性	$F_3 \pm 50kHz$ (FM)	欧洲大陆（法国、摩纳哥和国际广播电视组织成员国除外）
I	625	50	25	15625	0	100	−43	0	5.5	8	6	负极性	$F_3 \pm 50kHz$ (FM)	VHF:南非 UHF:英国、香港地区、南非洲

参数\制式	每帧行数	场频 (Hz)	帧频 (Hz)	行频 (Hz)	全电视信号标称电平 消隐电平 (%)	白峰电平 (%)	同步电平 (%)	黑电平与消隐电平之差 (%)	标称视频带宽 (MHz)	标称射频带宽 (MHz)	伴音载频相对于视频载频之差 (MHz)	视频信号调制之极性	伴音调制方式	使用国家和地区
D,K,K₁	625	50	25	15625	0	100	−43	$\dfrac{D,K,0\sim7}{K_1}$ 0彩色 0~7黑白	6	8(8.5)	6.5	负极性	$F_3\pm50\mathrm{kHz}$ (FM)	中国,独联体和国际电视广播组织成员国
L	625	50	25	16525	0	100	−43	0彩色 0~7黑白	6	8	6.5	正极性	A_3(AM)	法国 (UHF)
C	625	50	25	16525	0	100	−43	0	5	7	5.5	正极性	A_3(AM)	
E	819	50	25	20475	0	100	−43	0~5	10	14	11.5	正极性	A_3(AM)	法国 (VHF)
A	405	50	25	10125	0	100	−43	0	3	5	−3.5	正极性	A_3(AM)	VHF:英国,香港地区
N	625	50	25	15625	0	100	−40	7.5±2.5	4.2	6	4.5	负极性	$F_3\pm25\mathrm{kHz}$ (FM)	牙买加,阿根廷

国际全电视信号的标准电平是以消隐电平为基准的，按正极性标出，如图 1-4 所示。例如 D 制：625 行、25 帧、2：1 制，若以消隐电平为基准，则白峰电平为 70%，同步电平为 −30%，等效于以同步电平为基准的，白峰电平 100%，消隐电平 30%。

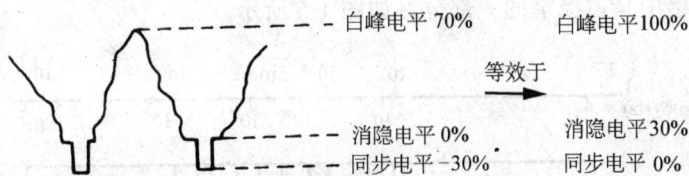

白峰电平 70%　　　　白峰电平 100%

等效于

消隐电平 0%　　　　消隐电平 30%
同步电平 −30%　　　同步电平 0%

图 1-4　正极性全电视信号的标称电平

△ 第二节　彩色及其再现

自然界五彩缤纷的景像，都是通过光的传递才映入人的眼帘的。没有光，人们就看不到景物，就不存在电视画面的拍摄、电视节目的制作，也就不存在电视节目。没有光，甚至于我们就无法想像我们的世界会是什么样的。光是形成电视节目的最根本要素之一。

一、光与色

光是一种以电磁波辐射形式存在的物质。由于光在一般情况下是沿直线传播的，所以又称之为光线。波长在 380nm～780nm（纳米）范围内的光能引起人眼的视觉，称为可见光。可见光不仅能引起人眼的光亮的感觉，而且足够强的光还能引起不同的颜色感觉。波长从长至短变化时，引起的颜色感觉依次为：红、橙、黄、绿、青、蓝、紫。具有单一波长成分的光，我们称之为单色光，包含两种以上波长成分的光被称为复色光。太阳是自然界中最丰富的光源，它发出的白光包括了一切可见光，是一种典型的复色光。太阳光通过三棱镜可以分解为红、橙、黄、绿、青、蓝、紫等一系列彩色光。例如：雨后彩虹，就是因为太阳光的色散所形成。可见光在整个电磁辐射波谱中只占极窄的一部分，如图1-5所示。

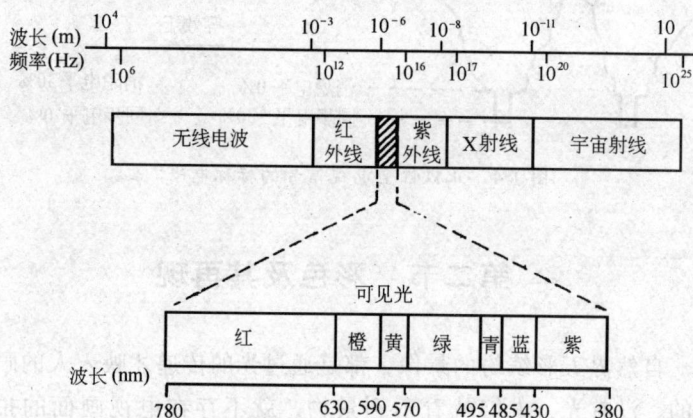

图1-5　可见光在电磁辐射波谱中的位置

电视广播只利用可见光。

我们日常所感知的光归纳起来有三种：即直射光、透射光和反射光。

发光体产生并直接刺激人眼引起光感的光称为直射光。例如：阳光、照明灯光、显像管荧光屏发出的光等。

发光体所发生的光照射到透明或半透明的物体上，被有选择地透过的称为透射光。例如：透过玻璃、滤色片、电影胶片的光等。

发光体发出的光照射到物体上，被该物体有选择地反射出来的光称为反射光。我们所看到的大多数不透明物体的光都是反射光。

通常我们看到的物体的颜色主要由照射光的光源的色调以及物体本身的反射特性所决定的。因此，要想评价彩色在电视传输中的具体颜色，或者评价重现彩色与物体本身颜色的一致性，或者评价色彩的逼真性等，都必须指出电视图像是在什么样的光源照射下拍摄的。

被认为白色光源的各种灯光与太阳光的色调是有差别的，例如：白炽灯、卤素灯、荧光灯等。国际上规定了几种标准的白色光源，这些光源的色调用"色温"来表示。色温是指：把一绝对黑体辐射体加热，在温度变化时，它发射出的光的颜色随之变化，当颜色变化到与被测光源的颜色相同时，这时黑体的这个温度就叫做该光源的色温，色温决定于光源的光谱特性，用于衡量颜色的质量。光源的色温用绝对温标开尔文来表示，单位为开（K）。开氏温标的 0K 为摄氏温标的 -273℃。任何实际的光源，它的颜色质量均可用这种"色温"来表示。国际上规定了五种白色光源：A 光源、B 光源、C 光源、D 光源和 E 光源，作为彩色电视衡量色度的基准光源。

A 光源是在 2800K 时的钨丝白炽灯光。它在波长较长部分功能强，因而是一种略偏橙色的白光，又称为 A 白。A 白的色温为 2854K。

B 光源是中午直射的太阳光。它的蓝色部分功率比 A 光源强，红色部分功率比 A 光源弱，色温为 4800K，又称为 B 白。

C 光源相当于白天的自然光，蓝色部分能量较多，是偏蓝的白光，色温为 6770K，又称为 C 白。

D 光源相当于白天的平均照明光，是我国彩色电视采用的标准白光，色温为 6500K，又称为 D 白。

E 光源是一种理想的等能白光。它的光谱能量分布是一条直线,在可见光范围内各波长具有相同的辐射功率,其颜色和绝对黑体在 5500K 时的辐射光相近,因而它的色温定为 5500K。又称为 E 白,它只是用在色度学计算中。

色温低的白光偏红,色温高的白光偏蓝。在电视演播室中采用的照明光源通常是色温为 3200K 的卤素灯。而我国的彩色电视采用的标准白光是色温为 6500K 的 D 白,主要考虑到人眼在观看略偏蓝的电视画面时,感觉比较悦目。

光和色本质上是相同的,色是光的另一种形式,色既是客观的物质,又是人眼对客观物体的反映。为了确切地表示彩色,在明确了光源的色温以外,还可能用颜色的三个属性即:亮度、色调与饱和度来描述。

亮度是光作用于人眼所引起的明亮程度的感觉。光源的光功率越大,物体表面反射的光功率越大,则感觉也就越明亮。

色调表示彩色的类别。彩色光的色调取决于它的波长或光谱成分,彩色物体的色调取决于光源照射下物体反射光的光谱成分。

饱和度是指彩色光所呈现彩色的深浅程度,对于某种色调的彩色光,其饱和度越高,则呈现的彩色越深。

二、三基色原理

彩色电视中彩色的再现并不要求复现原来景物的光谱成分,只要再现出与原景物相同的彩色感觉即可。因而在彩色电视中可效仿人眼的三种光敏细胞,选用三种基本色,按适当的比例组成等效色来模拟大自然中常见彩色的视觉效果,这就是彩色电视的基本原理——三基色原理。

人眼的三种光敏细胞分别对 640nm 的红光、540nm 的绿光、460nm 的蓝光最为敏感。国际照明委员会(CIE)规定:

选择水银光谱中波长为 700nm 的红光作为红基色单位，546.1nm 的绿光作为绿基色单位，435.8nm 的蓝光作为蓝基色单位。这三基色的选择主要考虑到：三基色必须稳定、准确，能很方便地获得，它们之间相互独立，而且可以混配出尽可能多的颜色等。由于这三基色可方便地用物理方法获得，又称物理三基色，是色度学计量中最基本的一套三基色，也是彩色电视中选用的三基色。

三基色原理是彩色电视基本原理，它的三基色为红、绿、蓝。三基色原理包含以下四层含义：

（1）自然界中常见的各种颜色几乎都可以用三种基色按一定比例混合得到；反之，任何一种彩色可以分解为三种基色分量之和；

（2）三基色是相互独立的彩色，即其中任何一种基色都不可能由其他两种基色混合产生；

（3）混合色的色度由三基色的比例决定；

（4）混合色的亮度是三基色的亮度之和。

根据三基色原理，彩色电视在传送彩色图像时，并不需要对各种波长的光逐个进行变换和传送，而仅需将各种色光分解成红、绿、蓝三种基色光，分别变成电信号——即基色信号，进行处理、放大、加工，编码成彩色全电视信号进行传送。在显像管重现时，把彩色全电视信号分解成三种基色信号，控制三个电子束流扫描，从而控制荧光屏上红、绿、蓝三种荧光粉发光，三种荧光粉发出的光混合得到一幅彩色图像，由于荧光粉点很多（有几十万个），人眼的分辨率有限，彼此相距很近的三个基色发光点，在一定距离上观看，不是三个色点，而是三者的混合色，这种混色法称为空间混色法或加法混色法，也就是彩色电视混色法。当然，色光分解成的红、绿、蓝光与荧光粉发出的红、绿、蓝光的色度应完全一致；同时在编码器编制成彩色全电视信号时，必须加进一个色同步信号，以它作为标准，保证接收时彩色信号的频率、相位与发送端的完全一致。这样，重现的彩色才能稳定、逼真。

从上可知，彩色全电视信号是由黑白全电视信号（包括图像信号、复合同步信号、复合消隐信号）、色度信号和色同步信号所组成的。色同步信号波形如图 1-6 所示。我国彩色全电视信号的频谱参见图 1-7。

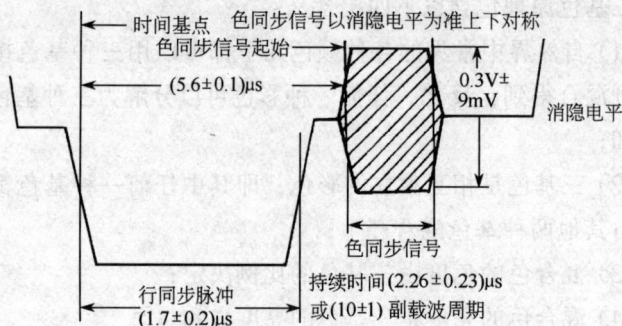

图 1-6　色同步信号波形（我国标准）

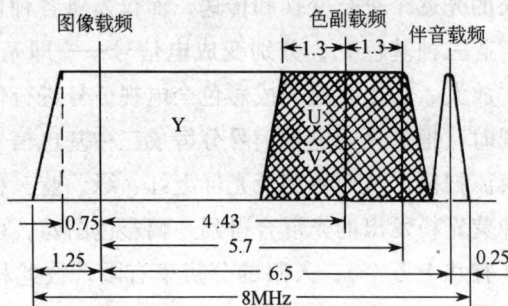

图 1-7　PAL 制频谱（我国标准）

三、彩条信号

彩条信号正确反映各种彩色的亮度、色调和饱和度，是测试、调整彩色电视系统传输特性的一种常用测试信号。彩条信号是用电子方法产生的，在彩色荧光屏上显示为八条等宽而颜色不同的彩色竖条，按亮度递减顺序从左至右依次为白、黄、青、绿、品、红、蓝、黑，包括三个基色信号红、绿、蓝和三个补色信号黄、品、青以及黑白两色。

1．彩条的形成

根据三基色原理，有：白＝红＋绿＋蓝，即等量的红、绿、蓝三色混合得到白；黄＝红＋绿，即等量的红、绿相加为黄色；青＝绿＋蓝，即等量的绿、蓝相加为青色；品＝红＋蓝，即等量的红、蓝相加为品色。彩条信号就是由红、绿、蓝三基色电压分别作用于彩色显像管的三个电子枪，控制电子束流的大小，从而控制荧光屏上的红、绿、蓝荧光粉发光得到的。设三基色的信号电平为 R、G、B，与白条对应的三基色信号电平为 1，即 $R=G=B=1$，与黑条对应的三基色信号电平为 0，即 $R=G=B=0$，则黄条为 $R=G=1$，$B=0$；青条为 $R=0$；$G=B=1$；依次类推。利用亮度方程 $Y=0.3R+0.59G+0.11B$，还可以得到三基色信号组成的亮度及色差信号。三基色、亮度、色差信号波形图如图 1-8 所示。

2．三种标准彩条

常用 PAL 制标准彩条有三种形式：100-0-100-0，100-0-75-0 和 100-0-100-25 或表示为 100/0/100/0，100/0/25/0 和 100/0/100/25。它们采用四位数码命名，第一位和第二位分别表示黑白条时 R、G、B 的最大值和最小值，第三位和第四位分别表示彩色条时 R、G、B 的最大值和最小值。根据四位数的含义，可得到三种彩条信号的波形图，如图 1-9 所示。

15

16

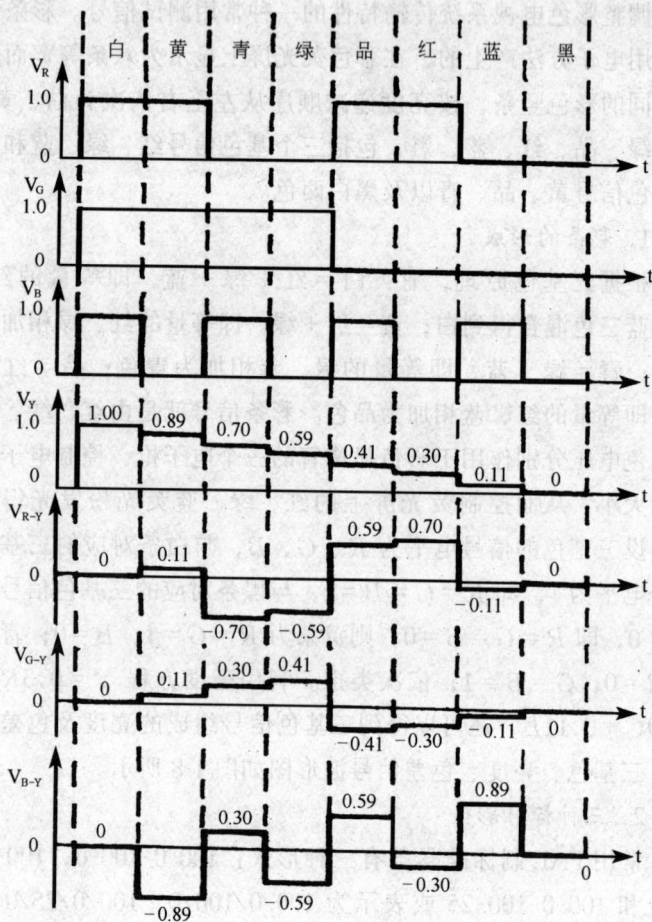

图 1-8 100-0-100-0 彩条信号波形图

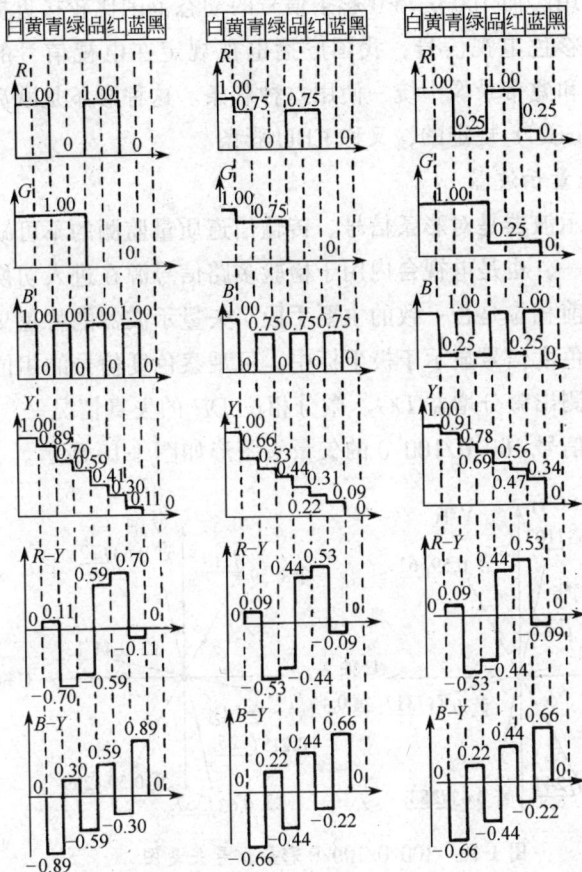

(a)100-0-100-0 彩条　　(b)100-0-75-0彩条　　(c)100-0-100-25彩条

图 1-9　三种彩条信号的波形图

由于 100-0-100-0 彩条信号的高饱和度和大幅度，对电视传输通道的动态范围有较高的要求，通常只在调测编码器和解码器时采用。而 100-0-75-0 彩条信号的动态范围比较接近摄像机摄取的彩色电视信号，我国广播电视规定在电视信号的发射、传送和磁带录像中统一使用这种彩条。这种彩条是欧洲广播联盟（EBU）规定的，又称 EBU 彩条。

3．矢量示波器

矢量示波器是对彩条信号、传输信道质量监测的不可缺少的仪器之一，也是电视台内用于检验多路信号源在进入切换台等设备之前相位是否一致的主要手段。矢量示波器能将正交平衡调制的色度信号显示于极坐标中，可观察色度信号的相位和幅度，可测出微分增益 DG、微分相位 DP 的失真情况。

彩条信号 100/0/100/0 的矢量头图形如图 1-10 所示。

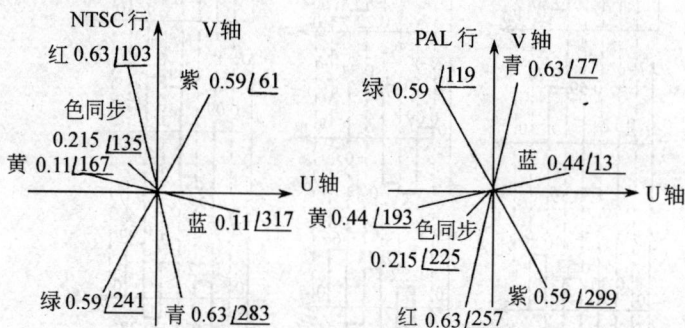

图 1-10　100/0/100/0 彩条信号矢量图

矢量的大小代表饱和度，矢量的角度代表色调，图中标注的各彩条色点：黄、青、绿、品、红、蓝，和色同步分别表示不倒相系统（NTSC 行）和倒相系统（PAL 行）中的彩条矢量头光点，而代表白、黑条的光点均在坐标原点上。NTSC 行与

PAL 行矢量以 U 轴为对称逐行倒相。

为了侧量方便，在矢量示波器的荧光屏前附有透明的刻度盘，如图 1-11 所示。图中，带大角框的田字格为主矢量，田字格边大写字母标注色名，小写字母标注的小田字格为对应主矢量（相对于水平轴）倒相后的补色。例如：g 是 G 的补色，r 是 R 的补色。各色点的矢量幅度和相位均以田字格内的十字交叉点为准，向外超出的表示有 ±5％ 的幅度和 ±3° 相角误差，超出大角框表示有 ±20％ 的幅度和 ±10° 相角误差。

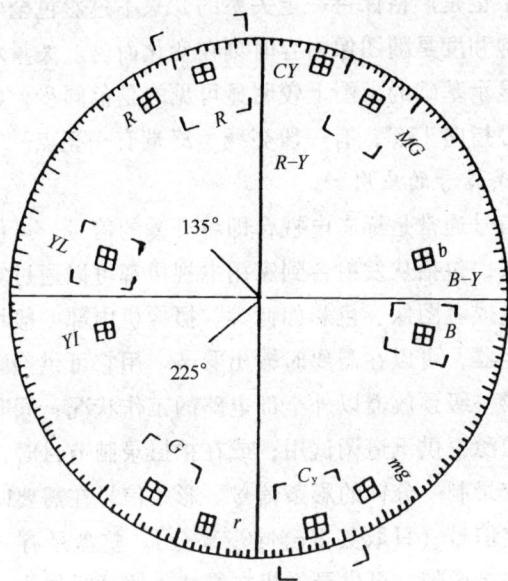

图 1-11　矢量示波器刻度盘

为了保证水平和垂直偏转放大器的放大量一致，开始测量前应进行校准。方法是按校准钮，出现一个圆，改变水平和垂直放大器的增益，使大圆符合刻度盘外围标准圆即可。

在观察彩条矢量时可发现，各亮点之间有光迹相连，一般将灰度关小便可隐去，重要的是亮点位置。由于 PAL 彩条信号是逐行倒相的，还会在矢量图上出现双重亮点，需要注意区别，一般只读落在框内的各点。落点是否准确的基准是色同步的亮度是否与副载波的 135°的位置相对应。若不一致，可调"PHASE"相位校正旋钮使之对齐，若个别点进不了框，说明该色条有偏色或饱和度失真。

当用矢量示波器观察全电视信号时，显示在矢量示波器荧光屏上的像一团棉絮毫无规律，但实际上任一点与色同步之间的相位关系也是严格保持一定关系的，只不过彩色全电视信号的色调和饱和度是随图像内容时刻在变化而已。矢量示波器是以一行为显示基础的，图上较明显可见的是色同步，始终不变——由中心指向 135°，有一段亮线，终端有一亮点。

4. 彩条信号的应用

彩条信号通常是标志电视台即将开播的信号，可供全系统的初始调试，包括从发射台到家用电视机都可以通过它来检验波形、矢量或者图像、色彩如何等。摄像机内部一般均设有彩条信号发生器，可以在需要时输出彩条。用它可供判断除摄像机器件及第一级预放器以外全部电路的工作状况；同时也可作为电子图像源，供讯道调试用；或在拍摄录制节目时，供录像带头按规定录制一分钟的彩条信号。彩条信号在需要时还可以作同步锁定信号（只取其复合同步部分）。整盘录有"标准彩条信号"的录像带，可供录像机在维修、调试时作为工具（磁头信号源）使用。

△ 第三节　彩色电视制式

电视为了能更好地服务于人类社会，需要制定其标准制式。所谓标准制式，就是对扫描线数、每秒帧数、扫描方式等进行规定。当某个国家进行电视广播时，首先要确定其标准制式，这是一项极其重要的工作。现行彩色电视制式有 NTSC 制、PAL 制和 SECAM 制。

一、彩色电视制式

全世界范围的电视广播，由于各国开办的年代不同，因而它的标准制式也必然不统一，因此国际上每当制定标准制式时，都要召开许多会议。但是对于已实现电视广播的国家，要改变自己国家的标准制式，则会遇到许多困难，例如：必须改换电视机的机型等。由于存在着各国的利害关系，因此只有以下三项取得了一致意见，即与电源频率非同步工作方式，2:1 隔行扫描，帧图像 4:3 宽高比。而对于最主要的扫描线数和每秒帧数等参数，直到现在未能取得统一。现在全球彩色电视的制式大约可以分为 NTSC 制、PAL 制、SECAM 制三大类。NTSC（Natinal Television System Committee）制，是正交平衡调幅制，是由美国首先研制的，又称美国制；PAL（Phase Alternation Line）制，是逐行倒相制，由原联邦德国首先研制并使用的，又称西德制；SECAM（Sequential Colour and Memory）制，是逐行轮换、储存、调频传色制（简称调频制），由法国首先研制成功，又称法国制。

三种制式性能各不相同，如表 1-2 所示。从表上可以知道三种制式各有优缺点。无论从技术上还是从实践上看，都没有哪一种制式占绝对优势。因此现在世界各国都有采用。

1. 彩色电视制式的分类

彩色电视制式有多种不同的分类方法。

表 1-2　三种彩色电视制式之比较

		NTSC 制	PAL 制	SECAM 制
共同点		1. 彩色电视与黑白电视兼容 2. 电视信号包括一个亮度信号和两个传送彩色信息的色差信号		
不同点	1	采用不等带宽的色差信号 I、Q 对两个正交的同频副载波进行正交平衡调幅	采用等带宽的经压缩的色差信号 U、V 对两个正交的同频副载波进行正交平衡调幅。并使 V 信号的副载波逐行倒相	采用经加权的两色差信号 $D_R D_S$ 分别对两个不同频率的副载波 f_{OR} 和 f_{OS} 进行调频
	2	当色差信号为正值时，I、Q 信号的副载波相位分别为 123° 和 33°，负值时分别为 303° 和 213°	当色差信号 U、V 为正值时其副载波相位分别是 0° 和 90°，负值时则是 180° 和 270°，V 信号副载波还要逐行倒相 180°	色差信号的调制方法是在 D_R 行由色差信号 D_R 调制副载波 f_{OS}，D_S 行由 D_S 信号调制副载波 f_{OS} 分别逐行轮换调频
	3	每行传送一个由副载波和色同步开关脉冲 K 组成的色同步信号、相位为 180°	每行传送一个由副载波和色同步开关脉冲 K 组成的色同步信号，相位逐行摆动，N 行为 135°、P 行为 225°	只在场消隐期间的 9 行中传送彩色同步识别信号。第 1、3 场为 7～15 行，第 2、4 场为 320～328 行，在 D_R 行色同步为正极性梯形，D_S 行为负极性梯形
优缺点	分辨率	最　高	次　之	最　差
	光点干扰	可见度最小	次之，兼容性无明显差别	兼容性无明显差别
	中继传输	相位失真较敏感	逐行倒相改善了相位失真敏感性	采用逐行轮换传送色差信号及副载波调频使相位失真优于 NTSC 制
	接收设备	简　单	最复杂	较复杂

（1）按使用目的可分为兼容与非兼容两大类：彩色电视与黑白电视传送方法有所不同。黑白电视只传送一个反映景物明暗变化的黑白信号（亮度信号）而彩色电视传送的是绚丽多彩的彩色，即除了反映彩色景物的亮暗，还要反映彩色的类别及浓淡。彩色信号根据三基色原理进行传送。兼容指当黑白电视机接收彩色电视节目时，能显示与原三基色信号相对应的黑白图像；同时，彩色电视机也能接收黑白电视节目，但显示的是黑白图像。目前的彩色电视广播都是兼容性彩色电视。非兼容性的主要是用于工业、军事、医疗、通讯等非广播设备。

（2）按信息传输与显示的时间关系还可以分为同时制、顺序制、顺序同时制三种：同时制是将亮度信号及色度信号以不同的频率范围同时传送，显像方式是利用空间混色原理三基色同时显示。例如：兼容制中的 PAL 制及 NTSC 制。顺序制是将三基色信号用分时法即以一定的先后顺序轮流传送出去，在接收端利用人眼的暂留特性再以同样的顺序显示出来。顺序制是彩色电视初期的一种方案，因不能与黑白电视兼容，而很快被同时制所取代。但由于其结构简单，色彩逼真，在工业电视中尚有一定的地位。顺序-同时制是上述两种方式的结合，即传送时即有顺序传送的部分，又有同时连续传送的部分，显像时采用同时方式。例如：兼容制中的 SECAM 制就是顺序-同时制。

2. 兼容制彩色电视制式

彩色电视是在黑白电视基础上发展起来的。各国都希望后期发展的彩色电视也能与本国早期发展的黑白电视兼容，所以各国制定的彩色电视标准也都同时具有本国的黑白电视标准，用制式和后缀表示。如我国自 1981 年正式确定 PAL 制式作为彩色电视制式后，我国兼容制彩色电视的制式表示为 PAL-D

制。PAL 指彩色电视制式，D 指黑白电视标准。世界部分国家和地区使用的彩色电视制式，如表 1-3 所示。

表 1-3　一些国家和地区电视广播采用的制式

国家和地区		美国	日本	台湾地区	韩国	菲律宾	中国	英国	意大利	南斯拉夫	香港地区	印度	法国	独联体	波兰	匈牙利	叙利亚
彩色制式		NTSC					PAL						SECAM				
黑白制式	VHF	M					D	A	B	B		B	E		D		B
	UHF	M					D	I	G	H		I	L		K		

二、电视新制式

1972 年在 CCIR 年会上，日本提出把高清晰度电视作为 CCIR 研究项目的提案，英国提出有关数字电视的提案。这些提案得到各国的赞同，并作为研究项目新探索而被采纳。

数字电视（DTV——Digital Television）及高清晰度电视（HDTV——High Definition Television）是数字化信息技术革命的产物。当 1987 年 7 月美联邦通信委员会（FCC）组织了 25 人的先进电视业务顾问委员会（ACATS）主管有关高级电视系统（ATV——Advanced Television）研究和开发工作及发布有关 ATV 的质询通告（Notice of Inquiry）时，数字电视和高清晰度电视已初露端倪。

1. 高清晰度电视 HDTV

高清晰度电视的发展经历了从模拟到数字的过程。在高清晰度电视的研究开发上，日本率先提出了模拟的高清晰度电视技术。它标志着继 NTSC 后的高级电视研究的开始以及图像新时代的到来。日本广播公司 NHK 的 1125 线的 HDTV 系统，

第一次在美国的大型展示是在 1981 年 2 月的运动图像和电视
工程师协会（SMPTE）的年会上。1983 年，运动图像和电视
工程师协会（SMPTE）、美国国家广播者协会（NAB）、美国
国家有线电视协会（NCTA）、电子工业协会（EIA）和电气工
程师学会（IEE）与代表电视行业圈内的 60 家美国公司合作
组建了高级电视系统委员会（NTSC Advanced Television
Systems Committee）。并致力于 HDTV 制作标准的研究。由于
种种原因，至今未能达成统一标准。建议的 HDTV 制作的传
输标准比较，可参见表 1-4。

表 1-4　建议的 HDTV 制作和传输标准比较

名称	高清晰度电视建议标准					现有标准		
	SMPTE 240M	EUREKA 95	MUSE	Grand Alliance	HD-MAC	NTSC	PAL	SECAM
用途	制作	制作	卫星	地面	卫星	地面有线卫星	地面有线卫星	地面有线卫星
地区	北美 日本	欧洲	日本	美国	欧洲	北美 日本 中南美	欧洲 南美	欧洲 非洲
图像编码	模拟	模拟	模拟	数字	模拟	模拟	模拟	模拟
线数	1125	1250	1125	1125, 787.5	1250	525	625	625
扫描方式	2:1 隔行	1:1 逐行	2:1 隔行	2:1 隔行 1:1 逐行	2:1 隔行	2:1 隔行	2:1 隔行	2:1 隔行
频道带宽	30MHz	25MHz	21～24 MHz	6MHz	27MHz	6MHz	7MHz	8MHz
帧频	30fps	25fps	30fps	30fps	25fps	30fps	25fps	25fps

名称	高清晰度电视建议标准					现有标准		
	SMPTE 240M	EUREKA 95	MUSE	Grand Alliance	HD-MAC	NTSC	PAL	SECAM
场频	60Hz	50Hz	60Hz	60Hz	50Hz	60Hz	50Hz	50Hz
宽高比	16:9	16:9	16:9	16:9	16:9	4:3	4:3	4:3
声音编码	数字	数字	数字	数字	数字	模拟	模拟	模拟

　　MUSE：日本一开始就采用应用于卫星广播的 HDTV 传输系统。MUSE（Multiple Sub-Nyqwist Sampling Encoding）多重亚抽样编码。

　　SMPTE　240M：1989 年 8 月正式发布的，美国国家标准学会建议的 1125 线/60Hz 的 HDTV 制作标准。

　　EUREKA 95：1986 年 5 月，欧洲共同体为了与日本竞争 HDTV 市场，在 4 家欧洲消费电子制造公司（BOSH PHILIPS THOMOSON 和 THORN EMI）的倡议下，欧洲 19 国部长同意创建一个工业导向合作计划，即尤里卡（EUREKA EU-95）计划，志在 1990 年的 CCIR 年会上制定一种兼容欧洲的 HDTV 系统。于 1987 年 10 月，欧洲向 CCIR 提高了它们的 1250 线/50Hz 的 HDTV 制作标准 EUREKA95。

　　Grand Alliance 指"大联盟"电视标准。HDTV 的传输标准经历了一个复杂和漫长的过程。从 1987 年至 1991 年，美国有 20 多种提案提高 ACATS，经专家们分析，仅剩下了 5 个（1 个模拟，4 个数字）进入全面测试。当时测试的确认系统中有 4 个是全数字式的（Zenith 公司的数字频谱兼容系统——

Digital Spectrum Compatible System、GI/MIT 的联盟逐行型
——Alliance Progressive、GI/MIT 的联盟隔行型——Alliance
Interlance 和 ATRC 的 高 级 数 字——Advanced Digital,
HDTV），其中只有一个是模拟的（NHK 的 Narrow-MUSE）。
最后决定不考虑模拟方式。但第一轮测试结果表明，这 4 个系
统中没有一个具有明显的优势，不能作为实施方案。1993 年 2
月，FCC 的 ACATS 咨询委员会建议组建一个"Grand
Alliance"（大联盟），来综合各个系统最优秀的部分，并于
1994 年 12 月确定了 GA HDTV 系统的所有参数。1996 年 12
月美国联帮通信委员会（FCC）采纳了 GA HDTV 标准作为美
国电视的 DTV 标准。

HD-MAC：尤里卡开发出的复用模拟分量制式。它使用一
种三分支编码算法，将图像分解为许多小块进行处理。适用于
调频信号传输，采用时间轴压缩的时分复用模拟分量传输方
式。HD-MAC 走的是一条渐进兼容的道路，并相继推出了一
些兼容产品，主要用于卫星广播。

2．数字电视

数字电视从节目制作到信息的接收和显示，其工作过程和
原理与模拟电视大相径庭。所不同的是它采用数字化处理、传
输、接收和显示信息。

数字电视的发展可追溯到 20 世纪 40 年代末。1948 年就
已提出的将电视信号数字化，直到 1982 年才由德国的 ITT 集
团研制成了 PAL 制电视接收机的一套电视信号处理芯片。
1980 年制定了 CCIR（现 ITU-R）601 建议，规定了电视信号
数字化的格式及标准，它提供广播级的 720×576 分辨率的图
像，数码率为 165Mbps。而于 1988 年 10 月，CCITT 制定的
H、261 数字视频压缩标准开创了数字视频技术的新时代。

27

1991 年和 1993 年国际标准化组织又分别制定了 JPEG、MPEG-1 和 MPEG-2 数字压缩标准。

数字电视首先应用于卫星直播，并取得了巨大的成功。美国，自从 1994 年下半年开始 Direct TV 卫星直播数字电视业务，至 1998 年底，75% 的观众能看到由 7 个卫星提供的 500 套节目。全美国的 1600 座地面广播电视也在播放 NTSC 模拟电视同时还将开播数字电视，到 2006 年，将停止播放 NTSC 模拟电视节目。为了推动这一数字进程，FCC 已决定在 1998 年前免费为每个电视台提供一个频道，以播放数字电视节目，并要求在全美大城市的 26 个网络属下的电视台在两年内开办数字电视广播。1998 年秋地面 DTV 已正式开播。同时欧洲和亚洲也积极投入 DTV 的发展。

我国的电视广播行业也经历着同样的数字化进程，卫星直播数字电视的发展非常迅速，目前，可接收的卫星直播节目已达 40 余套。我国新一代电视的研究是在国家科委和国家计委的领导下展开的。1989 年完成了 HDTV 软件学研究，"八 五"期间完成数字 HDTV 硬件的仿真研究，1996 年开始数字 HDTV 硬件的研制开发。高清晰度电视已列入国家重大科技产业工程项目，在广播科学研究院建立了 DAB/DVB 实验中心。今后的 10 年将是我国发展数字电视的过渡期，在继续播送 PAL 制电视的同时，将逐步开始播放数字电视节目。

△ 第四节 节目制作方式

电视节目制作是节目艺术和电视技术二者的天然结合。因此，制作人员必须全面了解和熟悉制作方法，制作流程，制作设备的特点、性能、操作配套使用条件等，才能根据节目内容和要求，采用各种技术手段、有效的制作方法以及合理的制作流程，制作出高质量的电视节目。电视节目制作的主要系统即录像带节目制作系统分视频、音频（即图像、声音）两大部分，如图 1-12 所示。

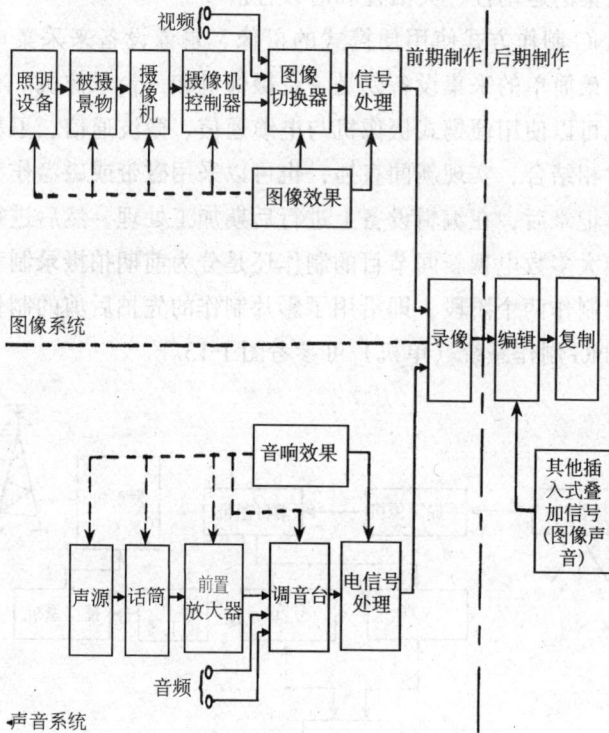

图 1-12　电视节目制作的主要系统图

目前，电视节目制作的常用方式有：ENG——电子新闻采集方式；EFP——电子现场（或外景）制作方式；ESP——电子演播室（或内景）制作方式。每种制作方式都有其自己的技术设备系统和制作特点。

一、ENG 方式

ENG 即电子新闻采集（Electronic News Gatherin）。这种方式的最初出现是为了替代早期的影片新闻制作方式，以满足新闻采集的运动性、灵活性和时效性。

ENG 制作方式使用便携式的摄像、录像设备来采集电视新闻。最简单的采集设备就是一台摄像机和一台录像机。有的新闻也可以使用便携式摄像机与电缆通信、微波通信、卫星通信技术相结合，实现新闻直播；也可以采用磁带或磁盘作为记录媒体记录后，在编辑设备上进行后期加工处理，然后进行播出。绝大多数电视新闻节目的制作还是分为前期拍摄录制和后期编辑制作两个阶段，即沿用了影片制作的先拍后剪的制作方式。ENG 制作系统（单机）可参考图 1-13。

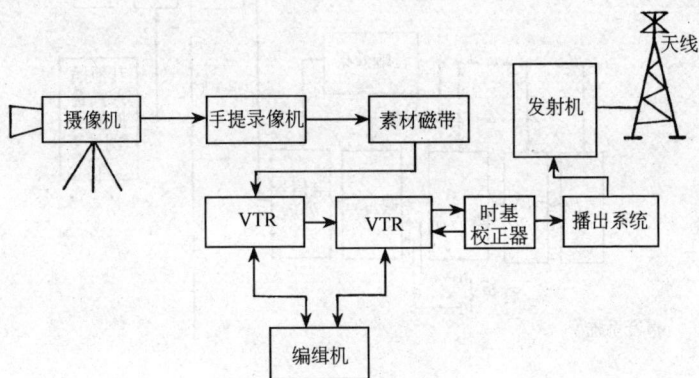

图 1-13 单机 ENG 制作

ENG 制作方式中，一般在使用便携式摄录机时用肩扛等方式而较少采用三脚架固定方式。一个人就可以扛了设备走，需要时再加上一名记者就可以构成一个流动新闻采访组，可以方便灵活地深入街头巷尾、村庄山区进行实地拍摄采访。ENG方式由于非常机动灵活，也被其他节目采集素材时大量采用。ENG制作方式是一种基本的制作方式，广泛应用于新闻、专题、文艺、电视剧等各类电视节目的制作中。

对于重大的新闻事件或紧急新闻事件，一般采用ENG车即新闻采访车。将ENG节目制作所需的设备，如摄像机、录像机、编辑机、监视器、声音系统设备及灯光照明等各种设备安装在小型灵活的汽车上，就组成新闻采访车。特点是小型轻便、灵活、可适应紧急新闻现场一次制作而成的要求，可与通信设备、传输发射设备配合进行直播或回到台内马上播出，大大提高了新闻的时效性。

二、EFP方式

EFP即电子现场（或外景）制作（Electronic Field Production）。EFP原意是对一套设备的统称，叫EFP设备或EFP系统。这套设备至少包括两台以上的摄像机，一个视频切换台，一个音频控制台和所需辅助性设备。利用这套设备可以在事件发生的现场制作电视节目。如果电视节目是在事件发展同时播出，我们称之为现场直播，如果电视节目是在事件发展同时录制后，在以后播出，我们称之为现场录像、实况转播。无论是哪种节目，在事件发生发展的时候，构成节目的镜头画面是连续不中断的，电视镜头的拍摄、录制和编辑都是与事件的发生发展同步进行的。这种使用EFP设备进行的实时制作方式就是EFP方式。

EFP方式主要采用EFP车（电视转播车、直播车、录像车）进行外景实况录制。它能够把几个小时的节目内容，包括画面、声音、字幕、特技切换等一次制作完毕，也可以把现场录制的节目回到台内进行进一步加工、修改和补充后进行播出，是一种广泛应用于文艺、专题、体育等类节目的制作方式。EFP 设备装备相当于一个小型电视台制作中心，并对各种设备有一定的规范要求。EFP 制作系统参见图 1-14。

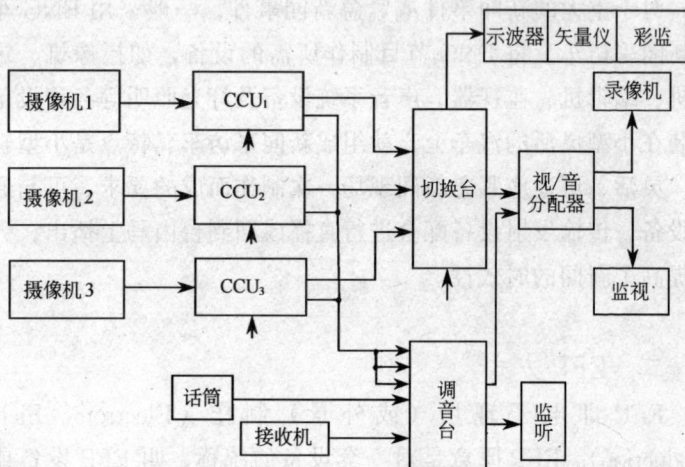

图 1-14　EFP 制作系统

　　EFP 制作系统分视频音频两部分，音频部分是单独走向，跟一般音响录音类似，视频部分由带同步机的视频特技切换台对各摄像机进行同步锁相，保证各摄像机的指标一致，保证通过视频特技切换可以得到良好的图像质量。EFP 制作方式，由于其摄录过程与事件发展同步进行，现场感特别强烈，同时具有制作节目的连续性和同时性。其最大的特点就是"多机摄录，即时编辑"。EFP 制作方式是最能发挥电视独特优势的制作方式，其制作成功与否，取决于导播的高超、娴熟的指挥和调度，更依赖于全体现场制作人员的密切配合。

三、ESP 方式

ESP 即电子演播室（或电子内景）制作（Electronic Studio Production）制作，指演播室录像制作。

由于演播室在设计和建造时预先充分考虑到了节目录制、播出的技术要求；它具有高保真的音响效果；完备的灯光照明系统和自动化调光系统；布景中心；录制设备和控制设备等。使用质量最好的固定式摄像系统如高清晰度，数字化的广播级摄像系统，摄像机的体积和重量不受某些条件的限制，并可架设于有移动轮的液压支撑设备上，使摄像机的操作移动平稳可靠；应用特技功能较多的高级多功能型特技切换系统等等。ESP 制作方式不仅技术质量高，特技手段丰富，而且艺术感染力强，是一种较为理想的制作方式。

演播室一般都要配置一套相应的播控设备，并建立相应的控制机房。一般控制机房的布置可参见图 1-15。

ESP 方式既可以先拍摄录制，后编辑配音，也可以多机同时拍摄，在导演切换台上即时切换播出。ESP 方式综合了 ENG 和 EFP 方式两者的优点，手段灵活，可用于各类节目的制作，已成为电视台大、中、小型各类自办节目的主要制作手段。但由于缺乏外景，又常需要搭景、排练，因此，加强对演播室的科学管理，改进电视布景及道具的搭置工艺，准备充足的外景素材，提高导播的调度效率，缩短演播室制作周期，是 ESP 制作方式的一个至关重要的问题。

ENG、EFP 和 ESP 三种制作方式都可以用来制作新闻、专题或电视剧节目，但在具体制作电视节目时方法上存在差异。具体方式的选择取决于节目类型、节目对时效性要求、规模、制作节目设备、人员、经费等多种因素。

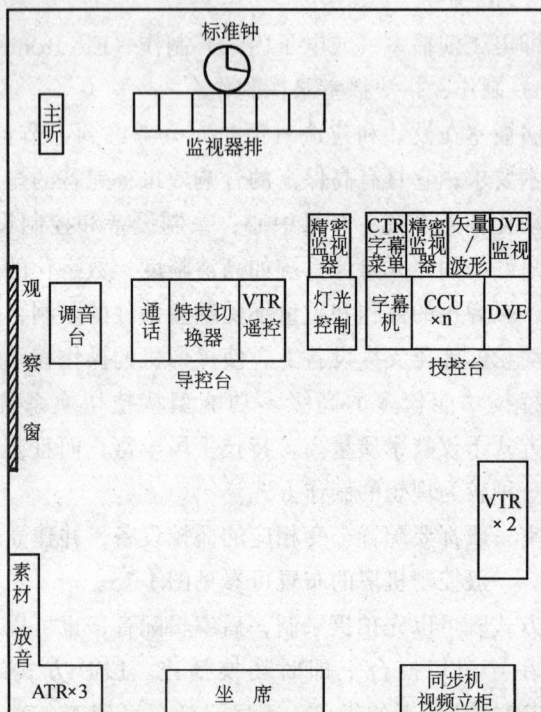

图 1-15　一般控制机房的布置方式

△ 第五节　节目制作流程

　　任何电视节目的制作都是依靠各种制作设备，通过制作人员的操作而完成的。例如：摄像人员操作摄像机，把摄像机前的活动景物通过镜头成像于摄像器件上，并通过摄像机内部电路的放大、加工、处理，最后编码形成视频信号，暂时储存在录像带或磁盘上，或直接传输、播出；录音师则是利用传声器把它"听到"的声音转化为电信号，暂时储存于相应媒体上或通过加工、处理后进行播出。总之电视节目制作是由制作人员对设备系统的熟练和合理的操作来完成的。

一、电视节目制作的设备系统

电视节目制作的最基本系统能够对信号进行转换。如电视摄像机能把镜头前的光、影、像转换成符合一定规范的视频信号；传声器能把声音信号转换成电信号即音频信号；录像机能把视、音频信号转换成磁信号进行储存；等等。因此，一个摄录一体机即为一个最基本的电视制作系统，可以进行最基本的ENG制作。

当制作较为复杂的电视节目例如：现场直播节目，演播室制作节目时，就需要相应地扩展基本的电视系统。扩展的系统至少能够满足以下的要求，它们能够对各种各样的图像和声音来源进行选择，对图像和声音音质进行控制和监测，能够录制、播放、传输图像和声音，以及综合额外的视频和音频来源和更复杂的过程。需要的设备有：摄像机（各种尺寸和规格的）、摄像机控制器CCU、照明工具及控制设备、监视和监测设备、视频切换台、特技机、录音调音系统、音频控制系统、编辑系统、传输线路、字幕系统、计算机处理系统等等。

二、电视节目制作人员

电视节目的制作人员包括摄像机前的演员、节目主持人、播音员等和摄像机后的人员（如设备操作人员、技术人员、工程人员以及其他工作人员）。任何制作，即使使用最先进的电视节目制作设备和计算机，也必须由各种制作人员的共同努力、默契配合、操作各种设备系统才能完成。电视节目的制作人员大致可以分为三大类：非技术类制作人员、技术类制作人员和新闻制作人员。

1. 非技术类制作人员

非技术类制作人员包括执行制片人、制片人、导演、艺术导演和助理、作家、演员、主持人、播音员等。制片人是节目制作组的行政负责人，负责计划、组织和协调节目制作工作，全力支持和协助编剧、导演等主要创作和技术人员的创作工作，创造条件保证顺利完成节目制作任务。作家或编剧的主要工作是编写文字稿本，与制片人和导演研究剧本、修改剧本，必要时重写剧本直至通过。导演的主要工作是负责电视节目制作过程的全部创作活动，确定演员，编写分镜头稿本，指导所有的制作部门的具体制作，身负艺术创作和技术管理双重任务。有时导演身兼编剧，称为编导。助理导演或副导演主要是协助导演完成各项工作。总之，非技术人员的主要工作是把一个脚本或事件通过创作转换成有效的电视节目。

2. 技术人员

技术人员包括摄像机的操作人员、录像机操作人员、音响和灯光操作人员、编辑人员、字幕操作员、制片助理以及技术指导等等。摄像人员的主要工作是在导演的领导下负责全片的摄像工作，在工作中要忠实执行导演的创作意图，并努力发挥自己的创造性。录像人员主要工作是负责计划、组织节目拍摄时的录像工作，负责录像机的操作以及拍摄电池的充电、录像带的保管。音响师的主要工作是负责计划和组织电视节目中声音部分的制作工作。灯光师的主要工作是负责电视节目摄制需要的灯具的安装、控制、调光等。编辑的主要工作是在导演的指导下，负责节目的后期编辑工作。技术指导是导演的助手（在 EFP 或 ESP 制作时），主要负责计划、组织和协调拍摄所用的设备，并沟通演播室和控制室之间的联系，协调技术人员的工作。由于节目的内容、性质、规模和拍摄方法不同，对技术人员要求也不相同。总之，技术人员需要技巧来熟练操作各种设备来具体完成电视节目的制作。

3．新闻制作人员

新闻节目是电视台的重要节目，几乎所有的电视台每天都有几档新闻节目。新闻部门必须能够对不同的制作任务，如突发性事件等作出快速反应。因此，新闻部门有自己的新闻制作人员，他们负责新闻和特别事件的制作。

三、电视节目制作流程

电视节目的制作流程，因节目的内容、节目的形式、节目的繁简而异。但对于常见的电视录像节目（或录播节目）来说，其制作流程是相同的，一般经过制作计划与稿本阶段，前期准备阶段，实地拍摄录制阶段和后期制作阶段。

1．制作计划与稿本阶段

这个阶段的主要工作是选题、稿本准备与定稿以及制作计划的制订。

（1）选题：选题就是确定电视节目的内容和主题。这项工作一般由制片人、编剧、导演等参加。选题有三项基本原则：一是价值性。即电视节目的内容必须有价值，艺术片要有艺术价值，教育片要有教育价值，新闻片要有新闻价值。二是思想性。电视节目的思想应积极向上，能够启发观众，教育观众，有良好社会效果。三是可视性。电视节目的题材、内容易于制作，适宜用电视的可视形象来表现。

（2）稿本准备与定稿：稿本准备是指文字稿本（或剧本）和分镜头稿本的准备。文字稿本是用文字表述和描写未来电视片内容的一种文学样式。它是电视片的基础，是电视片创作的

37

第一道工序，是导演再创作的依据。对于电视剧来说就是剧本。文字稿本（或剧本）由作家、编剧或编导来编写。文字稿本编写完成后，还必须由导演改写成分镜头稿本。分镜头稿本是导演根据文字稿本的主题和内容，通过摄制成员共同研究，集思广益而编写的以镜头为单位的稿本样式。分镜头稿本的常见样式如下：

镜号	机号	景别	技巧	时间	画面	解说	效果

其中，镜号：每个镜头按顺序的编号。机号：摄像机编号。景别：一般分为远、全、中、近、特等。技巧：包括镜头的运动——推、拉、摇、移、跟等；镜头的有技巧组接——淡变、切换、叠化、扫换、键控等。时间：每个镜头的拍摄时间，或称镜头长度。画面：详细写出画面里场景的内容和变化；简单的构图（文字描述或画图示意）。解说：与画面相对应的解说词。效果：音乐和音响效果。最后，请有关人员一起研究，经过适当调整、修改后共同定稿。

（3）制作计划的制订：一个电视节目的制作，需要所有主要的摄制组成员如制片人、导演、照明师、摄录像师、录音师、技术指导、美工师等开会研究剧本，确定每个成员的工作和职责范围，制订详细、周密、妥善的摄制计划。制作计划越完善，以后的摄制效率越高，电视节目的具体摄制越容易顺利进行。

2．前期准备阶段

根据制作计划，进行各项前期准备工作。主要是各种设备的准备，例如灯光、摄录像机、调音录音设备等的准备、安装和调试。若是演播室制作节目，则在实拍前应把演播室和控制室布置、调试完毕。外景拍摄时应选择好场地，并根据拍摄的具体要求进行置景装饰。准备工作是否顺利和圆满，直接关系到节目的成败。

条件允许时应进行排练。排练期间所有的工作人员应集中一起，在导演的指挥下，共同配合，进行试摄，发现问题及时纠正。演员走台、导演阐述、灯光舞美确定、音响处理、资料确定、摄录明确等。

3．实地拍摄录制阶段

前期准备工作结束后就进行实地拍摄录制阶段。在摄制现场，导演是中心，导演要做好所有工作人员的调度、指挥和协调工作，并按制作计划进行。摄制过程中需要修改计划时，需预先征得导演的同意。

正式录制的节目，可分为直播节目和录播节目。直播要求各工种密切配合，摄制绝对服从导演（或导播），按节目预定的播出时间开始和结束所有的摄制工作。录播节目一般是把一个完整的节目分成几段录制，甚至是分镜头录制。可以适当重拍或拍备份镜头。这种节目需经过后期的编辑、加工，才能成为一个完整的节目。

4．后期制作阶段

后期制作阶段的主要工作是画面编辑、声音混配和节目的审定。

后期节目制作流程与机器设备的技术性能、工作人员的熟练操作等共同影响着节目制作的质量。

后期制作一般分为直接编辑与间接编辑两种方式。

（1）直接编辑：对于大型综艺类节目以及专题、新闻等栏目，大都采用这种直接编辑模式。这种方式的特点是直观，可以随时感受节目的观赏性、流畅性，时效快，可以随时调整信号的幅度和音量的大小及音质。需要时可以用特技手段来丰富电视画面。编辑的第一步是选择素材。应选择演员表演自然，画面技术处理适当的镜头。根据分镜头剧本的顺序，从原版素材带上选出。

编辑的第二步是记时码。根据实地拍摄时录制在素材上的时码，明确选用素材在磁带中的准确位置。编辑的第三步是单个节目的制作。大型晚会等节目中录制的每一个节目并非全部搬上最终的完成版，因此在制作中让每一个节目独立成章很有必要。独立成章，有利于制作合成版和节目交流的灵活性，提高节目的利用率。需要时可以加入一些特技画面、简单的声音合成等内容，最后进行播出版合成。即把图像版与声音版合成，加上字幕，完成播出版，可以直接送播出机房播出。

（2）间接编辑：间接编辑，常用于一些图像质量要求高的大型连续剧、系列专题片等节目的制作。编辑的第一步是将原始素材带（带时码）转录到工作带上，并选好素材，记下时码。编辑的第二步是脱机编辑。即把工作带在低档机上进行粗编成样带，找到准确的时间关系，编制时码单（或 EDL 菜单），并输入编辑机中。编辑的第三步是联机编辑，即用原版素材带，在高档机上，用时码单（或 EDL 菜单）控制编辑系统进行自动高速合成。编辑的第四步是进行动效和声音合成。对于简单的声音，可在后期编辑机房中或 DAT 的音乐与录像带主持人的声音以及掌声等的混合。复杂的音响或特殊音响效果可在音频机房完成合成工作。最后进行播出版合成。

综上所述，后期节目制作的流程可用图 1-16 来归纳。

在电视节目制作完成后，在播出之前，还需请有关的领导、专家对节目进行审定。主要是对节目的思想性、科学性、艺术性、技术性等进行全面的审定。

素　材

直接编辑　　　　　　　　　　　　　　　间接编辑

记　时　码

单个节目制作

动效、声音合成

播出版合成

复制工作带

脱　机　编　辑

联　机　编　辑

动效与声音合成

播出版合成

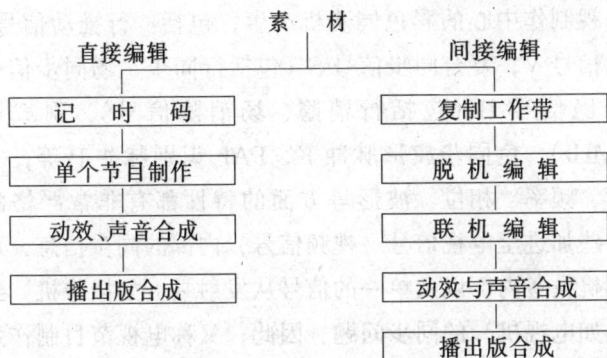

图 1-16　后期制作流程图

电视节目制作是一个复杂的过程，正确的制作流程对节目制作的质量、效率影响极大。不同的节目其制作流程可能有所不同。制作人员只有熟悉各个制作环节，并根据具体节目内容、规模等问题具体分析处理，才能使制作流程更加合理，才能高质量、高效率地制作电视节目。

△ 第六节　节目制作系统的三统和同步

节目制作系统加工、处理和传输的是全电视信号。所谓全电视信号的"全"，就是指它不仅包含图像信息，而且包含同步信息即包含有黑白同步信号和彩色同步信号。节目制作时，摄像机前的光影像最终能以图像的方式在电视机荧屏上再现给观众的关键技术就是扫描技术。也就是说，只有当两个扫描（摄像机拍摄时摄像管内的电子束扫描与图像再现时显像管内的电子束扫描）是同步时，电视机才能正确再现摄像机拍摄的电视画面。实现的方法是在摄像机内，在编码器形成全电视信号时加进同步信号。同步信号可由摄像机内部的同步信号发生器或电视制作中心的彩色同步机产生，包括：行推动信号 H，场推动信号 V，复合同步信号 S（包括行同步、场同步信号），复合消隐信号 B（包括行消隐、场消隐信号），副载波 F（4.43MHz），色同步旗形脉冲 K，PAL 识别脉冲 P 等，它们的幅度、频率、相位、波形等方面的特性都有非常严格的要求。这些加进全电视信号（视频信号）内部的同步信息，可以保证单机设备内部以及单一的信号从发射端（如摄像机）到接收端（如电视机）的同步问题，因此，又称电视节目制作系统的"小同步"。

但在电视节目制作时，特别是 EFP 制作、ESP 制作时，往往需要在多台摄像机，多种信号来源中进行图像的选择、过渡和合成。为了保证节目制作的质量，我们面对的不再是单机设备或单一信号的"收与发"的同步问题，而是多路信号源、多个设备之间的同步新问题，即三统问题。

一、三统

三统就是节目制作系统内的时间统一、相位统一、幅度统一。

当对多个信号源进行图像过渡和合成时，由于每一信号源所产生的全电视信号（编码后）和 R、B、G 信号（编码前）都含有自己的同步信息，在实际制作时，就可能产生位移、晃动、闪跳、翻滚、彩色失真等现象。例如在 ESP 方式制作时，若同步系统的定时不统一，则会产生一幅或多幅图像因不同步而滚动（就像电视机的行场同步未调好时荧光屏上出现的现象一样）；对于彩色电视系统，若各信号源的相位不统一，则会产生"变色"、"偏色"等现象，产生色彩失真；如果多路信号源的幅度不统一，则不是当它们出现最亮的图像时观众觉得电视画面刺眼，就是出现最暗的图像时观众看不清楚，特别是在特技切换时会觉察出图像亮度的跃变，产生忽明忽暗的不舒服感觉。因此节目制作一定要实现三统。

1．时间统一

时间是指图像信号里的定时脉冲，具体讲是指黑白同步系统的行、场同步信号的"计时沿"（一般以前沿 1/2 幅度处为计时点）。时间统一就是要"同频、同相"，即要求参加节目制作的各图像源及加工、处理过程中图像之间是完全"同步"的。这意味着不仅相同序号场的场同步沿要对准，而且相同序号的行同步沿也要对准。

2．相位统一

相位统一是指各信号源副载波相位必须统一。相位是彩色色调的标志，它是以各信号源自己的色同步信号作为基准来"测量"的。例如 PAL 制的色同步相位统一规定为 ±135°，各信号源的相位统一就是指这一相位的统一问题。

3．幅度统一

幅度统一是指各信号源的信号幅度应当一致，符合标准。国家规定了全电视信号中图像信号幅度的最大值为 $0.7V_{p-p}$。V_{p-p} 表示图像消隐电平到最大幅度（"白"幅度）之间的一段幅度值。

只有实现了三统，节目才能利用多个信号源进行制作，而且图像的过渡和合成连续、完整、真实、自然，才能制作出符合要求的电视节目。

二、三统的检测、校准

电视节目制作的演播系统、现场直播系统、后期特技切换系统等，在设计、维护和使用时都必须注意三统的保证。严格地说，应当在节目制作系统的每一级输入，如视频开关切换排的输入端、M/E（混合/特技）放大器的输入端等，都必须保证三统关系。

实际操作某系统前，为了确保三统关系，必须先对系统进行检测和校准。对于非直接传送的录像带制作系统，三统的保证比较简单，一般只需通过时基校正器对放像信号进行校正，并通过各自的时基校正器的调节即可实现。而对于直接传送的后期制作或直播方式。三统保证有一定难度。不仅要考虑到每一测试点的三统保证，还要综合考虑设备间的连线以及因电缆、电子开关等所产生的"延时"、"移相"等问题，往往需要选用同步锁相系统、时基校正器、帧同步机等等设备。

各输入端信号的监测和校准可借助于配置于演播室控制机房或EFP车上的技术测试控制台（技控台）上的波形示波器、矢量示波器和精密彩色监视器来完成。

精密彩色监视器是通过观看图像有否异常来随时监视系统的各项指标的。当技控台上无矢量示波器时，也可借助于设备内置的相位检测和显示电路，方便地通过监视器对信号间的行同步相位和副载波基准相位作近似的检测与调整。例如在SEG-2000AP特技台面板上进行相位检测和调整步骤如下：（1）选择第一路视频信号至预置母线；（2）将相位指示开关接通；（3）调相应的行相位电位器使预监示屏上相应于视频信号1的指示信息位置上呈现出的一条水平线；（4）利用视频信号源中的副载波相位调整部件进行调整，使屏上反映副载波相位差的两根竖线尽可能靠近，如图1-17所示。当输入信号的行同步与机内的基准行同步一致时，将产生指示信号并在监视器上出现一条水平线；当输入信号的色同步相位与黑场信号色同步的相位一致时，所产生的指示信号在屏上显示为两根靠得很近的竖线。到此便完成了对第一路视频信号的相位调整。用此方法，依次就可逐步完成对其余各路视频信号进行检测和调整。

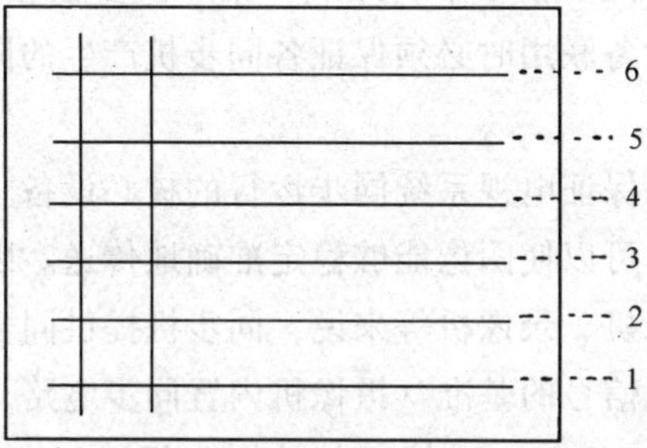

图 1-17 行相位和副载波相位一致性的屏幕显示

波形示波器可以用来检测时统和幅统。通常以黑场信号为基准，在波形示波器上依次将各路信号的行同步与之比较，通过调整各信号源的行相位调整电位器，使它们波形的前沿相一致即实现了各路信号在时间上的一致。而幅统的检测和调整，通常以彩条信号作为标准信号。我国采用的是 100-0-75-0 标准彩条信号，以某路的彩条信号作为基准，将其波形的电平调整准确，然后再调整各路信号源的增益控制旋钮，使它们的信号也准确即可。

矢量示波器可用来检测和校准系统的相统。PAL 制的副载波相位为 ±135°。通常以黑场信号为基准，依次将各路信号的色同步相位与之比较。通过对各路信号源的副载波相位进行粗调和细调，使各路色同步相位都处于 ±135°±1° 的位置上，即表示相统的检测和校准完毕。

三、同步锁相

电视节目制作中心有各种信号来源，为了实现时间、相位等各不相同的信号源间的画面过渡与切换，必须把各路信号统一在同一"指挥下"协调行动，即把所有信号"同步锁相"于同一同步机的同步信号下，形成一个"同步锁相系统"。也就是说当多个设备联用时必须保证各同步机产生的同步信号同频同相。

同步机是保证电视系统同步运行的核心设备。同步机产生的同步信号，可以使图像能够稳定准确地传送。因而对于单机设备。如摄像机、录像机等来说，同步机提供同步信号作为形成彩色全电视信号的基准（摄像机内置同步电路，或通过摄像机外锁相 GENLOCK IN 接口外接同步机）；对于制作系统来说，同步机输出的同步信号，完成系统内主同步机与各同步信号源间的锁相、系统与系统之间的锁相。

电视台制作中心实现外来信号源与本台信号同步问题，传统的方法是采用模拟电路实现同步锁相。方法一是台从锁相法，即使本台信号时钟与外台信号时钟同步。这种方法只能与一路外来信号源同步，不能同时对两路或多路外来信号源进行切换。方法二是台主锁相法，即用本台信号时钟去锁定外来信号时钟，使其与本台信号时钟同步。这种方法需要增加额外的锁相反馈传输线路，从不同步到同步的时间长，对卫星传输、高空摄像等场合难以稳定。

数字帧同步机克服了模拟同步锁相的先天不足，成功地解决了外来信号源与本地电视中心之间的同步切换问题。帧同步机还可以消除卫星节目传送中的多普勒效应的影响；可以起到时基校正器的作用；由其同部的帧存储器可以方便地得到"静帧"的图像，可以与数字特技设备结合产生多种数字图像特技等。数字帧同步机在广播电视系统得到了广泛运用。

三统和同步是制作的一项很重要的准备工作，是制作节目的必要保证。

△ 第七节 电视节目的规范化要求

为了实行电视节目的自动编辑和播出，以及各电视台之间的节目交流、节目的磁带以及节目的格式、内容等必须标准化、规范化。

一、节目磁带规范

节目磁带规范见表1-5。

表1-5 电视节目磁带规定表

磁带段		持续时间（秒）	图像	声音		CTL码（控制磁迹）	TC码（时间码）
				磁迹1	磁迹2		
引带	保护	10	空 白 带			连续	连续
	标准	60	100/0/75/0 彩条信号	基准磁平 1000Hz			
	提示	30	黑 底	无声	无声		
正式节目		节目实际运行时间	节 目				
带 尾		>10	黑 底	无声	无声		

引带部分要求预留10秒的空白带。由于磁带的带头和带尾均粘接有5秒左右的透明引带，透明引带与磁带粘接处不平坦，使此处磁带的抖动率大，亮度与色度分离大，故不能用于节目信号的录制。

引导部分在10秒空白带后要求录制100/0/75/0的图像标准彩条信号60秒，以及1000Hz的正弦波信号60秒。这60秒彩条可供录像机调整各部分的工作状态，以及监测视频通道传输质量，如检查信号幅度、同步周期、色同步幅度及各彩条间的相位关系等，从而保证录像机视频通道的增益、行延时及副载波相移量等各种参数的确认。1000Hz 的正弦波是用于音频质量监测。声音磁迹对于规定的基准磁平 1000Hz 的正弦波，对应于 600Ω 平衡线路输入，其输出电平是 + 4dBm。电视节目磁带的声音信号按照有关规定，记录在相应的磁迹上。例如：12.65mm 或 1/2 英寸的节目磁带，如常用的索尼 Betacam-SP，其声迹 1 或 CH-1 记录单声道节目混合声，声迹 2 或 CH-2 记录国际声（包括音乐、效果和同期声）；19mm 或 3/4 英寸磁带，如常用的索尼 VO-U 型机，声迹 1 或 CH-1 记录国际声，声迹 2 或 CH-2 记录单声道节目混合声。一般除新闻节目外副声迹必须录有国际声。

对于 CTL 码（控制磁迹码）和 TC 码（时间码）要求起始为零而且是连续的。当 CTL 码连续时，才能用电子编辑的插入方式在原有的磁带旧磁迹位置上准确地记录入新的视频信号，或根据需要只对声音编辑，或同时对声画进行编辑。也就是说只有 CTL 码是连续的，才能进行插入方式编辑。国际要求 TC 码起始为零而且必须保持连续，这样才能实现计算机控制下的全自动程序控制的编辑方式，才能自动寻找编辑点并进行自动编辑和全自动播出。

其余磁带规范应符合录制和交换的有关规定。对于国际交换电视节目磁带标准，应符合国际交换的有关规定。

二、电视节目的规范化要求

为了便于节目的自动编辑和播出、节目的交流，不仅对节目磁带有一定规范要求，而且对节目也有一定的规范要求。

（1）各类节目，不论是 16mm 影片，还是录像带节目，都必须附有相应的文字材料。除《新闻联播》、《午间新闻》以外的各类新闻，专题、体育、电教节目应附有一份审定的解说词，并注明创作人员名单。文艺节目和电视剧应附有一式三份完成台本或完成分镜头本。凡国内录制的各类节目的配乐和歌曲，要注明名称、作者、演奏和演唱者。凡是新创作的音乐、歌曲，应附有歌词曲谱。各类节目还应附有一份供《电视周报》用的节目简介稿。电视剧和文艺节目必须提供两张以上的剧照，供《电视周报》或存档用。提供的文字材料，要求字迹工整、清楚。

（2）各类节目的片名、唱词、创作人员名单，台标等字幕，一律叠在画面上。各种字幕必须采用国家已经公布正式使用的简化字，不得用繁体字和不规范的简化字，各类节目的工作人员名单，除电视剧和部分文艺节目外，一律放在节目最后。

（3）录像节目，必须注明型号，并符合关于录像节目的技术规范。

（4）录像节目的格式如图 1-18 所示。

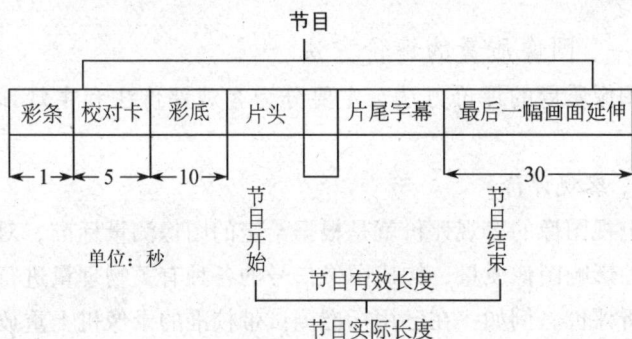

图 1-18　录像节目的格式

（5）节目时间长度一律按节目实际长度计算，对于连续剧、连续节目，除提供节目实际长度外，还必须提供节目有效长度。节目有效长度与节目实际长度之间的差，也应是以 5 秒为基本单位的倍数。所有节目在音乐结束字幕隐掉后将最后一幅画面延长 30 秒。这 30 秒不计入节目时间长度。

（6）为了便于校对节目，防止差错，应在节目开始的彩底前录入 5 秒的校对卡。内容有：制作单位、栏目、节目名称（第几集）、制作日期、编导、节目实际长度（有效长度）。

（7）各类录像节目必须按规定在相应的声道上录制国际声、混合声。

△ 第八节　电视图像的质量评价

50

一部优秀的电视节目，不仅应有深刻的思想内容和较高的艺术欣赏价值，而且应有良好的图像质量。电视图像的质量直接影响到观众对电视节目的收视、观察和理解。制作人员必须知道什么样的图像才是好的图像。

一、图像质量的评价方法

图像质量的评价方法，主要分为客观评价法和主观评价法。

1. 客观评价

电视图像的客观评价就是根据给定的图像测量标准，对测量出的影响图像质量，构成图像信号的各种有关物理量进行定量分析评价。例如：在已用标准测试带校准的录像机上重放要监测的视频信号，测量标准为：（1）节目全电视信号电平峰值电平：不大于 0.8V；（2）节目亮度信号峰值电平：不大于

0.77V；（3）字幕峰值电平：不大于 0.8V。若以上各项指标均符合要求，说明相关质量优良。表 1-6 为图像质量的客观测试表（标准），图像质量的客观评价用 5 分制进行。表中①Y、②R－Y、③B－Y 中有一项不合格扣除 0.4 分，④⑤⑥测试点有 5 个共 15 个数据，其中每一项不合格扣除 0.2 分，⑦字幕电平与⑧时码中每一项不合格扣除 0.4 分。4 分以上表示质量优良，3 分以下表示质量不佳。同时还要兼顾声音的质量。声音的质量也采用 5 分制。对应表中①②二项每一项不合格扣 0.5 分，③④⑤⑥四项中各有 5 个测试点共计 20 个数据，其中每一项不合格扣 0.2 分；对于新闻节目只测试主声道即 CH-1，测①项中不合格扣 1 分，③④项中每一不合格数据扣 0.4 分。声音和图像还要考虑声画关系是否良好。

表 1-6　图像质量客观测试表（标准）

申报单位									
节目名称						磁带规格			12.65mm
项　目		图　　像					声　　音		
		Y(mV)①	$R－Y$(mV)②		$B－Y$(mV)③	CH-1①		CH-2②	
引导部分（不能短）		测试值	误差	测试值	误差	测试值	误差	测试值(VU)	误差	测试值(VU)	误差
		测试值	误差	测试值	误差	测试值	误差	测试值(VU)	误差(VU)	测试值(VU)	误差(VU)
		700	±20	525	±15	525	±15	0	±1	0	±1
节目部分	字幕电平⑦	峰值不大于 800(mV)							
	时码⑧	连续且起始状态为零							
	测试点	全信号峰值电平④	亮度信号峰值电平⑤		黑电平⑥	VU表测试值③	PPM表测试值④	VU表测试值⑤	PPM表测试值⑥
	1/6	测试值(mV)不大于 800(mV)只能低不能高	测试值(mV)不大于 770(mV)只能低不能高		测试值(mV)0(mV)＋50(mV)				
	2/6								
	3/6								
	4/6								
	5/6								

电视图像从发送端形成电视信号起，经过或多或少的传输环节，直至在接收端重现出来，整个电视系统中不可避免地会由设备和线路引入各种失真和干扰，使重现图像质量下降。为了保证观众能看到满意的图像，电视系统对电视信号引入的干扰、失真必须限制在一定的范围之内。例如：反射损耗、随机杂波、脉冲干扰、波形失真、交调失真、亮度-色度增益差、亮度-色度时延差，微分增益、微分相位等造成图像质量受损伤的客观物理量，可以通过专门的测试仪器进行测量，并通过调整，控制在规定的指标内。

客观的监测、评价是用物理手段，可以做到严格准确，有较高的科学性和客观性。但这类评价往往与实际中观众的观察有一定的差别。实际观察中，观众的心理因素（如感情与情绪），视觉系统特性等在客观评价中未考虑的因素往往起到非常重要的作用。而且电视图像最终是供观众观看的，其质量是否满意归根结底要由观众对图像质量作出的主观评价来判定。

2．主观评价

主观评价可以根据《彩色电视图像质量主观评价方法》进行。

进行主观评价时，将现成的图像呈现给一组观看员观看，由观看员依据各自的判断对图像质量进行评分，最后用数理统计理论用一定的数据处理方法对大量的评分数据处理，得出图像质量的平均评分及其标准差，用以评价图像的主观质量。

主观评价时，在标准的专门观看室，由符合要求的观看员专家组，用专用系统，根据测试程序进行评价。国际上推荐的主观评价的标准可分为三种类型：质量测评、损伤测评和比较测评。质量测评用于评定图像质量的等级；损伤测评用于评定图像的损伤程度；比较测评由观看员对给定的两种图像作出比较。三种测评法都有各自的分级标准和测试规程，如表 1-7 所示的为 CCIR 在 60 年代中期推荐的主观质量级标准。

表 1-7 CCIR 主观质量分级标准

损　坏		质　量		比　较	
每级的主观质量	国别	每级的主观质量	国别	每级的主观质量	国别
5级标准：5—不能觉察　4—刚觉察　不讨厌　3—有点讨厌　2—很讨厌　1—不能用	德国、日本等	5级标准：A—优　B—良　C—中　D—次　E—劣	德国、日本等	5级标准：+2 好得多　+1 好　0 相同　−1 坏　−2 坏得多	德国、英国等
6级标准：1—不能觉察　2—刚觉察　3—明显但不妨碍　4—稍有妨碍　5—明显妨碍　6—极妨碍（不能用）	英国、欧洲广播联盟等	6级标准：1—优　2—良　3—中　4—稍次　5—次　6—极次	英国、欧洲广播联盟等	7级标准：+3 好得多　+2 好　+1 稍好　0 相同　−1 稍坏　−2 坏　−3 坏得多	欧洲广播联盟等

ITU-R 建议书也提出了类似的三种图像质量评价制，即五级质量制、五级损伤制、七级比较制，具体分级标准如下：

五级质量制：

5 分（优）——图像质量极佳，十分满意；

4 分（良）——图像质量好，比较满意；

3 分（中）——图像质量一般，尚可接受；

2 分（差）——图像质量差，勉强可看；

1 分（劣）——图像质量低劣，不能观看。

五级损伤制：

5 分——图像上不觉察有失真或干扰存在；

4 分——有稍可觉察的失真或干扰，但并不令人讨厌；

3 分——有明显的失真或干扰，令人讨厌；

2 分——失真或干扰较严重，令人相当讨厌；

1 分——失真或干扰严重，不能观看。

七级比较制：

+3 分——比参考图像质量好得多；

+2 分——比参考图像质量显得较好；

+1 分——比参考图像质量稍好些；

 0 分——与比参考图像质量相同；

−1 分——比参考图像质量稍差；

−2 分——比参考图像质量显得较差；

−3 分——比参考图像质量差得多。

由于主观评价采用的标准是一种通用的评分标准，主要依靠人眼对图像进行观察，看看图像的色调是否明快，层次是否清楚，给人视觉是否漂亮等。通过对图像的主观评价，可以去除那些质量较差的素材，保留下质量较好的素材。一般以质量制为标准，电视台播送的图像质量至少 4.2 分以上，才能保证在用户的电视机上得到 3.5 分以上的图像质量。

对于现有的传统模拟视频系统，被测图像的客观评价与主观评价在很大程度上是相吻合的或具有相关性的，甚至可以沿用类似的方法对全带宽的数字视频系统进行评价。

二、一种全新的图像质量测评系统

数字图像压缩与处理技术的发展，对图像质量评价提出了越来越高的要求。采用压缩技术的数字视频系统中，图像中可能出现的失真类型增加了，如"马赛克"图像、"飞蚊效应"等。压缩的数字视频系统中出现的图像劣化，与图像类型（细微的图像色彩和清晰度，图像中运动物体的运动快慢和方向，图像中原本存在的噪声等等）和压缩算法的不同有很大关系。传统的客观评价方法已不能满足压缩数字视频系统图像质量的评价要求，原因是客观评价与主观评价已不再有明显的相关性。主观评价，由于是依靠人眼对图像进行观察判断，因此也同样适用于数字压缩系统，且不论是何种压缩方式。主观评价方法也被数字视频系统普遍采用，一般采用一系列的自然画面，如一些高清晰度的画面，一些运动变化较快的镜头，一些压缩系统较难以处理的彩色旋转体等来具体评价。但主观评价也存在明显的缺点，如需要许多专业或非专业观看员参与，需要复杂的程序和步骤，受个人心理因素的影响，耗去时间较长等，评价结果的稳定性较差，其实用性受到很大限制。因此，人们迫切需要一种全新的非常接近人类眼睛和视觉系统特性的，能客观定量测量图像质量的设备和方法。

55

美国仪器制造厂商 Tektronix 公司和英国的 David Sarnoff 研究中心于 1996 年开始合作开发一种能替代主观评价，实现图像质量定量测量的仪器，并于 BIRTV'98 展览会上展出了，其产品 PQA200 电视图像质量分析仪 Tektronix 公司的 PQA200 图像质量分析仪是基于 David Sarnoff 的研究成果（其核心技术是运用 JND 图像度量标准）和先进的计算机软件、硬件系统以及其他成熟的视频测量技术，生产出的一种全新的仪器。

JND 是指刚好觉察差异，称为刚辨率。一个单一的 JND，就意味着观看者有 75% 的可能性可以多次看到两个景物（原始景物和被测图像）中的图像损失的一个差别。在一幅图像中，可能有许许多多个 JND，利用人眼视觉特性的仿真技术，对所有 JND 的统计加权值，就是 PQR 值。PQR 值越小，说明图像损伤越小，图像质量越好。在 PQA200 中，PQR 的值只要小于 3，就被认为是优良的图像。

PQA200 电视图像质量分析仪的测试方法原理框图如图 1-19 所示。

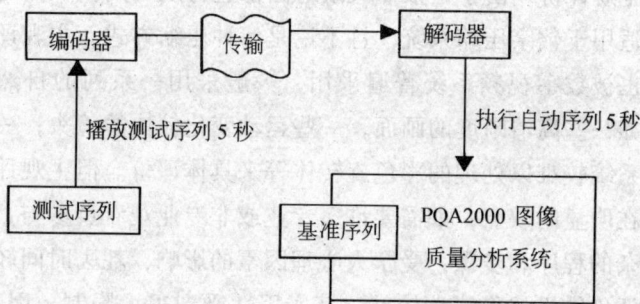

图 1-19 PQA200 电视图像测试

测试的方法是将经压缩/解压缩处理的测试图像序列信号与原始的参照图像序列信号进行比较，找出它们的差异，用计算机系统模拟人眼的光学特性和视网膜结构，对图像序列在空间分析、瞬点显示分析和全彩色分析三个方面找出差异，经计算机数据处理，最后得出测量结果。

这种测量模式的应用，能提供一种图像质量度量的标准，而且与被测图像损伤类型以及所采用的压缩方式没有关系。PQA200 已在欧美等发达国家开始得到应用，并得到良好的使用效果。据说，PQA200 不仅可运用于广播电视系统中的图像质量分析评价，而且也可运用在数字压缩视频技术的卫星广播、无线电服务网、编解码器制造、DVD 光盘制作、广告节目、数字地面电视广播等很多方面。

在我国，由于模拟视频和全带宽数字视频仍然是现代电视系统的主流，而且还会继续使用一定时间，传统的客观和主观评价方法仍然会继续使用并不断改进。但随着数字压缩技术的发展，特别是甚低比特率的图像压缩技术的发展，原有的图像质量的客观评价方法已越来越不能适应现代图像技术的发展需求。采用新的测量技术和能结合人类视觉特性的主客观相结合的图像质量评价方法必是今后数字视频系统测试领域的一个主要发展方向。

本章思考与练习题

1. 黑白全电视信号包含有哪些信息？

2. 电视是如何传送图像的？

3. 国际全电视信号的标准电平是怎样规定的？

4. 光和颜色的本质是什么？

5. 什么是三基色原理？三基色原理在电视中有何应用？

6. 彩条信号是怎样组成的？有哪些主要作用？

7. 全球彩色电视制式有哪几种？各有什么特点？

8. 电视制作方式有哪几种？各有什么特点？

9. 电视节目的制作流程一般是怎样的？

10. 电视节目制作中需要哪些制作人员？分工如何？

11. 什么是电视节目制作系统的三统？如何保证三统？

12. 什么是同步锁相？

13. 节目磁带的规范要求是什么？

14. 磁带节目的格式如何？

15. 什么是图像质量的客观评价和主观评价？

16. 怎样才能制作出高质量的电视节目？

第二章
彩色电视摄像机

本章内容提要

◎ 电视节目制作系统分为两大部分：视频与音频。其中视频系统是一个复杂的、由各种设备综合而成的系统，包括摄像机、录像机、编辑系统、视频特技切换与合成系统、同步机、监示系统等。

◎ 摄像机是视频系统的第一环节，是节目制作系统中最主要的信号源，它的规格、技术性能、调整和操作使用对电视节目的图像质量有决定性作用。

◎ 摄像器材的准备和维护、摄像机附件的合理选择与使用，执机方式的灵活运用等，都是顺利完成拍摄任务的必要保证。

◎ 本章主要介绍摄像机的工作原理、构成、功能，摄像机在实际操作中的主要调整及基本技能、基本要求以及摄像器材准备、维护和保养的常识。

△ 第一节　摄像机的类别

摄像机用途广泛、种类繁多。我们可以按其质量、制作方式、摄像器件、信号方式等因素来进行分类。

一、按质量分类

按摄像机质量的不同，可分为广播级、业务级和家用级。

1．广播级

广播级摄像机应用于广播电视领域，图像质量最好，性能全面稳定，自动化程度高。一般要求摄像机的分解力水平方向达 550 线，垂直方向达 575 线以上；图像信号与杂波信号的比值（信噪比）达到 54dB 以上；在允许的工作范围，图像质量变化很小，达到较低失真甚至无失真程度。广播级摄像机包括 ESP 制作、EFP 制作和 ENG 制作用的高质量摄像机。但此类摄像机一般体积大、重量重、价格昂贵。

2．业务级

业务级电视摄像机一般应用于文化宣传、教育、工业、交通、医疗等领域。业务级摄像机的图像质量较好，一般要求清晰度线达 450 线左右，信噪比（S/N）达 50dB 以上。设备上可以没有广播级所需的一些特殊功能设计（如光学滤波器等），但对一些特殊用途的业务级摄像机来说，还必须具备一些特殊的功能。如用于夜间监视交通情况的摄像机，要求对红外线有高度灵敏度，医疗方面的摄像机要求对 X 光有高度灵敏度等等。一般业务级摄像机图像质量低于广播级的，但其体积较小，重量较轻，价格较低廉。对于某些高档的业务级摄像机来说，其性能和图像质量已和广播级的摄像机无多大的区别，也可用于广播领域的制作。

3．家用级

这是一种家庭文化娱乐用的摄像机，其操作人员往往没有经过专业培训，因此要求结构简单，操作简便，而图像质量水平只要能与家用录像机、电视机相配合，能满足一般的观看即可。此类摄像机清晰度线（分解力）一般在 350 线左右，但对灵敏度要求很高，一般最低照度要求达 2～3lx，以使摄像机有更广泛的使用领域。摄像机的自动控制功能很强，以便非专业人员无需手动控制，就能使各项主要参数自动达到最佳状态。此类机子也往往带有一些简单特技功能，如淡变、定格、叠化、划变等。一般价格便宜，结构小型，以利于设备的推广、普及。在电视节目制作中也有一定的用途，例如：从运动员角度拍摄赛车的比赛实况，事件现场目击者抢拍事件发生现况等等。

二、按制作方式分类

按电视节目制作方式可分为 ESP 用、EFP 用和 ENG 用摄像机。

1. ESP 用

此类摄像机，要求图像质量最好，通常非常沉重，需要一些机架或一些其他类型的摄像机底座设备来支撑，不方便随意搬动，如图 2-1 所示。高质量的 ESP 用摄像机包含有三个 CCD 和许多电子控制装置，它们装配有一个大的镜头和大的寻像器，因此整个摄像机头比一般的便携式摄像机重得多。它们也往往需要通过电缆把摄像机头和摄像机控制器 CCU、同步信号发生器、电源等一系列制作高质量的图像所必须的设备相连接。

现在使用的 ESP 摄像机主要有模拟分量机和数字摄像机。高清晰度电视摄像机是一种新的发展趋向。高清晰度（HDTV）摄像机有超级的分辨率，其水平清晰度线可高达 1125 行，相当于现行电视系统（625 行）的两倍。因此色彩更加逼真，电视图像从最亮到最暗有更多更丰富的层次，使它成

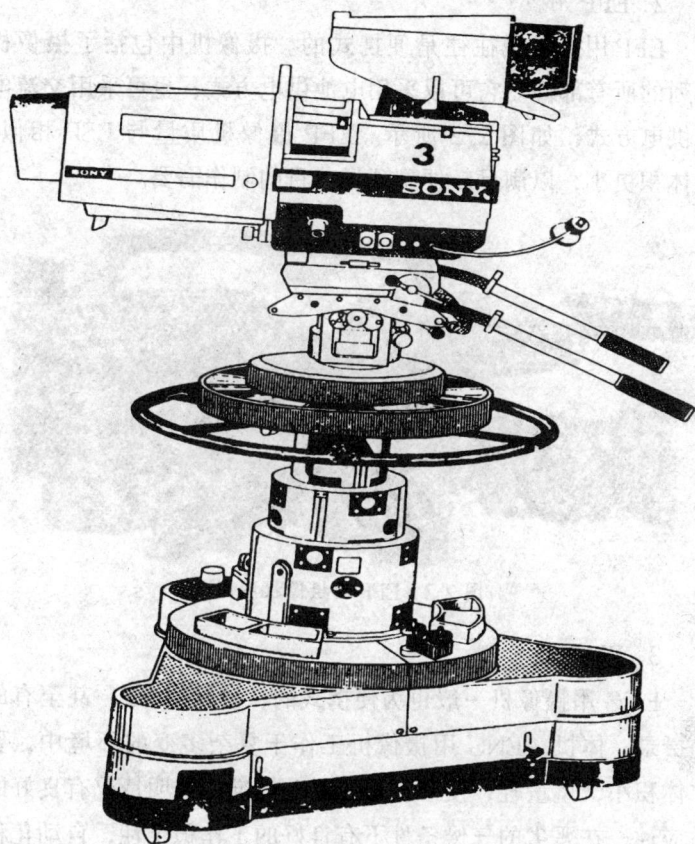

图 2-1 ESP 用摄像机图例

为 35mm 电影的一个强有力的对手。HDTV 摄像机是一种高
度专门化的电视系统，通常采用 16×9 的宽高比，类似于电影
银幕的长宽比例。使用 HDTV 相当不便和特别昂贵的主要原
因是视频系统的所有元素都必须是高清晰度的，而不仅仅是
HDTV 电视摄像机本身。现在多用于非广播电视的电子化的
电影制作、医学等领域的教育研究和广告的制作。

2. EFP 用

EFP 用摄像机往往是便携式的。摄像机中包括了摄像机系列的所有部件。它可以采用电池供电方式，也可采用交流电源供电方式，如图 2-2 所示。EFP 摄像机质量与 ESP 相似，但体积更小，以满足轻便型现场节目的制作需要。

图 2-2　EFP 用摄像机图例

3. ENG 用

ENG 用摄像机一般也为便携式的，参见图 2-2，甚至有的是摄录一体机。ENG 用摄像机工作于复杂多变的环境中，要求体积小，重量轻，便于携带，对非标准的照明情况有良好的适应性，在恶劣的气候条件下有良好的工作稳定性，自动化程度高，在实际操作中调整方便。

无论是 ESP 用、EFP 用、还是 ENG 用摄像机，都向高质量化、固体化、小型化、数字化、高清晰度化等方向发展，它们制作的电视图像质量的差别也越来越不明显。

三、按摄像器件分类

按摄像器件可以分为摄像管摄像机与 CCD 电子耦合器件

摄像机。

1. 摄像管摄像机

摄像管相当于此类摄像机的"心脏"，其靶面材料常采用氧化铅、硒砷碲等。因此摄像管摄像机可按其光电靶材料不同分为氧化铅管摄像机与硒砷碲管摄像机等。氧化铅管摄像机常用作广播级摄像机，其图像质量好，灵敏度高，光电转换线性好。硒砷碲管摄像机常用作业务级摄像机，价格较低，图像质量和性能接近氧化铅管摄像机。

摄像管摄像机还可按管子的数量分为单管、两管、三管。广播电视系统都采用三管摄像机，以得到彩色还原好、清晰度高的图像质量。家用级的摄像机也有采用单管的，两管的趋于淘汰。

摄像管直径的大小与图像质量有很大关系，因此，有管摄像机也可按摄像器件的尺寸分类，有 $1\frac{1}{4}$ 英寸、1 英寸、$\frac{2}{3}$ 英寸、$\frac{1}{2}$ 英寸等。尺寸越大，有效像素越多，图像清晰度越高，灵敏度越好，体积也越大。$1\frac{1}{4}$ 英寸常用于 ESP 方式，1 英寸常用于 ESP 方式，$\frac{2}{3}$ 英寸常用于 ENG 方式，$\frac{1}{2}$ 英寸一般用于家用系列。

2. CCD 摄像机

CCD 摄像机采用 CCD 电子耦合器件替代摄像管，实行光电转换、电荷储存与电荷转移。CCD 的功能相当于摄像管摄像机内的摄像管。CCD 摄像器件具有小型、轻重量、长寿命、低工作电压、图像无几何失真、抗灼伤等摄像管无可比拟的优点。目前，广播电视系统用的摄像机绝大多数的为 CCD 摄像机。

CCD 摄像机拍摄的图像质量与 CCD 的数量、CCD 的感光面积、CCD 的工作方式有很大关系。按 CCD 数量可分为：单片、两片、三片式摄像机，三片的质量最好，广播电视系统均采用三片 CCD 摄像机。

CCD 摄像机按其相当于摄像管的光电靶的感光面积分为：$\frac{2}{3}$ 英寸、$\frac{1}{2}$ 英寸等。尺寸大质量好。

CCD 摄像机还可以按 CCD 电子耦合器件的工作方式分为：IT（行间转移）方式、FT（帧间转移）方式和 FIT（行帧间转移）方式。一般 FIT 方式图像质量最好，IT 方式的最差。

四、按信号方式分类

按信号方式不同可分为模拟摄像机与数字摄像机。

1. 模拟摄像机

模拟摄像机处理输出的是模拟信号，即视音频信号的幅度和时间都是连续变化的信号。

目前广播电视系统采用的大多数摄像机都是模拟摄像机，例如：Sony 的：DXC 系列、BVP 系列摄像机，日立的 Z-ONE·A系列，松下的 AG 系列摄像机等。

2. 数字摄像机

数字摄像机内部采用数字信号处理方法，输出的是数字信号，即视音频信号的幅度和时间都是离散的数据。数字信号有比模拟信号便于加工和处理的优点，可以长期保存和多次复制，抗干扰和噪声能力强，尤其是在远距离传输时不会产生模拟电路中不可避免的信噪比劣化、失真度劣化等损害，大大提高了电视节目制作质量。因此作为电视节目制作的信号源采集设备——数字摄像机，也在广播电视系统得到越来越广泛的运用。例如：HL 系列数字信号处理摄像机，Digital-S 格式的 BR 系列摄像机，Avid 的现场拍摄系统，DVC PRO 摄录一体机 AJ 系列，DVCAM 的 DXC 系列数字摄像机、Bctacam SX 的摄录一体机 DNW 系列等等。

五、摄录一体机

摄录一体机是摄像机与录像机结合成一体的设备。体积较小，重量较轻，在摄像机与录像机之间无需电缆，可以由一个人独立操作，机动灵活性强，广泛运用于 ENG 前期拍摄录制和家庭中。

摄录一体机根据其结构不同可分为不可分离型与可分离型摄录一体机。不可分离型摄录一体机是摄像机与录像机完全组合成一个整体，不可分离。大多数家用机都是不可分离的摄录一体机，可以制造得非常小型，例如掌上机等。可分离式的摄录机是摄像机与小型录像机适配而成，需要时可附加适配器后单独作为摄像机用。一般 ENG 制作前期拍摄录制用的摄录一体机都是可分离式的。

△ 第二节 摄像机的规格和技术指标

摄像机的规格和主要技术指标是我们选择以及客观评价摄像机质量的依据。

一、摄像机规格

摄像机的规格包括摄像方式、摄像器件、光学系统组成和相关参数、信号处理方式、色温滤色片档数等等。例如：池上

HL-59W 摄像机，其规格如下：

(1) 摄像方式：R、G、B 三片式 FIT CCD。

(2) 摄像器件：2/3 英寸约 60 万像素 16:9FIT CCD×3。

(3) 色温滤色片：3200K、5600K、5600K＋1/4ND、5600K＋1/16ND。

(4) 镜头卡口：卡座式（B3 标准）。

(5) 增益：－3/0/＋6/＋12/＋18/＋30dB/＋36dB。

(6) 电子快门功能：1/50（OFF）、1/100、1/120、1/250、1/500、1/1000、1/2000。 CVSS：1/25.2～1/47.0，1/50.7～1/1420。

(7) 数字采样频率：13.5MHz（4:3）、18MHz（16:9）。

(8) 量化比特数：10 比特线性量化。

(9) 数/模变换频率：27MHz（4:3）、36MHz（16:9）。

(10) 数/模比特数：10 比特。

(11) 伽玛变换：OFF、0.35、0.4、0.453　3 档切换。

(12) 矩阵：R：± 0.5 $(R-G)$ ± 0.5 $(R-B)$，

$\qquad\qquad$ G：± 0.5 $(G-R)$ ± 0.5 $(G-B)$，

$\qquad\qquad$ B：± 0.5 $(B-R)$ ± 0.5 $(B-G)$。

(13) DTL：水平补偿方式：3 路混合信号，9 分支横向方式。

$\qquad\qquad$ 垂直补偿方式：邻接 4 像素，斜点补偿。

(14) 轮廓升压频率：8 档切换：2.54～5.04MHz（4:3）；

$\qquad\qquad\qquad\qquad\qquad\qquad$ 3.24～9MHz（16:9）。

(15) 内置压缩/扩展：6 档切换 10FF、－7%、－5%、－3%、＋3%、＋5%、＋7%。

(16) 音频输入：－60dB　600Ω 平衡。

$\qquad\qquad$ 音频输出：话筒通过 600Ω 平衡系统接口。

（17）外同步输入：VBS 1 V_{p-p} ± 6dB/BBS0.45 V_{p-p} ±6dB。

（18）返送图像输入信号：VBS/VS1 V_{p-p}。

（19）视频输出信号：复合信号：VBS 1V_{p-p}、75Ω、1ch，系统接口。分量信号（Y，$R-Y$，$B-Y$）：1ch 系统接口。RGB：各 0.7Y_{p-p}、10kΩ、1ch 系统接口。

（20）监视信号：复合信号：$R+G+B$，R，G，B，2ch；BNC/遥控接口。

（21）环境温度：$-20℃ \sim +50℃$。

（22）外形尺寸：摄像机头：宽 103×高 230×深 155。

（23）重量：约 3.3 公斤（包括 1.5″寻像器）。

（24）功耗：16.5W（4:3），18W（16:9）。

二、摄像机的主要技术指标

1. 灵敏度

灵敏度反映了摄像机对光像反应的灵敏程度，通常用照度在 2000lx，色温 3200K 时，拍摄白反射系数为 89.9% 的景物，信号输出为 700mV 时，摄像机使用的光圈来表示。例如：HL-59W 摄像机的灵敏度为：标准在 2000lx、F8 以上。灵敏度高，就意味着拍摄低照度景物时，视频图像相对地免于色彩失真和电子噪音。灵敏度太低，就有可能使视频图像显示为黑白图像或在画面暗部区域的颜色点子。

2. 图像清晰度

图像清晰度是指摄像机分解黑白细线条的能力，通常用图像中心部分的水平分解力表示。摄像机的成像装置是决定图像清晰度的主要因素，其他的因素有镜头、分光系统、扫描系统的线数等。从技术的角度说，分解力取决于扫描线和像素的数量，每一幅画面的扫描线数越多，每一行的像素越多，图像的清晰度就越高。例如：用一个放大镜观看报纸上的图片和观看一本光洁的杂志中的图片，由于杂志上图片的像素更高，因而看上去更清晰。水平清晰度线即水平分解率，是指图像中心部分沿水平方向能够分辨的电视线数。对于摄像管摄像机，图像四周的水平清晰度低于图像中心部分；对于 CCD 摄像机，全图像内的水平清晰度都是一致的。例如，HL-59W 的清晰度：(4:3)：水平 700 线以上，垂直 450 线以上；(16:9)：水平650 线以上，垂直 450 线以上。

3. 信噪比 S/N

信噪比是在标准照度 2000lx 下，摄像机图像信号对于绿通道，或亮度通道在没有进行伽玛校正和孔阑校正时测量的信号噪波比。信噪比是不同档次摄像机的主要指标，该项指标越高越好。例如：HL-59W 的 S/N 为 62dB。

4. 最低照度

最低照度是在一定信噪比的条件下，比较所需景物照度的大小。照度越低，说明摄像机灵敏度越高，它也是灵敏度的另一种表示方法。例如：HL-59W 的最低照度为 1.11lx F1.4（+36dB 增益时）。

5. 图像的几何失真

几何失真表示重现图像的几何形状的差异，是衡量有管摄像机图像质量的一个主要指标。几何失真分三个区来衡量：一区图的直径为 $D_I = 0.8H$（像高）；II 区图的直径为 D_{II}，$D_{II} = W = \frac{4}{3}H$（像宽）；II 区以外的区域为 III 区，如图 2-3 所示。几何失真用百分比表示，I 区位于图像中心，失真最小，一般要求 I 区 ≤ 1%；II 区和 III 区的失真较大，一般要求 II 区和 III 区

≤2%。

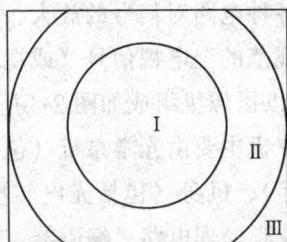

图 2-3　图像区域的划分

CCD 摄像机不存在几何失真。

6. 重合精度

三片或三管式摄像机重现的彩色图像是由红、绿、蓝三个基色图像混配出来的，三者的空间位置和几何位置必须一致，否则混配出来的图像必然有红、绿、蓝等色边出现。重合精度是用来衡量彩色摄像机红、绿、蓝三个光栅重合配准的程度的。对于有管摄像机一般也分三区衡量，要求Ⅰ区≤0.1%，Ⅱ区≤0.2%，Ⅲ区≤0.5%；对于 CCD 摄像机，全图像是一致的，重合误差一般可达 0.05% 以下。例如：HL-59W 摄像机其重合误差达 0.03% 以下。重合误差越小，精度越高。

摄像机还有其他一些指标，如自动化程度、耐冲击震动能力、操作的方便性等，需综合考虑。

△ 第三节　彩色电视摄像机的工作原理

彩色电视摄像机位于电视系统的最前端，是电视系统的主要信号源，是彩色电视系统的最关键设备之一。

彩色电视摄像机既是光的分解设备，又是光电转换设备。它利用三基色原理把彩色景物的光像分解为红、绿、蓝三种基色光像，由摄像管或 CCD 电子耦合器件完成光信号到电信号的转换，然后通过各种电路对信号的放大、加工、处理，最后编码形成符合一定规范的全电视信号（或视频信号）。

典型的三片 CCD 摄像机组成如图 2-4 所示。

由图可知，摄像机主要由光学系统（包括变焦镜头、分色装置、色温滤色片等）、机身（包括光电转换器件——CCD 电子耦合器件、各种视频处理电路、编码器、辅助电路系统等）、寻像器、声音采集和传输系统等所组成。下面我们就摄像机的主要组成部分来分析其工作原理。

一、光学系统

摄像机的光学系统有三个主要功能：景物成像、基色分光和色温校正。这三种主要功能分别由变焦距镜头、分色装置和色温滤色片来完成。

1. 变焦镜头（ZOOM LENSE）

镜头决定着摄像机能够看到什么。变焦距镜头由于焦距范围连续可调，而且成像面的位置保持不变，在拍摄位置不变的情况下，摄像机能够连续改变摄取场面的大小，即景别变化。

变焦距镜头的结构原理如图 2-5 所示。它由调焦组、变焦组、补偿组、移像组等多组光学透镜所组成。每组透镜又由多片不同曲率、不同材料的透镜组成，以便校正镜头系统中的像差与色差。

调焦组使一定距离的拍摄物清晰成像在摄像器件上。它的镜片的移动可改变镜头的焦距，即改变图像的放大率。一般变焦距镜头的变焦倍数可达 12～22 倍。

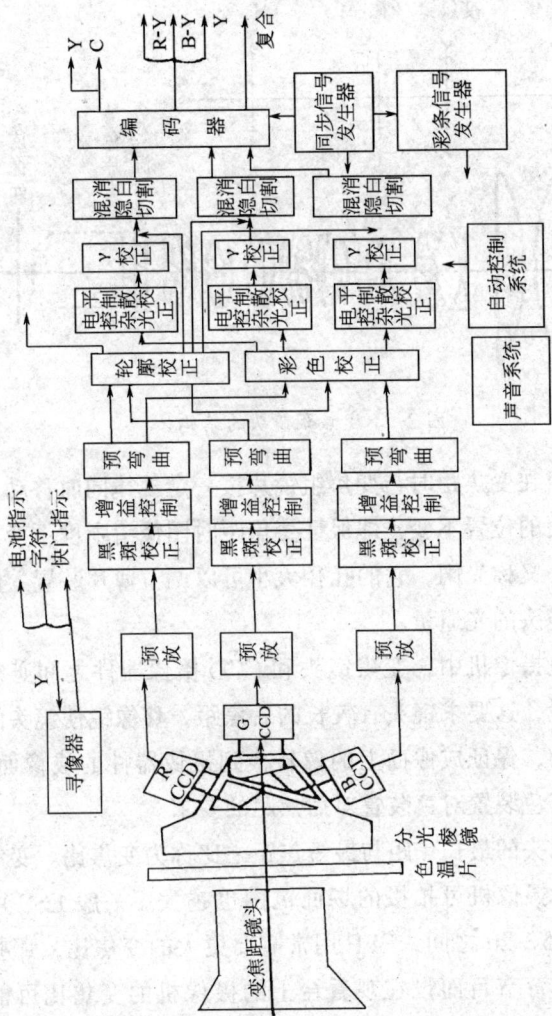

图 2-4 三片 CCD 摄像机的组成框图

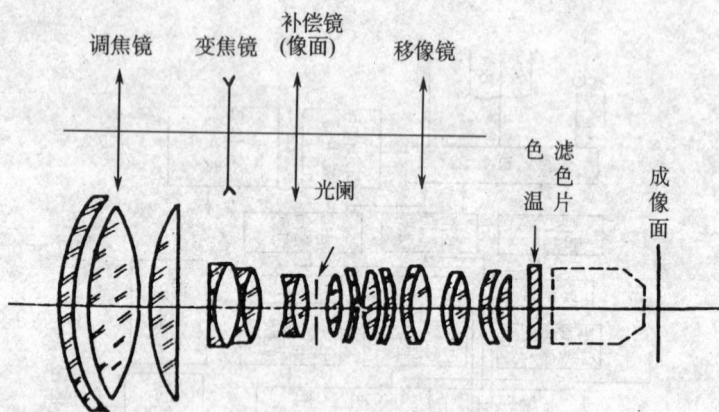

图 2-5　变焦距镜头的结构

　　补偿组在变焦距时与变焦组镜片按一定规律同时移动，以保证成像面的位置不变，即保证变焦距时图像清晰度不变。

　　光圈，又称光阑，它的孔径大小可以调节薄片装置，用以控制通过镜头的光通量。

　　在彩色摄像机中，变焦镜头和 CCD 摄像器件之间必须安装分色装置，这要求镜头有较长的后焦距，移像镜使镜头的成像向后延伸，保证成像面上的像转换到摄像器件的成像面上，而且满足分色装置对色装置对后焦距的要求。

　　变焦镜头的最长焦距与最短焦距之比称为变焦比。变焦比越大，说明摄像机可拍摄的场面范围也越大。一般 ESP 用的变焦比在 15～20 之间，EFP 用常需要更大的变焦比，那些为报道大型体育节目而设在观看台上的摄像机的变焦比可能达 40～70，家用摄像机的变焦比一般达 12 就可以了。

　　2. 分色装置

　　分色装置把变焦镜头传来的光束分解为红、绿、蓝三个基

色光束,并分别投向各自的摄像器件的成像面上。常用的分色
装置有分色镜和分色棱镜两种:

(1)分色镜:把分色膜镀在透明的光学平板玻璃上,使未
被透射的光产生反射,如图 2-6 所示,即构成分色镜系统。分
色镜系统的优点是结构简单,分色效率高;缺点是存在由于玻
璃的厚度引起的分色镜内部不必要的反射所形成的二次影像以
及由于光的相干性所形成的色渐变效应。采用分色棱镜可以克
服这些缺点,因此现代彩色摄像机多采用分色棱镜作为分色装
置。

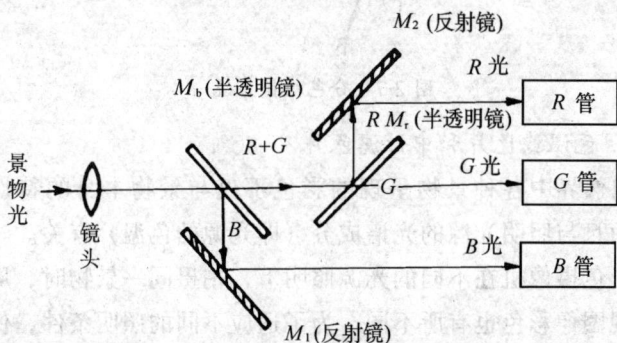

图 2-6 分色镜系统

(2)分色棱镜:分色棱镜由三块棱镜粘合而成,如图 2-7
所示。在棱镜 A、B 的表面分别镀有不同的分色膜 M_r 和 M_b,
分色膜的厚度和折射率决定它可以反射某些波长的光而透过另
一些波长的光,从而起到分色作用。当入射光投射到 M_r 面上
时,红光 R 被反射,其他彩色则顺利通过。反射出来的红光
投射到界面(1)上时,由于入射角大于临界角产生全反射,
于是红光 R 经过 F_r 面投向 R CCD 器件。与此同时,透过 M_r
面的光到达 M_b 面时,蓝光 B 被反射出来,在界面(2)上全

反射后，穿过 F_b 面投向 B CCD 器件。余下的绿光则透过 M_b 面经棱镜 C 和 F_g 面直接投向 G CCD 器件。

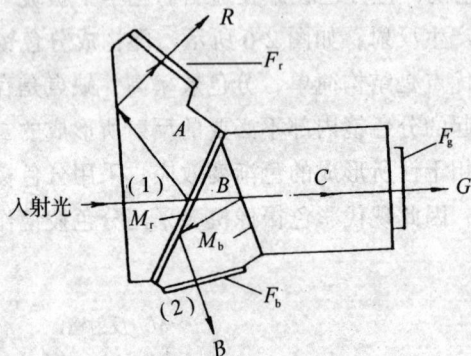

图 2-7　分色棱镜系统

74

3. 色温滤色片和中性滤色片

自然界中各种景物呈现的彩色不仅与景物本身的特性有关，而且与照明光源的光谱成分（即光源的色温）有关。

彩色摄像机在不同的光源照明下，拍摄同一景物时，屏幕上重视图像彩色也有所不同。为了适应不同的照明条件，保证能正确再现景物的彩色，必须对光源的色温进行校正。具体办法是在变焦镜头的分色装置之间加入色温滤色片，利用它的光谱响应特性补偿因光源色温不同引起的重现彩色失常。通常摄像机的分色装置是以 3200K 演播室卤钨灯光源为基准进行设计的，该色温滤色片为无色透明的。当光源色温偏高时，光谱中蓝色成分多了，需插入浅桔色的合适色温滤色片来降低蓝光的透光率，使光源的色温降到 3200K。同理，当光源色温偏低时，光谱中红色成分多了，需插入浅蓝色的色温滤色片来降低红光的透光率，使光源的色温升到 3200K。

通常摄像机把 3200K、5600K、5600K＋1/4ND 等几种不

同的色温滤色片安装在一个圆盘上选择使用。其中 ND 是指中性滤色片（弱光片），一般用于光源照度比较高的场合，1/4是指透光率。由于高色温与高照度往往同时出现，因此很多摄像机的中性滤色片与高色温滤光片合做成一片。例如：索尼的BVP-300P/330P 摄像机，其色温有四档可供选择，0 档：镜头盖（关闭）；1 档：3200K；2 档：5600K + 1/4ND；3 档：5600K。其中第二档就是 5600K 色温滤色片与 1/4 透光率的中性滤色片合成在一起做成一片的。

二、CCD 摄像器件

CCD 摄像器件即电子耦合器件，又称图像传感器，相当于有管摄像机的摄像管。它有独特的工作方式和许多优良的性能。

摄像时，当摄像机头前的光像通过摄像机镜头成像于CCD 器件上时，就会转变成积累电荷所形成的电子图像，储存于 CCD 器件中，完成光电转换和信息储存的过程。为了按照扫描顺序取出储存于 CCD 器件中的图像信号，CCD 采用一定的电荷转移方式，转移像素，并读出图像信号。

CCD 按照电荷转移方式的不同，可分为行间转移方式（IT 式）、帧间转移方式（FT 式）、帧行间转移方式（FIT式）。IT 式的优点是结构简单，但光利用率、灵敏度较低；高亮度下会产生垂直拖尾；拍细条栅网状图像时会出现莫尔干涉条纹，影响水平清晰度；活动的图像清晰度较差等。FT 方式优点是灵敏度高，水平清晰度高，但其基片尺寸较大，材料利用率不高；必须采用机械快门才能消除强光下的垂直拖尾，价格昂贵、可靠性差等。FIT 方式的最大特点是不用采取任何措施就可消除 IT 方式与 FT 方式的高亮度垂直拖尾现象，缺点是 CCD 芯片的制作困难，价格较高，目前主要应用于广播级摄像机中。三种方式均已开发出多种产品，并采用了许多新技术，使 CCD 的性能得到进一步提高。

三、电路处理系统

电路处理系统主要包括预放器、视频信号处理电路、编码器和辅助电路系统等。

1．预放器

预放器是视频通道的第一放大器，用来将 CCD 输出的微弱信号加以放大，然后送到视频信号处理电路进行校正和补偿。

2．视频信号处理电路

视频信号处理电路包括增益调整、黑斑校正、预弯曲、轮廓校正、彩色校正、黑白电平控制、杂散光校正、γ 校正及混消隐切割等电路。

增益调整电路可根据景物照度情况分别对 R、G、B 路的放大量进行调节；

黑斑校正主要用于校正因镜头成像所引起的图像亮度的不均匀性；

轮廓校正用于增强图像轮廓的黑白对比度，提高图像清晰度；

彩色校正用于调整由于分光棱镜的分光特性，与显像管混色的要求不能完全一致而引起的彩色失真；

黑白电平控制电路用于调节图像的背景亮度；

杂散光校正电路用于消除杂散光对重现图像的影响；

γ 校正电路即灰度校正，是为了降低电视机的成本，把显像管在电信号变成光信号时，由于线性不好所形成的亮度和色度失真提前在摄像机内进行校正；

混消隐切割电路用来修整重显图像四周的边幅及除去消隐电平中的噪声。

总之，视频信号处理电路用于对信号各种必要的校正和补偿，以获得优质指标的电视信号。

3. 编码器

编码器用于将视频信号处理电路输出的 R、G、B 三个基色信号，根据电视兼容的需要，以及电视制式标准的要求编制成彩色全电视信号。电视制式不同，编码器的组成也不同。现在编码器的输出信号是多种多样的，可以输出彩色全电视信号即复合信号；还可以输出亮度信号（Y），色差信号（$R-Y$，$B-Y$），即分量信号；还可以输出色度信号（C）和亮度信号（Y），即亮色分离信号。不同的输出方式可供不同的录像系统使用。

4. 辅助电路系统

辅助电路系统提供摄像机头、视频信号处理和编码器所需要的各种必要信号。对摄像机完成光电转换，形成彩色全电视信号起着重要的作用。辅助电路系统主要有同步信号发生器、彩条信号发生器、自动控制系统、电源电路等。

同步信号发生器能产生行、场同步和消隐信号以及编码器所需的副载波等信号，供摄像机作为形成全电视信号的基准；同时可由外同步信号控制，实现和外同步源的锁相（一些低档设备无此功能）。

彩条信号发生器用于产生彩条信号。

自动控制系统主要用来运算和记忆数据、发出控制指令、控制电压、控制信号，保证摄像机的各种自动调节电路和开关控制的正常运行。

　　电源电路系统可以从电池或交流电源供给的电压变换成摄像机内所需要的各种电压。

　　寻像器相当于一个小型的监视器。它是摄像师拍摄电视镜头时取景、构图的依据，通过它可以用来监看拍摄的画面，还可以部分地显示告警符号，提示摄像机工作状态。

　　摄像机往往随机配有话筒，声音系统可以控制摄像机的同期声采集，并对话筒的声音进行放大，也包括摄像机对讲系统的声音放大。摄像机的对讲系统独立于摄像机的同期声采集系统。

△　第四节　摄像机的构成与作用

　　彩色电视摄像机主要由镜头、机身、寻像器、电源、话筒、电缆和适配器等几部分所构成的。如图 2-8 所示的为 JVC 公司生产的数字 Digital S 格式的摄录一体机 DY-90，下面我们就以此摄像机为例分析其构成和作用。

一、摄像机的构成

1. 镜头

摄像机的镜头一般均为变焦镜头。如 DY-90 常采用变焦镜头 A18×9B12（FUJINON），YJ18×9BK12（CANON），A15×8BEV（FUJINON）。变焦镜头各部分操作部件如图 2-9 所示：

　　① 聚焦环：手动聚焦环，转动此环可使透镜聚焦于被摄体。

　　② 变焦杆/环：手动变焦时，将变焦方式钮（11）置于"M"处。

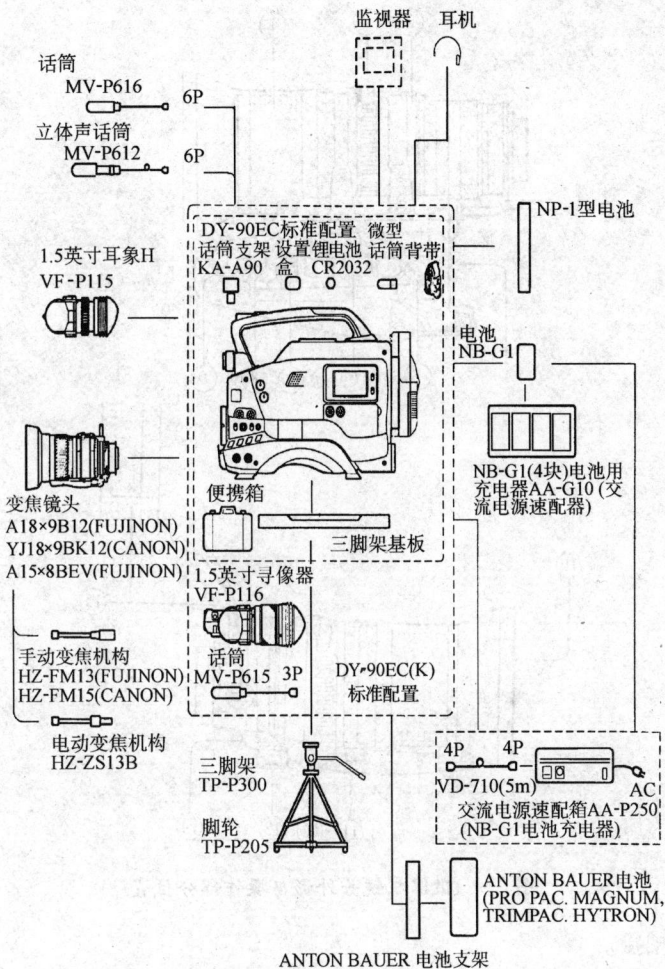

图 2-8 DY-90 的系统框图

③ 光圈环：手动控制光圈时，将光圈方式开关（7）置于"M"然后转动此环。

④ ［VTR］寻像机触发钮：按一次开始拍摄，再按一次停

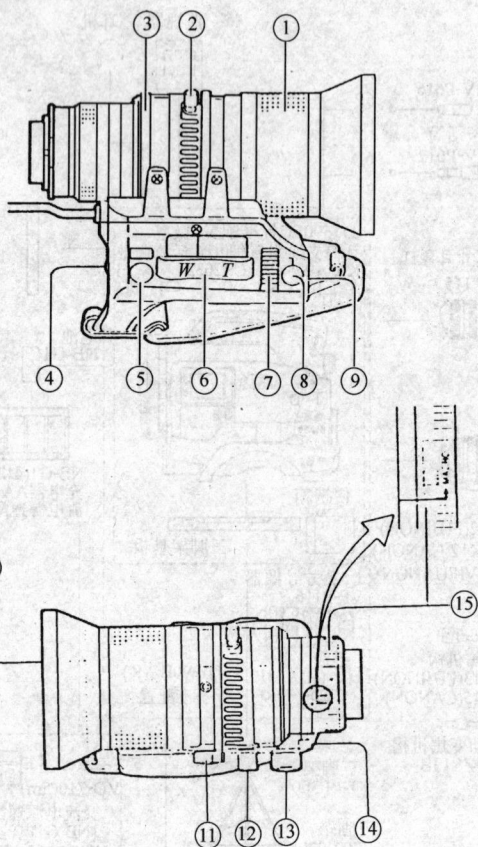

图 2-9　摄像机镜头外形与操作部分位置

止拍摄。

⑤［RET］返回视频钮：按此钮可在寻像器上监看从录像机或外接遥控器传输过来的视频信号。

⑥ 电动变焦开关：W 侧：广角变焦；T 侧：摄远变焦。变焦速度与按的压力成正比。

⑦ 光圈方式开关：A：自动光圈功能起作用；M：手动光

圈调节。

⑧ 瞬间自动光圈钮：手动光圈控制时，按下此钮之际自动光圈起作用。松开此钮，返回手动（锁定于松开此钮时的光圈上）。

⑨ 光圈速度调节钮：用以调节光圈运行速度。

⑩ 滤光片螺钉：用此螺钉可在镜头盖前方的内侧安装一个平面镜或紫外线滤光片以保护镜头。

⑪ 变焦方式钮：S：电动变焦方式，可用电动变焦开关（6）操作变焦。M：手动变焦方式，可用变焦杆/环（2）控制变焦。

⑫ 遥控聚焦控制插座：可将选购的聚焦伺服机构连接于此。

⑬ 变焦伺服插座：可将选购的变焦伺服机构连接于此。

⑭ 后聚焦环/固定螺钉：只用于进行后焦距调整，调整完毕用此螺钉将其紧固。

⑮ 微距聚焦环（用于特写镜头）：沿箭头方向旋转此环，可拍摄极小被摄物的特写镜头。在微距方式，正常的聚焦和变焦调整不起作用，此时为拍摄图像应将聚焦环调至无穷远处，变焦环调至最广角，按箭头方向调节此环使微距方式下的图像聚焦最佳。使用时注意与后聚焦环的区别。使用完毕后应将微距环恢复至正常位置。

2．机身

机身内部为摄像器件和各种电路处理系统，一般无需使用者调节，外部为各种功能调节按钮。参见摄像机的作用中相关图形。

3．寻像器

寻像器如图 2-10 所示。

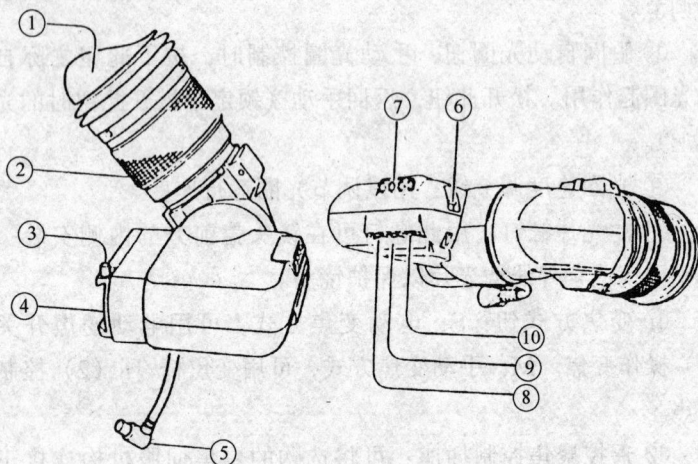

图 2-10　寻像器

① 目镜：使寻像器屏幕上的光线不向外散射，以保持良好的视觉。可以打开目镜，直接观看屏幕。

② 目镜聚焦环：转动此环，调整观察角度使之与人的视力相适应。进一步调整聚焦时，可用 PEAKING 旋钮调节轮廓。

③ 固定螺钉：防止寻像器脱离摄像机。

④ 寻像器座：与摄像机上的寻像器支座相连接。

⑤ 电缆：连接摄像机寻像器接口。

⑥ 记录指示灯开关：ON：在录像过程中，"⑦记录指示灯"点亮。OFF："⑦记录指示灯"熄灭，但不能关闭目镜上的 REC 指示灯。

⑦ 记录指示灯：在记录过程中点亮此灯。

⑧ [PEAKING] 轮廓旋钮：旋转此钮，调节寻像器上图像的轮廓。

⑨［CONT］对比度：控制寻像器对比度。

⑩［BRIGHT］亮度：控制寻像器的亮度。

4. 话筒

当使用 MV-P616/MV-P612 话筒时，将话筒的 6 芯插头插至本机的 MIC1 插座上。

当使用 MV-P615 话筒时，将话筒的 XLR 3 芯插头插至本机的 MIC2 插座上（只限使用幻象话筒）。

当话筒连接至本机的后面板的 AUD1 和 AUD2 插座时，根据使用话筒的要求设置好 MIC＋48V ON 开关的位置。

5. 电源

可使用 JVC　AA-G10 电池充电器或 AA-P250 电池充电的器接交流电源供电。

或直接使用 JVC　NB-GIU 蓄电池，或通过 Anton-Baver QRQ27 型电池夹安装 Anton-Baver 蓄电池供电。

6. 电缆

用于传输各种信号。

二、摄像机的作用

1. 镜头的主要作用

镜头的主要功能有聚焦功能、变焦功能、光圈调节功能等。

光学镜头能把景物空间中一定范围的物体成像于像平面上，这个范围对应的纵深距离叫景深。景深的范围可以调节，景深的大小与镜头的焦距、光圈、物距等都有关系。一般光圈越大、焦距越长、物距越短，景深越小，小景深可用于突出主体、虚化背景。反之，景深越深可用于突出电视画面的空间透视性。

（1）聚焦功能：聚焦的一般方法为：将景物画面推成特写，手动聚焦环，或自动聚焦控制直至图像清晰。这种方法适用于一般景深较大，聚焦要求不是很高的情况、或需抓拍的情况下使用。自动聚焦在以下情况不宜使用：被摄物体照度过暗，对比度不分明、没有明显垂直线条的画面、远近物体同时在检测范围之内、物体作大范围纵深运动等。当摄像机运动、被摄体运动或两者都运动时，一般的聚焦方法难以保持被摄体清晰，这时往往采用跟焦手段。跟焦，采用手动聚焦方式，不断根据被摄主体的移动而随时调整焦距，使焦点落在被摄体上，从而保持被摄体清晰。跟焦操作有一定难度，需反复试验，不断实践，才能熟练掌握。

（2）变焦功能：变焦距镜头能够在一定范围内连续变化焦距而保持成像面不变，从而可以拍摄景物范围连续变化的画面。焦距是在拍摄时对电视画面影响最大的因素。焦距的变化可以改变电视画面的造型特点，我们只有在充分掌握焦距的变化以及不同焦距镜头所呈现的画面造型，才能在以后电视摄像的创作活动中扬长避短。当焦距调至 25mm 以上状态时的光学镜头称为长焦距镜头。长焦距镜头视角窄，景深小，景别相对较小（景物范围小），纵向空间感弱，纵向运动感被削弱，难以判断真实距离以及被摄体的位置。长焦距镜头适宜拍摄远距离、小范围的局部画面，以及电视新闻等远距离抓拍，也可用于表现人物的面部特写、创造虚焦点画面等等。但长焦距由于其视角窄，景物范围小，拍摄过程中上下左右方向稍微的一点颤动都将会引起画面的明显抖动。因此不宜用徒手执机拍摄，而应尽可能地采用三脚架等支稳摄像机拍摄。当焦距调至小于25mm，甚至只有十几毫米时的镜头叫广角镜头。广角镜头视角宽，景深大，拍摄景物范围大，纵向透视感明显，但容易引起畸变。广角镜头适宜于拍摄大范围近距离的景物，可以多层次地表现，易于肩扛拍摄获得平稳清晰的画面，有利于移动摄像中保持画面的稳定，可以夸张画面的透视感、纵深感和纵向运动速度，甚至可以利用其畸变来创造特殊的电视画面。变焦速度的控制有电动和手动两种方式：电动变焦时镜头变化均匀平稳，手动变焦可用于急推急拉镜头的拍摄。

(3) 光圈控制功能：光圈控制主要是控制镜头拍摄时的进光量。控制的方法有三种：自动光圈、手动光圈和瞬时自动光圈。摄像机的镜头光圈系数分为若干档，常见的有 1.4、2、2.8、4、5、5.6、8、11、12、16、22 等，相邻光圈 F 值的比值均为 $\sqrt{2}$，曝光量相差一级，相当于光通量变化一倍。自动光圈是根据被摄体的平均亮度自动调节光圈，只能在一般情况下使用，或利用它作为对被摄场景的曝光控制作出技术处理的依据。有意识、有目的的动态用光和艺术处理，以及逆光或强对比度光照下的拍摄，必须采用手动方式。

综上，焦距、聚焦、光圈它们之间是相互关联的，也是相互制约的，实际使用中应综合考虑。

2. 机身上的各功能键、开关、插座及作用

摄像机机身的前视图如图 2-11 所示。各功能键、开关、插座及作用如下：

① 寻像器安装机座和滑动定位环：用于安装并固定寻像器。

② [VF] 寻像器插座：连接寻像器电缆。

③ [MIC 2 1N＋48V] 话筒 2 输入插座：此插座为平衡式三芯插座具有 48V 直流电源供给话筒，可连接 JVC 公司的 MV-P615 型话筒或类似产品。

④ [LENS] 镜头控制插座：连接来自镜头的 12 芯镜头控

85

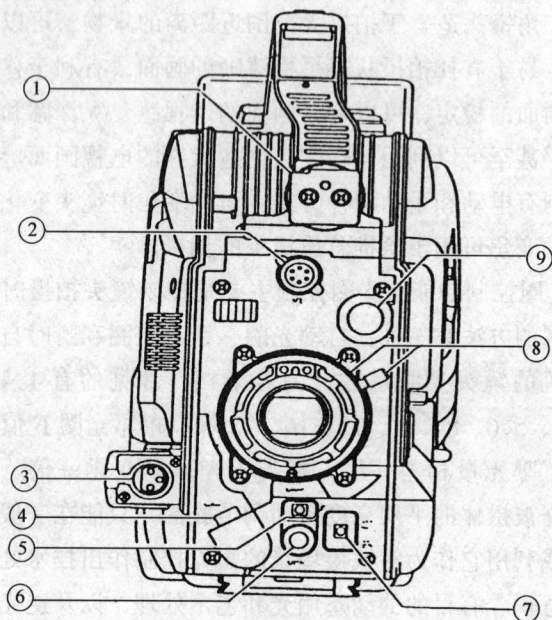

图 2-11　前视图

制电缆。

⑤［ZEBRA］斑马纹开关：在手动光圈时，可将开关置于 ON，这时在寻像器屏幕上相应于视频信号 70％～80％亮度电平的地方出现一斑马纹图形，可以作为调整镜头光圈的参考数值。需要时，也可以不用数值 70％～80％而选择 85％～95％、OVER95％或 OVER100％。

⑥［VTR］录像机触发钮：按此钮可开始或停止记录。

⑦［AUTO WHT/ACCU FOCUS］自动白/精确聚焦开关。AUTO WHT：自动白平衡调整。此开关在预置、全自动拍摄、全自动白平衡和彩条方式时，不起作用。

ACCV FOCUS：精确聚焦，用于更准确调焦。

⑧ 镜头安装环/镜头锁定杆：逆时针旋转此环可将镜头取下；安装时，首先确认镜头的导销已对正，再顺时针转动此环，直至镜头安装牢固。

⑨ [FILTER] 滤光片调节轮：根据照明条件，选择滤光片的位置。滤光片可由滤光片调节轮来变换，分为四档：1档：3200K，用于室内外暗处；2 档：5600K + 1/4ND，用于晴天室外；3 档：5600K，用于室外；4 档：5600K + 1/16ND，用于阳光灿烂、光照耀眼的晴天室外。

机身的左视图如图 2-12 所示。其开关、插座及其作用如下：

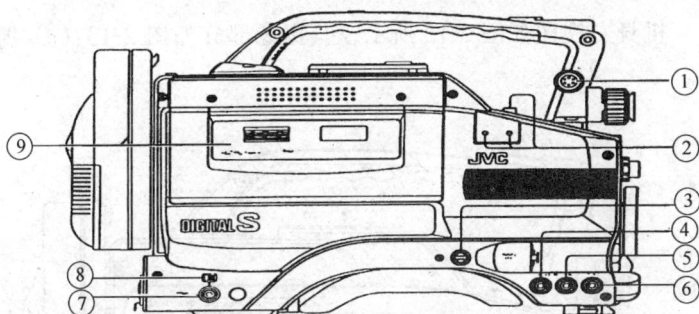

图 2-12 左视图

① [MIC 1 IN] 话筒 1 输入插座 16 芯：连接话筒。

② 话筒支架安装螺钉孔：安装话筒支架 KA-A90。

③ [SET UP] 设置插座：连接设置盒。

④ [GENLOCK LN] 同步输入插座（BNC）：摄像机外锁相同步时，外部的基准复合视频或黑同步视频信号通过电缆连接在该插座上。

⑤ [TC IN] 时间码输入插座（BNC）：用于连接 EBU 标准的 LTC 信号。内装时码发生器可以被输入的 LTC 时码同

步。

⑥［TC OUT］时间码输出插座（BNC）：输出内装时间
码发生器产生的 LTC 信号。但不能输出重放方式下记录于磁
带上的时码。

⑦［MONITOR OUTPUT］监视器输出插座（BNC）：输
出复合视频信号。

⑧［CAM/VTR］监视器输出选择开关：选择输出至
［MONITOR OUTPUT 插座或寻像器的输出信号。CAM 时，
摄像机的信号被输出；VTR 时，选通 VTR 的信号］。

⑨ 带舱盖：启动 EJECT 钮，可打开此盖，用于装入或取
出磁带。

机身右视图如图 2-13 所示，其摄像部分如图 2-13（a）所
示。

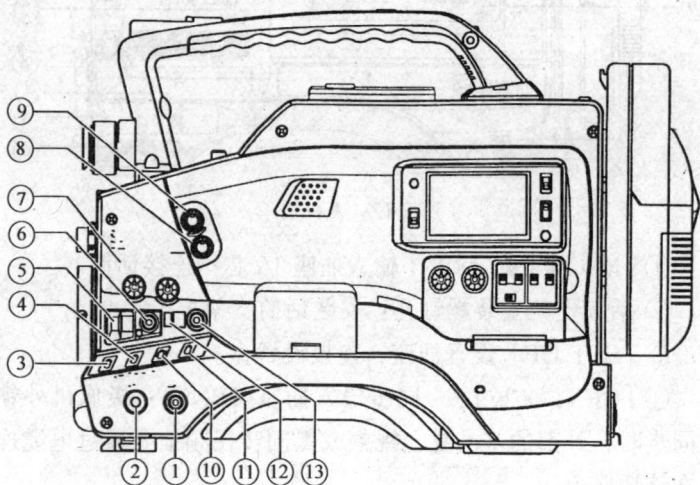

图 2-13（a）　摄像部分

摄像部分的键钮、开关及作用如下：

① ［VTR］录像机触发钮：（该钮与镜头上及前部录像机触发钮联动，功能相同）。

② ［POWER］电源开关：ON 时，DY-90 的状态取决于 (3) VTR 的开关设置；OFF 时，关断电源。

③ ［VTR］开关：ON 时，可选择 DY-90 的工作状态：SAVE（省电）方式或 STBY（待机）方式。SAVE 方式时，进行磁带保护状态，按 ［VTR］钮进入再记录时需经过短暂的等待才能开始进入记录方式；STBY 时，按 ［VTR］钮可触发 DY-90 立即进入记录方式。

④ ［GAIN］增益开关：提高本机的灵敏度，适用于光照不足时。分为 H：18dB，M：9dB，L：0dB（不提高）三档。

⑤ ［AUTO IRIS］自动光圈级别开关：可在不同环境情况下选择不同的自动光圈调节的基准数值。

BACKL 用于背景亮时，光圈比标准级别增开一级。

NORMAL 用于正常状态。

SPOTL 用于聚光灯时，光圈比标准级别关闭一级。

⑥ ［FULL AUTO］全自动拍摄开关钮及指示灯：此开关可以瞬间打开和关闭，同时绿色的指示灯亮。全自动拍摄功能使自动光圈、自动电平调整、全自动白平衡（FAW）同时起作用，并自动地调整至最佳值。同时增益和快门速度也可以连续变化。

⑦ ［MIC REC LEVEL］话筒记录电平调整：在手动方式时用来调整话筒 1、或话筒 2 的记录电平。

⑧ ［MONITER］音频监听调节钮：用于调节监听扬声器及耳机的音量。

⑨ ［ALARM］报警调节钮：用于调节从监听扬声器或耳机中听到的报警声的音量。

⑩ [OUTPUT] 彩条/摄像·自动拐点输出选择开关：用于选择输出信号。BARS：输出彩条用于记录或调整监视器等。CAM·AUTO KNEE OFF（摄像·自动拐点关）：用于输出拍摄的视频信号，此时自动拐点不起作用。CAM·AUTO KNEE ON（摄像·自动拐点开）：用于自动拐点功能起作用的视频信号输出。自动拐点动能，也称对比度控制的改善功能简称为 DCC 功能，用于扩大拍摄景物的亮度动态范围。特别适用于拍摄高对比度的景物，如拍摄晴天阴影中的人物，海滨沙滩边汽车内的人物等镜头，以保证人物和高亮度背景均具有一定层次而且清晰。

⑪ [WHT BAL] 白平衡开关：A：在此位置上进行的白平衡调整，寄存在 A。B：在此位置上进行的白平衡调整，寄存在 B。PRST（PRESET）：在 3200K 设置的不可擦除的白平衡值；选择色温滤色片 5600K 或 5600K＋ND 处，可设置一个适合于室外拍摄的应急白平衡；FAW（全自动白平衡）方式可用前置菜单设置于 A、B 或 PRST 处，但需经常对被拍摄的视频信号进行采样以达到适当的白平衡。

⑫ [BLACK] 黑扩展/黑压缩开关：用于变换黑暗部分的增益值。BLACK STRETCH：只在黑暗部分扩展信号，使黑暗部分的对比度增强。NORMAL：标准方式。BLACK COMPRESS：压缩黑暗部分信号的增益，以增强当整个图像都比较亮时的对比度。

⑬ [LOLUX] 低照度开关钮：此开关用于开启或关闭低照度方式。低照度方式只适用于极低照度下拍摄，其操作优先于正常增益操作，在此方式是增益可以加 33dB。

摄像机的设置/方式部分如图 2-13（b）所示。

① [SHUTTER] 快门开关：ON：可以用 UP（5）或

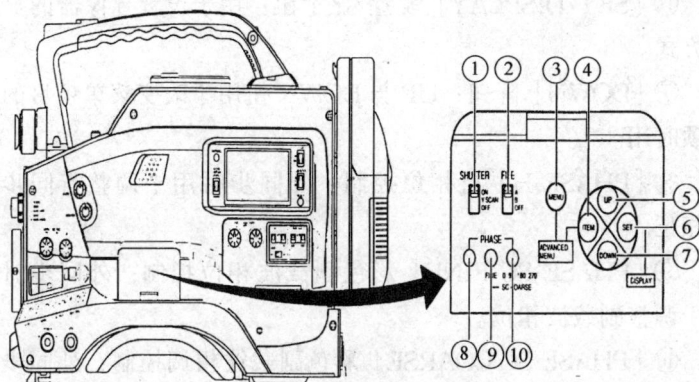

图 2-13 (b)　设置/方式部分

DOWN (7) 升降快门速度即可以设置不同的快门速度。V·
SCAN (可变扫描)：可以调节快门速度以适应拍摄计算机显
示屏幕的要求。OFF：适用于标准的 1/50。快门速度的值可
以在录像器上显示出来。快门速度的调节功能主要用于拍摄快
速运动的物体以获得清晰画面，以及在 V·SCAN 位置时可用
来拍摄扫描频率范围为 50.4～1953.1Hz 的不同扫描频率的计
算机监视器的屏幕图像。

②[FILE] 存储器开关：此开关是寄存摄像部分用于操
作或用于视频调节的菜单设置的数据，并能读出寄存的文件。
可存储在三个区域：A、B 与 OFF，FILE A 与 FILE B 中寄存
的数据在电源关断时仍可保持；而 FILE OFF 中寄存的值只能
保持至电源关断，电源关断后寄存数据消失，恢复为初始
值。

③[MENU] 菜单钮。

④[ITEM] 项目钮。

⑤[UP] 升钮。

⑥[SET/DISPLAY] 设置/显示钮：用于设置寻像器的显示方式。

⑦[DOWN] 降钮：UP 与 DOWN 钮用于改变菜单项目的选项时用。

⑧[PHASE H] 行相位控制：外同步时用于调整行同步的相位。

⑨[PHASE SC FINE] 彩色副载波相位控制：外同步时用于调整副载波相位。

⑩[PHASE SC COARSE] 彩色副载波粗调控制：外同步时粗调副载波相位为 0 度、90 度、180 度或 270 度。

摄像机机身上的音频部分，主要有：(1) 监听扬声器—用于监听声音或输出报警声，扬声器的音量可由 [AUDIO MONITOR] 音频监听钮调节；(2) 摄像机的话筒方式选择：[MIC1/MIC2] 话筒 1 与话筒 2 选择开关；(3) [MIC SELECT] 话筒 [AUTO] 自动与 [MANU] 手动电平控制选择：自动方式时音频记录的电平保持为基准值，而手动方式时音频记录的电平可用话筒记录电平调节钮调节；(4) [AUDIO SELECT] 音频选择分为自动 A 或手动 M 方式，用于调整连接于后面板上 AUDIO INPUT 插座上的音频输入信号的记录电平。

录像部分显示屏如图 2-13 (c) 所示。

①[WARNING] 告警指示灯：亮时用于指示非正常情况，警告操作人员及时处理。

②[AUDIO DISPAY] 音频显示开关：用于 PCM 音频通道的选择：DA1/DA2 或 DA3/DA4。

③[LIGHT] 背光开关：ON 时开启显示器的背光，OFF 时关闭背光，一般置于 OFF 以节省电池或电源的消耗。

④[COUNTER] 计数器开关：选择液晶显示器的显示内

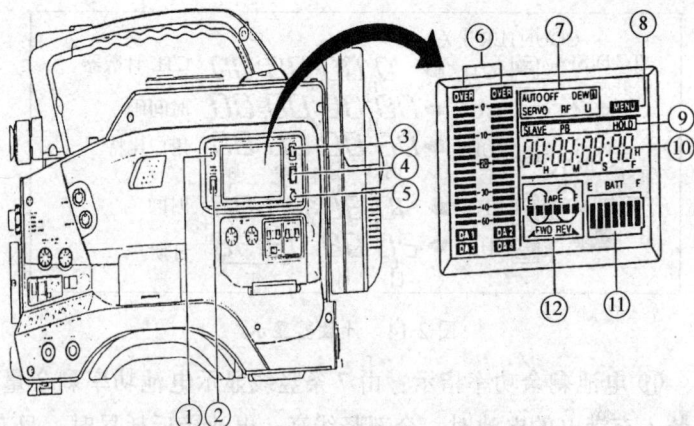

图 2-13（c）　录像部分显示屏

容。CTL：显示 CTL 计数结果。TC：显示时间码或预置显码。UB：显示时间码用户比特或预置用户比特。

⑤［RESET］复位钮：按此钮用于将 CTL、TC 或 UB 的显示内容复原为"0""00∶00∶00∶00"

⑥ 音频电平表：显示音频通道的输入电平值。

⑦ 告警指示：AUTO OFF（自动关机）指示，DEW（结露）指示，SERVO（伺服）指示，RF（射频磁头堵塞）指示，Li（电池将要耗尽）指示。相应指示灯亮时，应该针对性进行及时处理。

⑧ MENU 指示：当 MENU 钮进入设置菜单方式时指示灯亮。

⑨ 与时间码有关的指示：SLAVE（从动锁定）指示、PB（时码重放）指示、HOLD（保持）指示。

⑩ 计数器显示：用于显示 CTL 计数数据、时间码或用户比特，如图 2-14 所示。

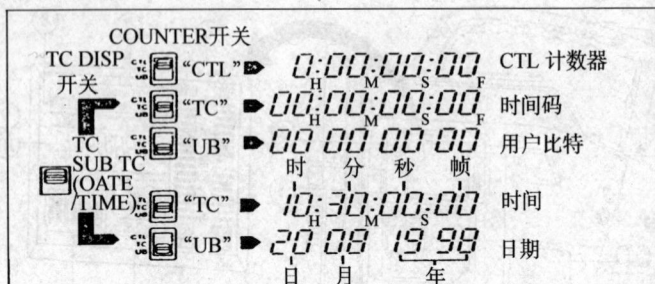

图 2-14　计数器显示

⑪ 电池剩余功率指示：由 7 条竖线显示电池功率剩余量。当装入充满电的电池时，全部竖线亮；电池接近耗尽时，只有最后两条竖线亮，电池容量耗尽时"E"和"BATT"闪烁，自动停机。为了显示的电池功率剩余量准确，应在设置菜单中选择所用电池型号。

⑫ 磁带/走带方向/磁带剩余时间指示：用于指示带舱中磁带的装入情况；走带的方向；磁带的剩余时间。

磁带剩余时间指示及其参考时间如图 2-15 所示。

E　TAPE　　F ■■■■■■■	磁带起始点附近(F消失)。
E　TAPE ■■■■■■	磁带剩余量多于25分钟。
E　TAPE ■■■□□□	磁带剩余量为10～15分钟。
E　TAPE ■□□□□□	磁带剩余量为2～5分钟。
E　TAPE □□□□□	磁带剩余量低于2分钟。(最后一个点线和"TAPE"闪烁)。
E　TAPE □□□□□	磁带到头("TAPE"和"E"闪烁)。

图 2-15　磁带剩余时间

摄像机机身的顶部主要有录像机部分的［PLAY］重放钮、［EJECT］带舱开启钮、［STOP］停止钮、［REW］快退钮、［FF］快进钮以及后记录指示灯。

3．寻像器

寻像器主要用于屏幕显示摄像机工作状态、告警指示以及画面监看等。因此我们在掌握其调整使用时必须明确寻像器显示的各种信息的含义，才能充分发挥寻像器的作用。

寻像器屏下方有两个发光二极管指示灯：一个是［BATT］指示灯，当电池接近用完时此灯显红色闪亮，当电池用尽后此灯点亮；二是［REC/ALARM］指示灯，当记录时显绿色光亮，当磁带用完、记录前录像部分预卷带时以及录像部分故障时显绿色闪光。

寻像器在 DY-90 摄像工作时显示的信息有：状态内容（用于检查目前摄像部分的设置）；告警信息显示；安全区显示；设置内容（包括日期的摄像部分设置）；自动白平衡显示以及快门速度显示。

（1）状态屏幕显示：状态屏幕显示如图 2-16 所示，在正常屏幕期间可按〔SET〕钮在录像器上显示出状态屏幕内容，每按一次〔SET〕钮可以显示三种屏幕内容之一。

状态 9 显示内容及功能如表 2-1 所示。

状态 1 显示内容除状态 0 的信息外，还包括有关音频指示、积累记录时间、电压和镜头 F 数值等信息，如表 2-2 所示。

状态 2 显示摄像部分的设置情况，如表 2-3 所示。

（2）告警信息显示：告警信息显示于状态 0 和状态 1 屏幕中。显示的信息与内容有：〔LOW BATTERY〕电池容量接近耗尽；〔VTR WARNING〕：HEAD（磁头堵塞）、SERVO（伺

95

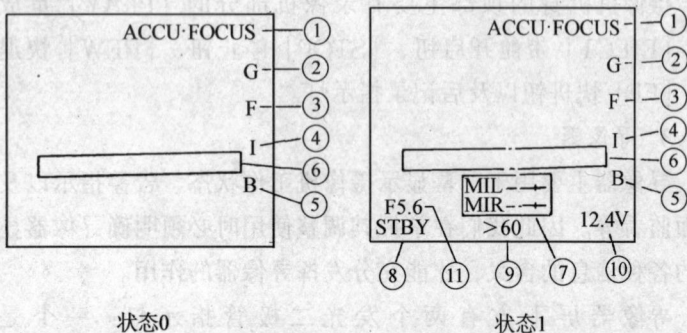

状态0

状态1

SCENE FILE   A
WHITE BAL   A
FILTER   32K
SIIUTTER   1/1000
GAIN   6dB
IRIS LEVEL   NORMAL
IRIS DETECT   NORMAL
FULL AUTO   OFF
REC TIME   >60

状态2

图 2-16 状态屏幕显示

表 2-1 状态 0

显示位置	显 示	功 能
①	ACCU·FOCUS	在精确聚焦期间闪亮。
	S	当快门或可变扫描接通时显示。
	FAS	当全自动拍摄功能接通时显示。
	ALC	当只有自动电平控制接通时此指示出现。
②	G	除 0dB.LOLUX 和 ALC 之外指示出现。
	L	在 LOLUX 时显示。

续表

显示位置	显　示	功　　　能
③	F	只有全自动白平衡接通时显示。
④	I	当自动光圈设置在 IRIS BACK LIGIIT 或 IRIS SPOT LIGHT 时显示。
⑤	B	当黑扩展或黑压缩开关运行时显示。
⑥	事件显示	见下表。

⑥ 事件显示

当以下诸开关中任何一个运行时，在寻像器屏幕上此事件大约只显示2秒钟。

开　　关	事件显示内容	
ZEBRA	ZEBRA	ON.OFF
BLACK STRETCH/ BLACK COMPRESS	BLACK	STRETCH, NORMAL, COMPRESS
GAIN	GAIN	−3dB, 0dB, 6dB, 9dB, 12dB, 18dB, ALC
WHT.BAL	WHITE BAL	A, B, PRESET.FAW
FULL AUTO	FULL AUTO	ON, 0FF
IRIS	IRIS	BACKL, NORMAL, SPOTL
LOLUX	LOLUX	ON, OFF
FILTER 控制	FILTER	3.2K, 5.6K + 1/4ND, 5.6K, 5.6K + 1/16ND
FILE	SCENE FILE	A, B, OFF
VTR	VTR	STBY, SAVE
AUTO KNEE	AUTOKNEE	ON, OFF

表 2-2 状态 1

显示位置	显 示	功 能
⑦	（例如：） MIL…+… MIR…+…	指示音频输入通道和输入电平。 根据 AUDIO DISPLAY 开关的不同设置，输入通道指示也变化，由菜单屏幕可以选择显示的开或关。 详情参看 67 页"音频显示"。
⑧	STBY SAVE STOP REC FF REW EIECT	录像机处于待机方式 录像机处于省电方式 录像机处于停止方式 录像机处于记录方式 录像机处于快进方式 录像机处于快退方式 录像机处于启舱方式
⑨	>60（例） 2H34M56S20F	剩余磁带指示（以 1 分钟为单位）。 时间码显示。 当在前置菜单屏幕上的"REC TIME"项目设置在"TIME CODE"时，可显示时间码。 详情见 69 页"REC TIME"。
⑩	12.4V（例） 50%（例）	电压指示（以 0.1V 为单位）。 当安装一块 Anton-Bauer 电池后进行电池剩余功率检测时，其数值是以百分比的形式表示（此时不显示电压数值）。
⑪	OPEN, F2, F2.8, F4, F5.6, F8, F11, F16, CLOSE	指示连接镜头的 F（相对孔径）数值。 当镜头被卸下时无显示。对某些镜头也无显示。 在菜单屏幕上可以选择此数值的显示与否。 详情见 67 页"FNODISPLAY"。

表 2-3　状态 2

显　示	显　示　内　容
SCENEFILE	A, B, OFF
WHITEBAL	A, B, PRESET, FAW
FILTER	3.2K, 5.6 + 1/4ND, 5.6K, 5.6 + 1/16ND
SHUTTER	OFF, 1/120, 1/250, 1/500, 1/1000, 1/2000, VSCAN (1/50.4 至 1/19531), EEI (ALC方式)
GAIN	-3dB, 0dB, 6dB, 9dB, 12dB, 18dB LOLUX, ALC
IRIS LEVEL	BACKL, NORMAL, SPOTL
IRISDETECT	NORMAL, PEAK, AVG
FULLAUTO	ON, OFF
RECTIME	磁带剩余时间或时间码

服故障、DEW（结露）、HARD（硬件故障）；〔TAPE　NEAR END〕磁带快到头（少于 3 分钟）；TAPE　END 磁带到头（少于 3 分钟）；〔REC　INHIBIT〕录保护，〔NO　TAPE〕没装磁带。

（3）安全区显示：安全区可在主菜单"SAFETY　ZONE"项目上选择，有三种形式，如图 2-17 所示。

（4）设置屏幕显示：用于进行日期和其他摄像部分的设置。

（5）快门速度显示：当〔SHUTTER〕处于接通时显示快门速度约 5 秒钟；当使用〔UP/DOWN〕钮改变快门速度时，也会显示快门速度，如图 2-18 所示。

（6）自动白平衡显示：自动白平衡显示如图 2-19 所示。

自动白平衡不能正常进行时，还会显示以下一些信息，以提示操作者针对性地处理后重新调整白平衡。

关闭

区域1

区域2

区域3

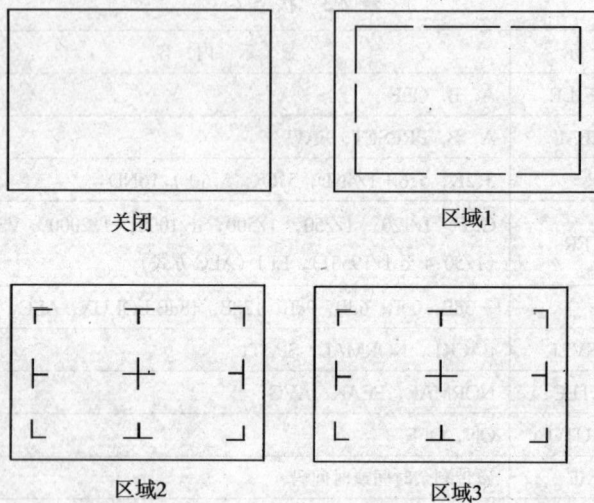

图 2-17 安全区显示

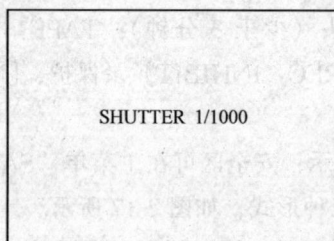

SHUTTER 1/1000

图 2-18 快门速度显示

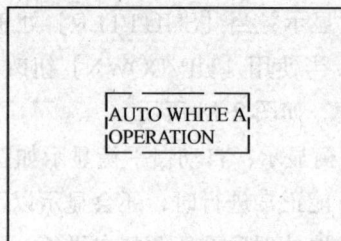

AUTO WHITE A
OPERATION

图 2-19 自动白平衡显示

AUTO WHITE A (B):   检查被摄体是否足够白，
NG：OBJECT   检查色温片是否正确。

AUTO WHITE A (B):   察看是否有阳光或其他亮光
ERROR：OVER LIGHT   照射到镜头上，检查光圈是
                    否调整适当。

AUTO WHITE A (B):   察看是否应增加或改善照明
ERROR：LOWLIG   条件。

4．其他部分开关、插座及作用

摄像机后部的开关、插座如图 2-20 所示。

①［DCUIN］直流输入插座（XLR-4 芯）：当此插座插上
电缆时，摄像机的电池供电将切断，转为 12V 直流电源供电。

②［DC OUT］直流输出插座：可给无线话筒发射机等提
供 12V 的直流电。

③［EARPHONE］耳机插口：用于接音频监听耳机。

④［AUD1 IN LINE/MIC］音频 1 输入线路/话筒选择开
关：用于选择输入⑧AUD1 IN 插座的音频输入信号，有以下
三个位置可选择。LINE：连接某些音频设备时，参考输入电
平为 + 4dBS。MIC：连接一只话筒时，参考输入电平为
－60dBS。MIC + 48V ON：连接需要 + 48V 电源供给的话筒，
如连接 JVC MR-P615 型话筒时。

⑤［AUD2 IN LINE/MIC］音频输入线路/话筒选择开关：
选择输入⑦AUD 2 IN 插座的音频输入信号，功能同［AUD1
IN LINE/MIC］选择开关。

⑥［LINE OUT］线路输出插座（XLR-5 芯）：以模拟方

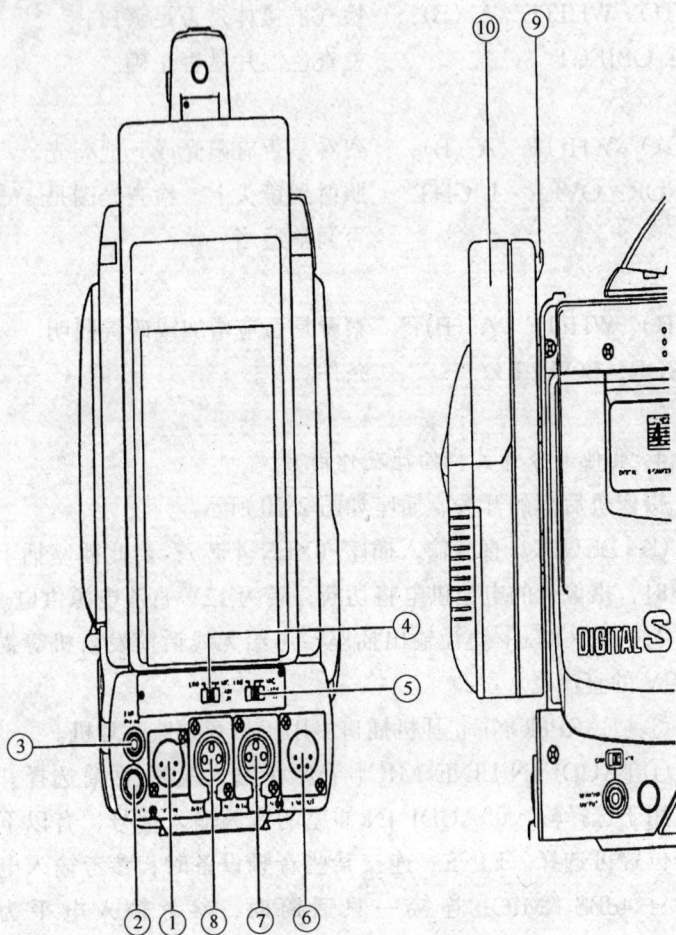

图 2-20 后视图

式输出 PCM（脉冲编码调制），音频 DA1/DA2 或 DA3/DA4
通道的信号。

⑦ [AUD2 IN] 音频 2 输入插座（XLR-3 芯）：以该插座
连接的音频设备或话筒设置⑤AUD2 IN LINE/MIC 选择开关。

⑧ ［AUD1 + IN］音频 1 输入插座（XLR-3 芯）：以该插座连接的音频设备或话筒设置④AUD1 IN LINE∕M1C 选择开关。

⑨ 电池盒释放钮。

⑩ 电池盒。

我们之所以选择 Digital-S 的 DY-90 摄录机作为典例介绍，主要考虑：不同型号、格式的摄像机的构成和各部分的作用大同小异，我们完全可以通过这一摄像机的介绍而了解各种摄像机的组成和作用；数字技术给视频领域带来的质的飞跃，使越来越多的电视台和制作单位采用数字视频设备以提高节目质量；Digital-S 的 DY-90 是在 ENG∕EFP 制作中表现相当出色的摄像机，轻便、操作简单、环境适应性强、图像质量好。尤其是其 LOLUX 和 FAS 功能。LOLUX 使它可以在只有 0.75lx 照度下获取清晰图像。FAS 即全自动拍摄功能，有连续自动白平衡，环境照度可以从 4 到 2400lx 之间连续拍摄，在紧急情况下，摄像师可专注拍摄，而不用再去想着转换增益、光圈、滤色镜等。由于其高灵敏度和全时跟踪黑平衡，保证在很宽的亮度范围内都能获得满意的亮度电平，即使拍摄照度不高的细节，也能获得较好的明暗对比，有很好的"透"的主观感觉。

△ 第五节　摄像机的主要调整

摄像机在实际使用时要进行调整，主要的调整工作有定期对摄像机的技术性能进行测试调整以及摄像机操作使用中后焦距、白平衡等的调节。

一、摄像机技术性能的调整

摄像机的技术性能指标，直接决定了拍摄的图像质量。各类摄像机在出厂前都要对各种技术性能进行严格调试。但摄像机在使用一段时间后，需要借助一些必要的仪器和测试卡，重新对其技术性能进行测试和调整，以保证摄像机的技术性能良好。

测试的仪器主要有矢量示波器、波形示波器和精密监视器；常用的测试卡有清晰度卡、重合卡、线性卡、灰度卡、肤色卡和光盒等。用这些仪器和测试卡测试调整摄像机时，其系统连接如图 2-21 所示。

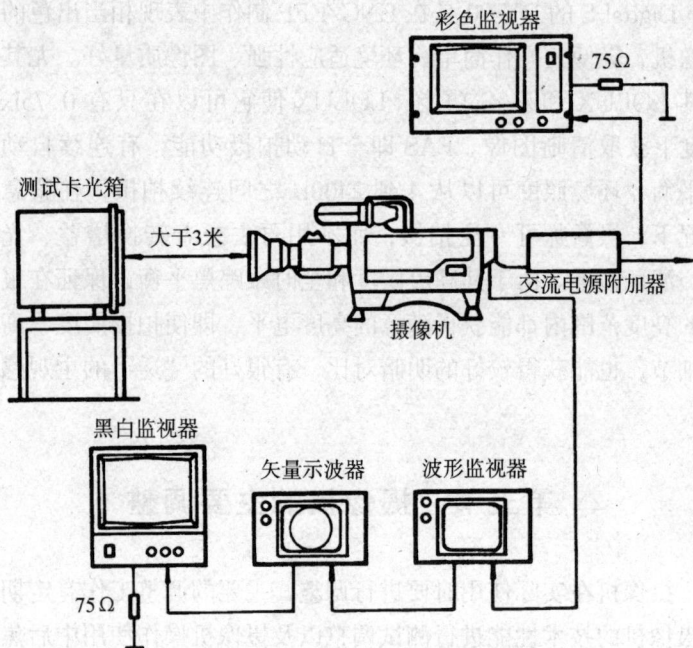

图 2-21　摄像机调整系统的连接

　　摄像机的一般调整测试步骤是：首先把测试卡正挂在平整的墙上，照明采用均匀的 3200K 的白炽灯光，或采用透明测试卡配以光箱；然后将摄像机水平架设在距测试卡 3 米左右地面上，摄像机的光轴尽可能与测试卡中心相对准，测试卡的平均度为 2000lx；再将摄像机的测试输出连接到矢量示波器、波型示波器（波形监视器）和精密监视器上去；最后通过测试，调整相应系统，直至达最佳工作状态。

　　1. 清晰度卡

　　清晰度卡主要用于测试摄像机的分辨率。调整时，观察监视器上的画面，首先调整变焦镜头的焦距使测试卡的边缘线与监视器的边缘线相对齐，然后关闭轮廓校正开关，仔细调整聚焦系统，反复多次调节使清晰度卡的线条最为清晰（示波器置于行频状态，视频信号包络最大）。按照摄像机的维修手册说明，调整亮度通道内的频率补偿电路，使各个频率的调制度（即包络线幅度）达标准要求。此时，图像清晰度达最佳。

　　2. 重合卡

　　该卡用来调整 R、G、B 三色的重合性能。用重合卡测试时，监视器上的图像应采用 $R-G$ 或 $B-G$ 信号，分别测试 R 路和 B 路的重合性能，要求对监视器Ⅰ区、Ⅱ区、Ⅲ区的重合调整好，尽量保证Ⅰ区和Ⅱ区的指标，对于 CCD 摄像机来说全图像的指标是一样的。

　　有的摄像机有"自动中心"控制，只需将摄像机对准任何静止图像，按"自动中心"钮，重合调整即自动进行。

　　3. 线性卡

　　该卡用来测定摄像机的行、场非线性失真。一般无需调整，只在较大维修如更换零件等时才进行调整，对调整系统设备要求高，方法也较复杂。

4．灰度卡

该卡用来调整摄像机的 γ 特性。测试灰度卡时，应该是黑灰白的图像共有 8～10 级，分辨级数越多，黑、灰、白层次就越分明，同时矢量示波器上的矢量应停留在原点上，示波器上阶梯波的轨迹应与标准的 γ 值相符合。

5．彩色卡和肤色卡

该卡用来调整摄像机彩色编码器电路的彩色性能。由于彩色卡和肤色卡配以光盒是专门用来测试摄像机彩色特性的，因此，这种光盒的照明白色标准应该符合国际标准。对于不同的彩色制式，所选择的标准白也有所差异。同时，由于照明灯的色温会随电压的高低而变化，因而测试时应保证电源电压的标准。摄像机摄取的彩条各个矢量应基本落在彩色矢量所规定的位置上。在调试前，应先调好摄像机的白平衡，才能保证测试的结果是正确的。

一般只要按照以上的要求和步骤调整摄像机，其技术性能就能达到较理想的指标。从而保持摄像机拍摄的电视图像的质量，提高电视节目制作的质量。

二、摄像机使用中的主要调节

摄像机在使用过程中，经常需要对摄像机进行一些调整：如白平衡、寻像器、后焦距等。

1．寻像器的调整

寻像器上的屏幕视觉效果是可以调节的。在摄像机开机后就首先对寻像器进行调整。调整操作步骤如下：（1）根据摄像师对寻像器的使用习惯，调整寻像器向机身左侧伸出的长度并加以固定；（2）旋转目镜聚焦环，使寻像器屏幕清晰可见；（3）将彩条/摄像开关置于彩条位置，利用机内产生的彩条信号，调整寻像器上的亮度和对比度旋钮，使寻像器上的竖条图像亮度适中，灰度层次良好。若有轮廓调整功能，则调整轮廓调整旋钮，可使图像更清晰，聚焦更容易。

当摄像机外接监视器时，以摄像机头的视频输出［BARS］彩条信号（EBU 彩条、100/0/75/0 标准）作为其调整色彩、对比度及亮度的标准。调整步骤如下：(1) 连接好摄像机与监视器，摄像机输出 EBU 彩条；(2) 设置监视器屏幕为蓝色；(3) 调节监视器的色度钮，使屏幕上的彩条的白色条与蓝色条之间亮度无差别；(4) 调监视器相位钮，使青色条与绿色条之间亮度无差别；(5) 若相位钮的调节使白色条和蓝色条之间亮度产生差别，则按上述步骤 (3) 重新从色度钮开始调整。(6) 最后将监视器屏幕转成正常屏幕。

2. 白平衡调节

在摄像过程中若要保证摄像机所拍摄图像色彩能正确再现，首先应对摄像机的白平衡进行调节。当照在被摄体上的主要光源改变时需要及时调整白平衡。

从前面的介绍我们知道摄像机具有"自动白平衡调节"功能，但在实际的拍摄中整个白平衡调节的关键环节都是由摄像人员来确定的。白平衡调节要求摄像机的调节必须和被摄体在同一照明光源下进行，应采用标准的白平衡测试卡（灰度测试卡）或其他可以替代的白色物体作为调整的参考标准。

白平衡调节的步骤如下：

(1) 设置好摄像机的相关位置：POWER（电源）开关：ON（开）或 ON SARE（节电方式）；OUTPUT（输出）开关：CAM·AUTO KNEE OFF；IRIS（镜头光圈）开关：A（自动）。

(2) 根据当前的照明情况设置滤色片轮的位置为 1、2、3

或 4。设置滤色片轮关键是根据当前照明光源的色温。1 档：3200K；2 档：5600K＋1/4ND；3 档：5600K；4 档：5600＋1/6ND。1/6ND 的曝光量的减少相当于缩小了四档光圈，一般用于光线异常强烈或用于减小景深时用。

（3）将 WHT·BAL 开关设置为 A 或 B。

（4）在与拍摄现场相同的照明情况下，放一标准白色物体（灰度测试卡）于摄像机屏幕中心附近作为拍摄物，调整摄像机焦距，使白色充满镜头画面（利用寻像器观察即充满寻像器屏幕）。

（5）将摄像机的 WHT/BLK（白/黑）开关推至 WHT（白）的一侧，或将 AUTO WHT/ACCU FOCUS 开关推至 AUTO WHT 一侧（不同机型有所不同），然后放开。此时自动白平衡调节开始。

在自动白平衡调整电路工作期间，寻像器屏幕上显示"AUTO WHITE A（B）OPERATION"或"AUTO WHT—OP—"等标志。约 2～3 秒钟后，寻像器的屏幕上的显示标志改变为"AUTO WHITE A（B）OK"或"AUTO WHT—OK—"等，表示自动白平衡调整完毕。

当屏幕上出现"NG：ORJECT"时，表示被摄物上无足够的白色或色温不合适；显示为"ERROR：LOW LIGHT"表示光线太弱；显示为"ERROR：OVER LIGHT"表示光线过亮。此时需针对性的处理后重新调整白平衡。

自动白平衡的"自动"仅指最后 2～3 秒自动白平衡电路根据给定的条件自动设定白平衡，并把有关数据存入记忆电路。真正的调整过程，实际上是"手动"的。

有时摄像机需要频繁地在不同光源照明条件下的地方出入或没有足够时间调白平衡时，我们往往采用全自动白平衡

FAW功能。这种方式可以应急抢拍，使用方便，但此功能不能对超出FAW调整范围的拍摄物提供最佳白平衡，白平衡的准确程度不及手动白平衡。一般情况下不用，不用时FAW功能选择"NONE"。

摄像工作是一项创造性很强的工作。一般情况下为了突现色彩的正确再现，需要根据光源的色温情况及时调整白平衡；有时也可以利用自动白平衡的调节原理，人为控制画面的色调。由于自动白平衡调节时，白色物是摄像机确定红、绿、蓝三信号比例的依据，我们可以在让标准白色物有意加入某种色彩，然后按正常方法调白，则摄像机所摄的画面将会产生偏色，而且是偏向白色物上所偏色彩的补色。例如：拍摄一个喜庆的欢乐场景，为了增加喜气洋洋的意境，有意让镜头偏向红色，则采用偏向红色的补色—青的白色物作为白平衡卡来调节摄像机的白平衡即可。白色物的偏色越重，调节结束后，拍摄的电视画面的偏色也越重。

3. 后焦距的调整

后焦距的调整也称为Ff（法兰）焦距调整。一般用于第一次安装镜头时，或更换镜头后。当在拍摄电视镜头时，若发现变焦时长焦镜头的聚焦和广角镜头的聚焦不能很好吻合（推上调实，拉开图像虚焦），也必须调整后焦距。

后焦距的调整步聚如下：

（1）将光圈方式置于M（手动）；

（2）将变焦方式置于MANU（手动）；

（3）将后焦距调整用图谱（如图2-22所示）置于离摄像机约3米处。将光圈环打开至F1.4，调节照明以适合F1.4的录像输出水平；

（4）手动调节变焦杆直至镜头为长焦远距离拍摄状态。调

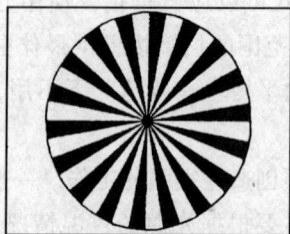

图 2-22　后焦距调整用测试图谱

节聚焦环，使测试图谱聚焦清晰；

（5）手动变焦至广角镜头拍摄状态。松开后聚焦环固定钮，调节后聚焦环，使测试图谱清晰成像；

（6）反复上述步骤（4）与（5），直至长焦与广角镜头均能清晰成像；

（7）调节完成后，锁紧后聚焦环的固定钮，将聚焦环牢靠地固定。

4．快门速度的调节

快门速度的调节可以减少拍摄移动物体时的模糊现象，也可以用于消除拍摄与摄像系统的扫描频率不同的计算机监视器或显示器的屏幕图像时的闪烁等现象。调整步骤如下：

（1）将 SHUTTER（快门）开关置于 ON 或 V·SCAN（可变扫描）。一般 V·SCAN 位置用于拍摄计算机监视器或显示器的屏幕图像，ON 位置用于拍摄快速移动的物体。

（2）用 UP 或 DOWN 钮调节快门速度。快门速度可在寻像器屏幕上显示出来。当开关置于 V·SCAN 时，若监视器的图像上有黑色带，则应降低扫描频率；或有白色带时，则应提高摄像机的扫描频率。一边调节一边观察寻像器或监视器上的图像，直至获得稳定清晰的电视图像。

调节快门速度要注意的是：快门的速度越高，图像会变得越暗，应及时调整光圈或增加照明。

5．增益的调整

当照明不足使被摄体亮度不够时，需用GAIN开关增加增益数值，以提高摄像机的灵敏度。一般摄像机的增益分为三档：0dB，9dB及18dB。例如，DY-90摄像机的增益分为三档，L：0dB（正常状态）；M：9dB；H：18dB。

增益调整时，可转换GAIN开关至H或M位置，此时新设置的增益值在寻像器的状态0或状态1屏幕上显示数秒钟。9dB与18dB是出厂时的设置值，需要时也可由前置菜单中的"GAIN"设置。

增益调整也可用ALC（自动电平控制）功能，即"GAIN"设置为ALC。此时，在照明太暗的情况下感光度自动增加。但是，通过ALC时图像噪波较大。

需要时也可用前置菜单中"SMOOTH　TRANS"（平稳转换）功能使增益平滑地变换。但当开关设置于ALC处时，此功能无效。

当只使用增益开关的设置还不能补偿亮度不足时，可按LOLUX（低照度）钮，增益提升33dB。再按此钮可取消LOLUX方式。此种方式会大大降低图像清晰度。

增益、光圈和快门之间的关系参见图2-23。

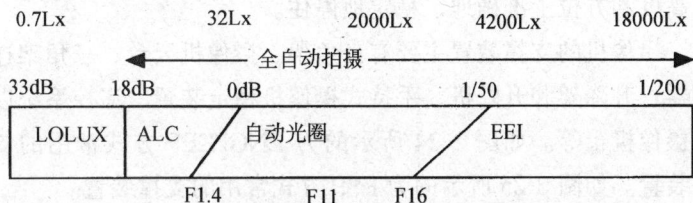

111

图 2-23　增益、光圈、快门之间的关系

由于使用增益会使图像上的杂波增多，信噪比下降，图像清晰度下降，图像质量劣化，因此应尽量提高被摄体的照度，开大光圈，只在没有其他办法时，再用增益调整。

△ 第六节　摄像机的附件

摄像机附件有摄像机的支撑装置、摄像机控制器 CCU、电缆和接头等。

一、摄像机的支撑装置

如果只有一个好的摄像机，而没有好的支撑装置，不能使摄像机的使用得心应手，也不能保证拍摄出来的图像平稳。摄像机的支撑装置明显地影响摄像师对摄像机的操作。

摄像机的支撑装置种类繁多，价格差别也很大。对电视图像质量的不同要求、摄像系统的不同、应用场合及经济实力等的不同，决定着摄像机支撑装置的选择。摄像机在任何拍摄过程中，都需要位于某个高度，甚至要求能把镜头迅速及时地对准活动目标。因此摄像机必须能够灵活、方便地、平稳地，前后左右移动、改变拍摄方向或上下仰俯升降。支撑装置必须使它装于它上面的摄像机能够自如地摇摆、俯仰，并且能够在任何高度和方位上准确地、稳定地停住。

摄像机的支撑装置主要有三角架、摄像机云台、三角架连接器、升降架和升降机、手持式摄像机稳定装置、遥控系统以及摄像机箱等。如图 2-24 所示的为 ENG/EFP 方式常用的支撑装置。如图 2-25 所示的为 ESP 方式常用的支撑装置。

三角架主要是为了能稳定地支撑摄像机，因此它的承重量要大于所用的摄像机的重量，而且它的高度要有足够的调节范

图 2-24　ENG/EFP 用的支撑装置

围，能在任何地面稳定支撑，能很方便地拆装，保证能迅速地
架设摄像机，保证拍摄时间。

　　摄像机云台，装在三角架或升降架上，通过对云台的操作
可使用安装于连接板上的摄像机左右摇摄和上下俯仰拍摄。云
台应有足够的水平摇摆角度和垂直方向的俯仰角度，其制动装
置应能使摄像机准确地锁定于任何位置。

　　三角架连接器是摄像机和云台之间的接口板。可以通过云
台上的固定螺钉方便地固定到云台上，同时摄像机可以通过这
个板固定到云台上。

　　升降架安装于演播室用支撑装置中的云台与底座之间，有
气动装置或液压装置来调整摄像机高度。升降机用于演播室、
体育场馆等较大的场合，也可用于现场摄像的遥控。它的高度
变化大，有的可达 2 米以上，可以越过某些障碍物拍摄；拍摄
方向调节范围大，甚至可达 360°范围，但至少需要 2～3 人才
能控制操作。

　　遥控系统可通过键盘操作摄像机的俯仰、摇摆、变焦距、
调焦、调光圈及上下升降等，它可以存储 100 多种工作状态，

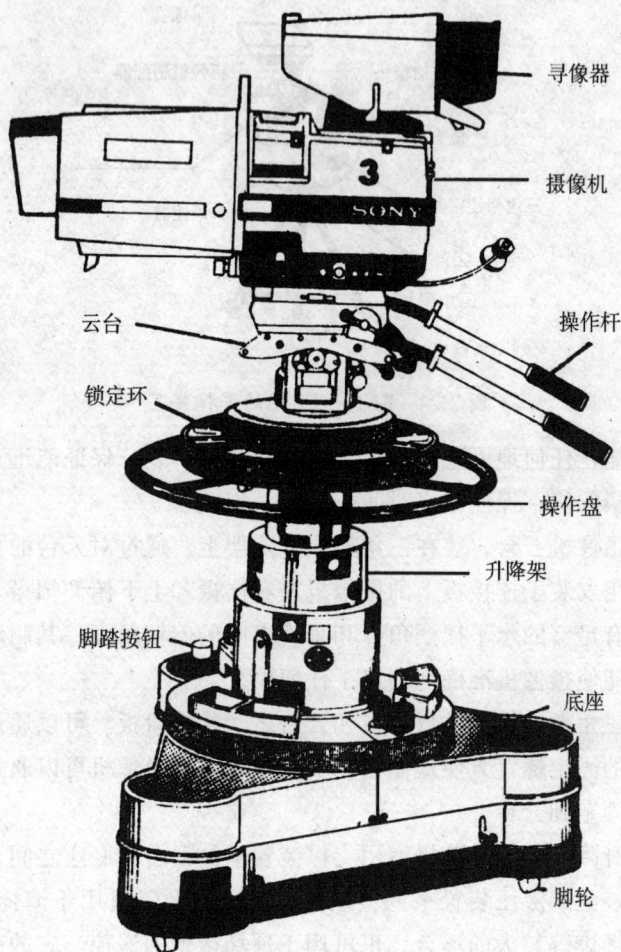

图 2-25   ESP 用的支撑装置

可按程序自动变化摄像机的状态。

　　手持式摄像机的稳定装置，由身体托架或肩托以及弹性吊带组成，可用于手持式摄像时保持摄像机平稳。

摄像机箍：通过摄像机箍可把云台固定于环状、管状栏杆上，主要用于剧场或室外拍摄。

广播电视系统常用到不同结构、不同档次的各式摄像机支撑装置，如西德的撒切拿公司的液压式云台、三角架、温顿公司的气动升降装置、"HOT POD"的 ENG 组合系列等。

二、CCU 摄像机控制器

当把一个演播室摄像机与一个 ENG 或 EFP 摄像机，甚至一个家用摄像机相比较时，就会发现演播室摄像机的按钮和开关比其他几种更少。这是因为演播室摄像机是通过 CCU 遥控的。CCU 的面板上集成了许多摄像机的按钮和开关，摄像机本身视频信号通过自预放大器后的部分全部由 CCU 内的电路取代，摄像机本身的控制操作也大部分由 CCU 来完成。

CCU 通过多芯电缆与摄像机头相连，它输送多种信号，如同步信号、遥控操作信号、监测信号、通话联络信号以及各种电源至摄像机头；同时将摄像机头预放器输出的 R、G、B 三基色信号进行视频处理放大，根据电视系统的彩色电视制式编码，形成视频信号后输出。CCU 的主要功能有：

(1) 白平衡（WHITE BAL）调整；

(2) 黑平衡（BLACK BAL）调整；

(3) 光圈（IRIS）调整；

(4) 增益（GAIN）选择；

(5) 行相位（H PHASE）调整；

(6) 副载波相位（SC PHASE）调整；

(7) 电缆补偿（CABLE COMP）调整；

(8) 基准电平（PEDE STAL）调整；

(9) 彩条（BARS）开关；

(10) 色度（CHROMA）调整；

(11) 内部通话（INTERCOM）功能；

(12) 外同步锁相输入（GENLOCK IN）；

(13) 返看视频输入（RETURN VIDEO IN）；

在电视制作中心或现场节目制作的场合，将两台以上摄像机输出的信号进行特技切换时，须使用CCU把各摄像机的工作状态调整一致，把各输入信号的行相位、副载波相位等调整一致。因此，CCU也是电视节目制作中不可缺少的设备之一。

三、摄像机电缆

根据输入和输出摄像机的信号的不同，摄像机的电缆有明显的差别。当需要使用电缆时，必须知道摄像机能够接受哪一种电缆，需要多长的一根电缆等。

多芯电缆包含有大量的细电线，能够携带大量的信息而不用任何转换器，但它的长度受限制，一般最多约600米。一般演播室和常用的现场是足够了，但拍摄如滑雪、高尔夫球等现场节目就不够长了。

三芯电缆，有一根中心电线被两层同心的橡皮包着。光纤电缆内含很细、柔软的玻璃纤维，可以延伸得远，而且比多芯电缆细且轻得多。三芯电缆和光纤电缆多可以延伸至约1500米和3000米左右，对于远距离的现场制作足够了，但需要确定摄像机是否能用这种电缆，以及使用这种电缆时需要用哪一种转换器。

四、接头

在演播室，摄像机电缆一般是让它插在摄像机上和墙上的摄像机插座上。但是，在现场节目制作时，往往要通过电缆把摄像机连接到一些其他的外部设备（如监视器、录像机、录音机、同步机等）上。大多数专业视频设备的同轴视频电缆使用BNC接头或RCA唱机接头（也用于连接音频信号），音频电缆使用XLR或电话插头（Phone Plng）。家用设备通常在视频上使用RCA Phono插头，在音频电缆上使用微型插头。BNC与RCA唱机接头如图2-26所示。实际制作中，我们必须时时备有转换接头，以便需要时可以把不能直接相连的不同接头可以通过转换器相连接起来。

117

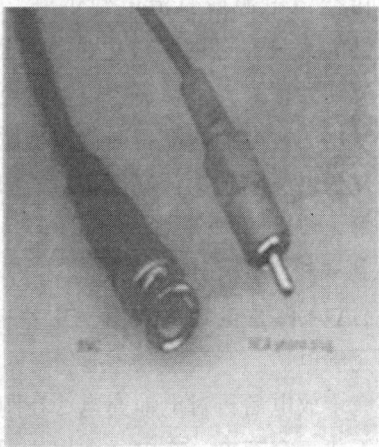

图 2-26 标准视频接头

△ 第七节 摄像器材的准备和维护

摄像机在拍摄前必须做好电池、磁带、话筒、电缆等各项准备工作。选择好合适的设备，做好各项准备工作，是保证完成拍摄任务，提高工作效率的必要前提。

一、摄像器材的准备工作

我们以外景拍摄为例来介绍摄像器材的准备工作。

外景拍摄所使用的器材有：摄像机、录像机、电源（交流或直流）、录像带以及各种电缆等。在准备器材时，主要考虑挑选最适合拍摄题材，如何利用最简便的这些器材的组合拍摄出高质量的电视图像，并且要求能确保拍摄过程的顺利进行、拍摄任务的如期完成。

1．电源的准备

摄像机可以由交流电源或直流电池供电。在外景拍摄现场，如果有交流供电，只要电网不停电，就可以长时间拍摄。但外景拍摄时，流动性很大，常常需要电池供电。不同的摄像机、录像机均有专用的蓄电池。准备时需根据所用摄录像机选择合适的电池，并根据实际拍摄情况准备足够的电池数量，最好留有一定的余量。

例如 DY-90 摄录机可选用 JVC 蓄电池：NB-GIU、平板型电池或 ANTON-BAVER 蓄电池（需有专用蓄电池架）。电池在使用前一定要充满电。

蓄电池应在完全放电后再对电池充电，在刚使用后电池若马上充电有可能不能完全充电，充电必须用适配的专用充电器进行。充电的环境一般为 5℃～40℃，最佳温度为 10℃～30℃。新的电池性能不太稳定，经过几次使用后，将使用时间逐渐稳定。若电池使用一段时间后，在刚刚充电之后的使用时间明显缩短或减半，则应更换新电池。

不同型号的电池连续使用时间不同，如 NB-GI 型电池，常温（25℃）下可连续使用 40 分钟（一般的拍摄录制）；NP-IB 型可连续使用 40 分钟，Trimpack14 型可用 50 分钟；BP-90

型可用 140 分钟。电池给摄像机供电时，相应的寻像器或电池剩余功率会显示检查电池剩余功率的状况，当电池快耗尽时，电池剩余功率显示：部分竖条和 BATT 指示灯开始闪烁，继续使用寻像器上的指示灯：BATT 灯闪亮，同时屏幕显示"LOW BATTERY"，摄像机发出嘟嘟的报警声，甚至停机。不同的摄像机，寻像器指示有所不同。蓄电池电压低时应及时更换上充满电的电池。

电池应在干燥、通风、清凉的场所保存；保持电极的清洁；远离高温、阳光直射、潮湿有化学药品的场合；不能任意分解、改造；不能长时期留放于摄像机内。

2. 磁带的准备

不同的摄像机应选用合适的格式及录像时间的磁带。如DY-90 只能选用标注有 Digital-S 的磁带，不能使用 S-VHS 或VHS 格式的磁带。

实际拍摄时录像的时间有多长，所需的磁带就应有多少。考虑到拍摄时，可能无时间倒回原来地方重拍不合格镜头，以及经常要保留一部分备用镜头，应留有一定余量，多备几盒磁带。若采用硬盘驱动器作为记录装置，则应多带几个硬盘或使用一个大容量的硬盘驱动器来复制记录的材料。

磁带应与电池一样在干燥、通风、洁净的环境中保存。磁带不能在缠绕不均匀的状态下保存，因此应将录像带倒回头部后，装入磁带盒、竖放保存。磁带上有相应的 REC 保护，可以防止偶然抹掉已录内容：REC 在 ON 位置时可以记录；REC 在 OFF 位置时可以保护已记录的珍贵内容。多次反复使用后的磁带，因失落等因素使噪声大为增加，从而降低了磁带的性能，因此发现已劣化或损坏的磁带应停止使用，否则会降低磁头使用寿命。磁带还应避免剧烈的震动，远离磁场。需长期保存，则必须定期缠绕，防止磁带的粘连。

3．同期录音

在外景的实际拍摄中若需要同期录音，则应根据题材的内容和拍摄现场的情况选择合适的话筒。拍摄前还要检查外接话筒（通常是手持式话筒）和摄像机话筒是否工作正常，电缆的连接是否牢固，长度是否足够等。如果是新闻节目，一般需要一个现场记者用的外接话筒，可能应该保持外接话筒一直插着，需要时可以节省时间马上开始工作。

4．其他

只要是用到的所有设备都应检查一下，包括各种辅助设备，如摄像机灯光、现场其他灯光设备、现场的监控器（监视器、示波器等）、各种接头（视频、音频、电源等）、电缆、摄像机支撑装置等，最好进行一次试验性摄录像及灯光、话筒使用。

条件允许的话应携带有一套"制作急救用品箱"，包括：备用保险丝、磁带或硬盘、备用话筒和一个小型话筒架、一个备用便携式灯和架子、备用灯泡、备用电池、白平衡卡、电缆、一块小的反光板、各种效果的滤色镜、摄像机雨衣、电工胶布、夹子、手电筒等等，以便应急处理。

二、摄像器材的维护、保养

摄像器材的维护与保养是十分重要的工作，各种摄像器材的维护、保养工作是类似的。对于摄像人员来说，无论是在拍摄过程中，还是拍摄工作结束后，都应将摄像器材的维护和保养工作做好。

1．镜头的清洁与保养

摄像机镜头在拍摄过程中始终暴露在机身外，容易被灰尘、雨水等弄脏。镜头不干净对图像质量影响很大，应注意保持清洁。需要时进行擦洗。当镜头表面吸附有灰尘时，可以使用吹风器吹去灰尘，或者用干净的柔软的刷子轻轻刷去灰尘。万一镜片被油污或指印弄脏，可用镜头清洁纸或干净的麂皮沾上少许镜头清洁液，由镜头中心向四周以螺旋轨迹轻轻擦洗。平时应养成及时盖上镜头盖的良好习惯。清洁的工作应在切断电源的情况下进行。

镜头并非完全防水，当镜头在雨、雪环境中使用时，应采取防水措施。当在温度较高的地方使用后，应立即用干布擦去摄像机表面的水分，并将干燥剂同摄像机一起放入便携箱内存放。

2．摄像机的维护、保养常识

摄像机应在合适的环境中使用与保存。例如 DY-90 的使用环境温度为 0℃～40℃，相对湿度为 30%～80%，储存温度为-20℃～60℃。注意防潮、防尘、防湿、防腐蚀。避免在过冷或过热、粉尘和污物严重、高温度、在炉灶附近等场合下使用及储存。在不能避免的情况下，灰尘严重的情况应使用防尘罩，雨天应使用防雨罩，温度过低如-10℃时应使用保温套等保护摄像机。

避免在强磁场周围例如靠近电视或无线电发射机、变压器、电机场合使用，以免图像中可能出现噪波或彩色失真。若周围使用的无线话筒和无线话筒接收机影响摄像图像，产生噪声，则可以选用另一频道。

将摄像机从冷的地方携至温暖的地方；当房间的热风刚刚开始或摄像机正对空调机吹出的热风；环境湿度非常高等情况下，会产生结露现象。此时寻像器或显示器上出现指示"DEW"，表示摄像机内遇结露现象，不能正常工作，摄像机自动关机保护。为防止湿汽在机内的冷凝，避免将机器迅速地从两个温差太大的地方搬移；确需时，用密封的塑料袋包住。

摄像机与其他视频设备的连接应在关断电源的情况下进行，电缆连接好后，将摄像机各开关置于正确位置，检查正确后再打开电源。

在拍摄的间隙应及时关闭摄像机光圈，盖上镜头盖。拍摄结束时，及时取出磁带，确认磁带舱关闭良好，切断电源，装入摄像机便携箱后进行运输或搬运。平时拍摄休息时，必须将摄像机放置在平稳，一般人员碰不到的地方。使用三角架时，应拧紧各旋钮，或将摄像机取下，以免碰坏或摔坏。

使用 CCD 摄像机时，一般要避免高光点，因为有可能出现垂直拖尾；而有管摄像机应避免拍摄阳光等强光物体，以免烧伤摄像管。

如果摄像机的机体被水、油、溶剂等弄脏了，则可用柔软的干布（例如优质拭布）擦拭机体，或用浸泡过变性酒精、中性洗涤剂的纱布绞干后擦拭机体。绝对不允许用汽油等挥发性的有机溶剂，以免外壳的老化和机体的变形。

对于摄像录像一体机，其录像部分还需定期的清洁与润滑，重点是磁头、磁鼓的定期清洁以及走带机构的清洁与润滑，以保证其机械部分的机械性能稳定。

摄像机在使用一段时间后，需重新调整。一般情况下，摄像机需进行定期检查其性能，定期进行维护，并做相应的调整，以保持其性能的稳定性。

△ 第八节　摄像操作的基本要求

摄像人员在实际拍摄中，不仅要掌握摄像机的技术细节，例如：摄像机的构成、键钮、开关、性能及使用，而且还必须在一些基本理论的指导下，通过大量的实践、不断思考、不断摸索，才能得心应手地熟练运用摄像机拍摄出有创意的、充满活力的电视镜头。

一、执机方式

执机方式是指怎样支撑摄像机进行拍摄。例如：演播室用的摄像机都是用摄像机支座固定，能在演播室平坦、光洁的地板上灵活地移动，非常平稳。对于外景拍摄来说，执机方式主要有两大类：徒手执机拍摄和三角架固定拍摄。无论哪一种方法，都有各自的优缺点，摄像人员对此充分了解，在实际拍摄中才能扬长避短，应付自如。

1．徒手执机拍摄

徒手执机拍摄是指摄像人员不借助于任何专用支撑设备，仅利用人体支撑摄像机进行的拍摄方式。常见的徒手执机方法有：肩扛、手抱、手提或搁在其他部位上。

徒手执机拍摄，所拍的镜头合乎人们的观察习惯（特别是最常用的肩扛方式），现场感强烈，能对外界作出迅速的反应，并能在复杂的运动中拍摄，因此非常适合于即兴创作。在新闻、纪录片的拍摄中占有很大的优势，在电视剧中，有时出于一些特殊的要求，也采用这个方法拍摄。

徒手执机拍摄的主要特色和优势是：

（1）最接近人们的观察习惯。徒手执机中，用的最多的是肩扛拍摄，镜头位置与摄像人员的眼睛位置相似。这种拍摄方法溶入了人们观察的许多特点，从角度、方向到运动形态等各方面，都与人们的观察习惯十分接近。拍摄出来的画面，特别是用标准镜头拍摄时，往往能给观众以身临其境的感受。

（2）机动灵活。外出拍摄时携带的设备少，行动方便，拍摄运动灵活。特别是在不平坦的场地或有台阶的地方拍摄时，摄像人员能在较大的范围和较多的观察点上拍摄，即可以多视点、多侧面获取信息，丰富电视画面的变化。

（3）反应灵敏。摄像人员无需架设摄像机、拆装三角架等，可在任何地点，随时投入拍摄。特别是在运动过程中或突发事件上，这个优势尤其明显。

（4）能进行一些复杂的运动拍摄。可以说只要是成人能进行的复杂运动，摄像人员都能带着摄像机进行运动拍摄，或者使用某些方法模拟这种复杂运动。

徒手执机的缺陷是拍摄画面的稳定性不如三角架固定拍摄，摄像人员的体力消耗较大，拍摄时的观察能力和拍摄控制范围也有限。因此在徒手执机拍摄时，要注意掌握拍摄的姿势、掌握好画面中的地面线、注意摄像机的重心应稳稳地落在肩上或支撑点上、掌握好呼吸、尽可能用较短的焦距，尽量使画面稳定，同时要注意观察周围环境，防止发生碰撞等意外。

2．三角架固定拍摄

三角架固定拍摄，是指用三角架固定摄像机拍摄。在光滑的地板上，可用折叠式防滑板以防止支架打滑；若需摄像机的三角架可在平坦的地面上平滑移动，可采用装有轮子的底座。

三角架固定拍摄，能获得非常稳定的电视画面，可以运用长焦距进行远距离捕捉，实际拍摄中的控制范围较大，有利于摄像人员对周围的观察，而且减轻了摄像人员的体力与精力消耗。因此只要可能就应该带上三角架，而且像爱护摄像机一样爱护它。

三角架固定拍摄的主要优点有：

（1）能获得极稳定的画面。稳定是画面拍摄成功与否的重要关键。特别是在长时间细致地观察被摄体的某个细部时，这种稳定性显得尤为重要。

（2）可以远距离长焦距镜头拍摄，从而捕捉到被摄物体的真实自然的情态。摄像人员若时机掌握良好，则可以在被摄者不知情的情况下，远距离拍下被摄者极其自然真实的动作与表情。对于新闻、纪实类节目，真实、自然的画面是头等重要。利用三角架固定拍摄，在保证画面的真实、自然上有绝对的优势。

（3）视野开阔，拍摄控制范围较大。三角架固定拍摄可以提高摄像师的观察力，轻松地集中精力观察拍摄现场和拍摄体。由于固定拍摄可以利用长焦距远距离调度的优势，摄像师能够控制较大的实际拍摄范围。

（4）减轻摄像人员的体力与精力消耗，可以使摄像师在无负重的情况下轻松自如地拍摄。

三角架拍摄也有不利之处，如三角架携带不便；拍摄时需要架设设备，投入工作需要一定的时间准备，不利于新闻、纪实类节目中的抢拍；机动性不如徒手执机拍摄，视点变化小，难以作复杂的运动拍摄；架设时，特别是乘坐推车、汽车等运载工具使用三角架拍摄时，一定要注意三角架的稳定，易发生意外等。

总之，应全面掌握好这些拍摄方式，了解它们的长处与短处，在实际工作中灵活运用，扬长避短，才有可能成为一个出色的摄像人员。

二、摄像操作的基本要求

要拍摄出满意的电视画面，除了根据需要灵活运用执机方式，熟练使用摄像机外，还必须掌握摄像操作的基本要领。摄像操作的基本要领体现在"稳"、"平"、"准"、"匀"等几个方面。

1. 稳

拍摄镜头时，"稳"字当头。稳就是指除特殊的需要外摄像机摄取的镜头都应该坚决消除不必要的晃动。晃动对于所拍摄的画面来说是极其有害的，它影响画面内容的表达，破坏观众的欣赏情绪，所以只要有条件就要使用三角架等支撑装置固定拍摄。利用三角架固定拍摄时，摄像人员不能靠在三角架上或摄像机上，更不能把身体的某一部分压在摄像机上，以免身体动作或呼吸等原因影响画面的稳定。在室外移动拍摄时，最理想的做法是铺设专用轨道，借助于平稳移动的轨道车来拍摄。若无三角架或无法使用三角架的徒手执机拍摄时，优先选用广角镜头拍摄，利用广角镜头稳定性强的特点来拍摄稳定的电视画面，短镜头尽量屏住呼吸，较长镜头采用腹式呼吸、呼吸要匀且浅。肩扛拍摄时，摄像机重心应落在肩上，右手握手柄，左手握聚焦环，眼睛贴在寻像器上，重心落在两脚中间且要低，呼吸要平稳，这样才可能拍摄到较稳的画面。移动摄像时，步法最为重要，双膝应略为弯曲，脚与地面平等擦行移动，尽量放慢或减少步幅，摇动幅度较大时，应使自己的身体处于紧张的状态开始，然后以腰带动上身慢慢回复到最正常的位置，这样带领整个过程特别是落幅（最后结束画面）比较稳定。此外，拍摄时还可以尽量利用身旁的依靠物（如墙、树干等）或放于地面上拍摄。

2. 平

平是指拍摄画面中具有明显水平特征的地平线、海平面等一定要水平，相似地拍摄电线杆、树、建筑物等具有垂直线条的物体时一定要竖直。确保平的关键是架好三角架，固定好云台，使之处于水平位置。三角架或支座上若有水平仪，则应使水平仪内的小水泡处于中心位置。如果是徒手执机拍摄，则平的依据是录像器的四个边框，使水平与垂直线分别与边框平行。俯拍或仰拍角度较大时，应尽量依靠景物中的垂直线来掌握画面的水平。对于广角拍摄而言，透视明显，可能有一定的变形，但水平线一定要确保水平。当然，特殊的构图例外。

3．准

准首先是指拍摄镜头的落幅要准确无误。对于一个运动拍摄过程而言，通常可以将一个镜头分为三个部分：起幅（镜头开始的画面构图），运动过程和落幅（镜头结尾的画面构图）。准就是指落幅的焦点、构图和时机一定要在适宜的位置。准还包括拍摄中白平衡准确，聚焦准确，光圈适宜，镜头长度合适等内容。准是在摄像的诸多要求中较难掌握的，需加强实践。

4．匀

匀是指推、拉、摇、移等技巧镜头的拍摄运动过程中速度要均匀。通常在镜头的起幅和落幅应留有一定的时间，为了我们拍摄的素材能为后期电子编辑留有足够的选择余地，起幅只少固定拍摄5秒钟，落幅也只少固定拍摄3秒钟。中间运动拍摄的节奏应由慢而快，中间是匀速，最后由快而慢。推、拉拍摄利用电动变焦；摇镜头利用三角架云台的良好阻尼特性；移动拍摄利用操纵和控制好移动工具的匀速运动等均可获得较好的效果。另外，可以充分利用寻像器的两个垂直边框作为控制变化速度的参照，通过掌握运动物体进出边框的时间来控制移动速度的均匀速度。

做到稳、平、准、匀的关键是加强训练，最大限度地借助于三角架、镜头等方面的优势，通过大量实践摸索，不断总结经验，一丝不苟地进行拍摄，一旦操作中出现失误，只要可能马上重拍。

三、镜头的拍摄

拍摄电视镜头的基本目的是尽可能清楚地显示事物形象和表现它们。为了更好地传情达意，以下几个方面是我们必须加以考虑的。

1. 视野

电视机屏幕和电影银幕的尺寸相比，是一个相对较小的屏幕。因此，为了清楚地表现物体，必须在电视的小屏幕中相对大地表现它们，即拍摄时必须比使用远景、大远景更多地使用特写和中景。

2. 屏幕框架

电视节目永远在一个固定的画框内工作。现行电视屏幕框架的宽高比为 4:3，即 4 个单位宽和 3 个单位高的屏幕。高清晰度电视屏幕的宽高比一般为 16:9，宽高的比例与现代的电影银幕更为相似。摄像机拍摄的电视画面的宽高比应适合电视节目播出的要求，适合用户的接收。一般寻像器上显示的电视画面比在电视机上显示的区域大约 10%，因而取景时需要略为宽松的构图来弥补电视传送和接收过程中所损失的部分。

3. 画面深度

电视镜头是在二维平面上创造三维立体空间，形成三维空间感的关键因素是画面的深度。为了表现深度可以考虑：（1）镜头的选择，用广角可以伸展纵向物体间的距离，形成更大的纵深感，而长焦压缩了纵向物体的间距，不利于表现纵深感；（2）摄像机的机位应安放于能形成从摄像机到远处地平线的纵向延伸线条的地方；（3）小光圈、大景深有利于展示纵向空间；（4）多层次的空间布置，增加深度幻觉；（5）利用光和色彩的远浅近深、远亮近暗等形成透视等等。

4．运动

运动是电视摄像的根本特征，包括摄像机的运动、镜头内人物的运动以及两者形成的共同运动。运动摄像的基本原则是：（1）尽可能用固定镜头来拍摄，不过分使摄像机运动。对静止的人、物或运动范围较小的构图类似于传统的绘画和照片，如中心构图法、黄金分割法等，是拍好运动镜头的基础；（2）表现纵向运动比表现侧向运动更为容易而且动感更明显，广角镜头可以加强表现纵向运动的动感，而长焦镜头效果刚好相反；（3）表现侧向运动时，应在人物运动的前方留有一定的空间，以满足观众想知道人物去向何方的观看心理需要；（4）拍摄一个人的运动过程时，一般在开始时人先行机后行，结束时机先停人后停，以保证镜头的流畅平滑；（5）应注意运动速度对画面清晰度的影响。

除此之外，我们还应时刻注意人眼观察与摄像机镜头观察的差异，如灵活机动性、观察时视点的变化速度、光色的适应性、客观与主观等的差异。努力在有限的时间里，有效地利用摄像设备，采用技术和艺术相结合的方法，将有限的实际空间创造成丰富多彩、无限的电视空间。

本章思考与练习题

1．摄像机可以按哪些方法分类？

2．摄像机的规格和主要性能指标有哪些？

3．彩色电视摄像机的工作原理如何？

4．彩色电视摄像机是由哪些主要部分所构成的？

5．什么是 DCC 功能？

6．什么是 FAS 功能？

7．什么是 FAW 功能？

8．摄像机技术性能的调整系统组成及步骤如何？

9．摄像机怎样进行白平衡的调整？ DY-90 白平衡调整的方法有哪几种？

10．摄像机调整后焦距的目的是什么？调整的步骤怎样？

11．变焦的方法有哪些？广角与长焦的画面效果有何不同？

12．聚焦的方法有哪些？

13．光圈与景深的关系如何？

14．CCU 的主要作用有哪些？

15．摄像机的支撑装置有哪些？实践中如何选择使用？

16．ENG 制作时，摄像器材的准备工作的主要有哪些？

17．执机的方式有哪几种？各有什么利弊？如何在实践中扬长避短？

18．摄像机的维护和保养工作主要指什么？

19．什么是摄像操作中的稳、平、准、匀？如何做到？

20．拍摄电视镜头时应注意哪些问题？

第三章

磁带录像机与电子编辑

本章内容提要

◎　编辑是电视节目制作过程中关键性的一环。它是形成一部电视节目的视觉效果、节奏以及观众感受的最后步骤；在这一步骤中最重要的设备是磁带录像机和电视编辑系统。

◎　本章将对磁带录像机的原理、分类、性能、各种格式录像机的特点；电子编辑系统的基本构成、功能、电子编辑方式、编辑工作程序进行论述。

◎　通过实例详细介绍编辑系统的设备连接、磁带录像机、编辑控制器的操作、维护及有关注意事项。

131

△ 第一节　磁带录像机概述

一、磁带录像机简史

磁带录像机是电视节目制作中的重要设备之一。磁带录像技术史与电视编辑技术史有着密切的关系。按照一般的说法，磁带录像技术始于 1956 年。当时美国安培（Ampex）公司在全国广播电视工作者协会年会上展示了第一台达到实用水平的2英寸四磁头横向磁迹记录的广播用黑白磁带录像机（VTR）。为了研制这台设备，安培公司曾组织了一个专家小组，其中包括"调频广播之父"查尔斯·安德森（Charles Anderson）以及后来因发明了"杜比降噪系统"而闻名于世的雷·杜比（Ray Dolby）。刚研制出的这种录像机存在着一系列的缺点。例如价格昂贵、结构复杂、体积庞大，需要经过专门训练的工程师才能进行操作、不能进行编辑、无法进行节目混合、稳定性差等，但由于它具有能立即重放和多次复制的突出优点，而震动了世界，受到人们的喜爱和重视，且在同年11月，这台世界上的第一部录像机在好莱坞的"电视城"正式用于节目播出。之后，这种录像机即被各国广泛用于电视广播。

132

继四磁头横向扫描黑白磁带录像机之后，1959年，美国安培公司进而研制成了彩色磁带录像机。同年9月日本东芝公司生产出了别具一格的单磁头螺旋扫描录像机。这种录像机机械结构和电路方面都比横向扫描录像机大为简化，同时使用的录像磁带宽度尺寸也减少了。由于早期的螺旋扫描录像机时基误差量较大，图像质量和性能还达不到电视广播的要求，但随着数字式时基误差校正器的出现，螺旋扫描录像机才开始走向电视广播领域。就广播专用录像机而言，1956年～1961年间为初级阶段，各方面的技术尚不成熟，使用中发现了很多技术问题，亟待解决。1962年～1967年间，可称之为技术改进和提高时期，各种先进部件和电路相继出现，特别是数字式时基校正器的完善，使螺旋扫描磁带录像机更显出良好的优越性，因而它逐渐淘汰了四磁头横向扫描录像机成为电视广播的主要设备。

1970年，日本的松下、胜利、索尼等几家公司联合制定

了两磁头螺旋扫描 U-matic 盒式磁带录像机的标准，生产出了
3/4 英寸盒式录像机，开创了专业用录像机的新时代。这种录
像机，由于采用了先进的集成电路技术，性能有所提高，体积
减小，操作简便，价格较便宜，可进行电子编辑，图像质量
好，特别是采用了盒式磁带，携带方便，因此它被广泛的使用
在电视系统中电视新闻采集及一般电视节目的制作中。

1973 年开始，录像机开始向小型化发展，生产出了各种
不同规格的小型录像机。它的特点是价钱便宜、设备简单、操
作方便，适合于家庭使用。这种家用录像机采用 1/2 英寸盒式
磁带，目前主要有两种类型：一种是由日本索尼公司研制开发
的被称为 β-max 系列的 β 型录像机；另一种是由日本胜利公司
研制开发的被称为 VHS（Video Home System）型录像机。这
两种录像机自成体系，其带盒尺寸不同，带轴间距也不同，它
们的盒式磁带是不能通用的。

133

80 年代初，日本索尼公司又研制出 1/2 英寸分量记录的
Betacam 型盒式磁带录像机。它可以和电视摄像机结合成为一
体构成摄录一体化机。Betacam 的质量优于早期的 U 型机，体
积又小，实现了摄录一体化，机动性很强，非常适合电子新闻
采集。

80 年代中期，日本松下公司和索尼公司又分别推出高质
量的 1/2 英寸分量录像机，松下称 MⅡ 格式，索尼称 Betacam-
SP 格式。它们都采用金属磁带，然而由于 Betacam-SP 和 MⅡ
两种格式的机械参数磁迹位形及信号处理方式不同，因此自成
体系，彼此不能互换。分量式录像机，由于图像质量很高，性
能指标与 1 英寸录像机相近，所以这种录像机目前已全部替代
了 U 格式录像机用于电子新闻采集。在此期间 U 格式录像机
的性能也在不断地提高，在原有 U-matic 录像机的基础上又推

出了高带 U-matic H 型机和超高性能的 U-matic SP 型机及 SP-VO 兼容机。

以上介绍的录像机记录方式均为模拟方式的。模拟方式录像机每经过一次处理，录像带的图像质量就要下降一次，这就使模拟节目的制作质量受到很大的限制。为了克服上述模拟式录像机复制能力差的缺点。80 年代末，随着数字技术的发展，开发出了以数字方式记录信号的磁带录像机。

数字录像机虽是 80 年代末期才开发出来的录制设备，但由于其可以保证在经过复杂的后期制作后，仍然能维持节目母版的高画质，在短短几年中就更新了几代产品。首先在电视台使用的是索尼公司在 1987 年研制成的 3/4 英寸磁带 D-1（4:2:2）规格的分量式数字录像机，1988 年又开发了用途更广泛的 3/4 英寸磁带的 D-2 规格复合式录像机和松下公司开发的 1/2 英寸磁带的 D-3 格式复合式数字录像机及 D-5 格式分量式数字录像机。之后各公司都纷纷研制各自的数字式录像机，它们的格式各不相同，主要注意力放在了降低磁带消耗及提高图像质量上。如索尼和松下公司推出的数字摄录一体化录制设备等。进入 90 年代，几乎所有的视音频产品都在朝着数字时代发展，数字化设备在电视台中的应用必将越来越广泛。

二、磁带录像机的基本原理

磁带录像是通过磁头把电视视频信号变成相应的磁电信号，记录在磁带上，录像磁头在录制过程中起到了关键性的电磁转换作用。还原图像时，磁头又起了磁电转换的作用。因此我们应对磁头和磁带有所了解。

1. 磁头和磁带

在一根磁棒上绕上线圈，当线圈中通过电流时，线圈产生磁场，磁棒即被磁化，如图 3-1 所示。

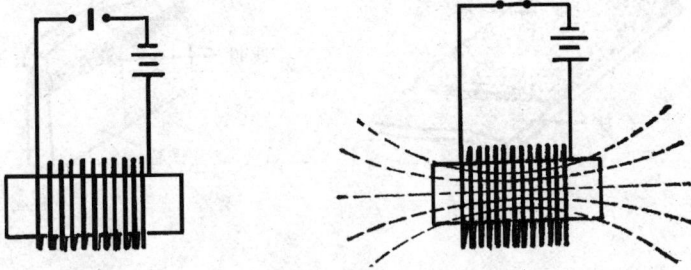

图 3-1 磁化现象

当电流切断时，磁棒中还保留一些磁性，称之为"剩磁"。保留剩磁能力强的材料叫做硬磁材料，保留剩磁能力弱的材料叫做软磁材料。这两种不同的特性分别用于磁带和磁头。

磁带包括带基和磁层。带基用聚酯制成，具有很好的强度和韧性。磁层是涂敷在带基上的一层粘合剂，中间悬浮着硬磁材料（磁粉）。磁层必须用硬磁材料做成以使它保留尽可能多的剩磁。常用的硬磁材料是一种晶体状的氧化铁、二氧化铬和掺钴的氧化铁，如图 3-2（a）所示。录像磁头有一个用软磁材料制成的铁芯环。铁芯上开了一个很窄的缝，叫做工作缝隙。铁芯上还绕有磁头线圈，如图 3-2（b）所示。

2. 磁性录放的原理

磁带录像机要完成的任务就是要实现对电视信号的记录和重放。在记录时，让电视信号电流通过磁头线圈，使铁芯中产生磁力线，并且在磁头缝隙周围产生强度与信号电流成正比的磁场，磁力线沿着磁芯构成的通路闭合。在工作缝隙处，磁力线需从磁芯的一端越到另一端，而缝隙部分磁阻大，磁力线从磁芯溢出，在工作缝隙周围产生漏磁场。这时涂有硬磁性材料

135

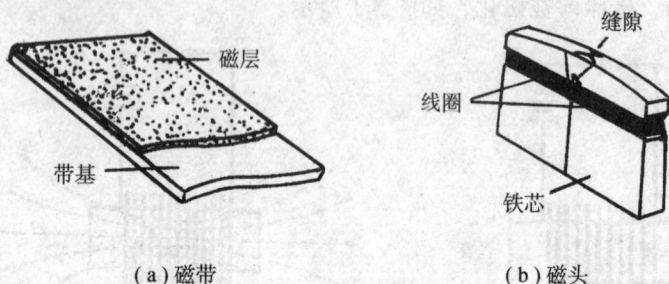

图 3-2 磁带与磁头的构造

的磁带经过磁头缝隙，低磁阻的磁性层将缝隙处的磁通短路，使磁带上与磁头缝隙接触的磁性层磁化。如果磁带以一定速度相对磁头移动，被磁化的部分离开工作缝隙的磁场后，留下了与磁头缝隙中央磁场强度（大小、方向）相对应的剩磁，形成一条磁化（剩磁）图样，如图 3-3 所示。磁带上的磁化图样就是通常说的磁迹。

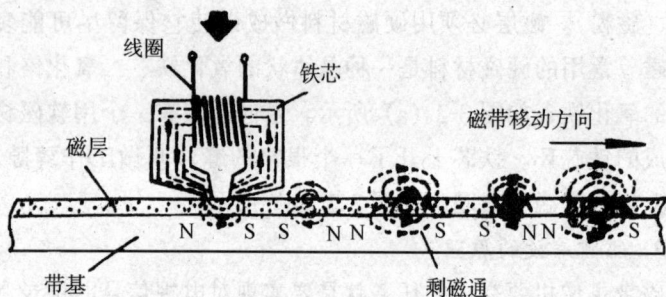

图 3-3 磁性记录原理

重放时，磁带上记录的剩磁经过磁头缝隙的瞬间接通磁芯，与磁头线圈交连。当磁带在磁头缝隙前移动时，由于磁带上的剩磁强度变化，铁芯中的磁通也变化，磁头线圈两端便出现与磁芯中磁通变化率成正比微弱的信号电流，如图 3-4 所示。把这个电流放大处理，可由显像管还原出图像。

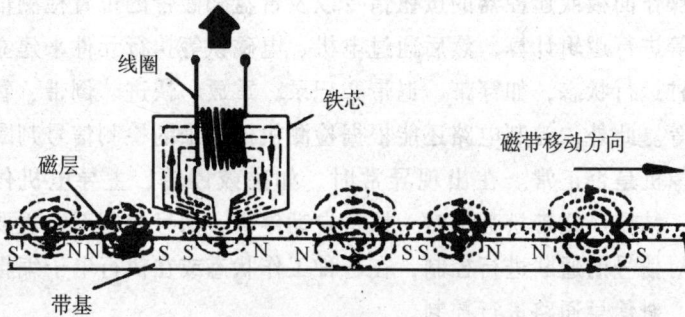

图 3-4　磁性重放原理

录像磁头必须用软磁材料制做。避免当电流切断后磁头仍然还有剩磁。

3．磁带录像机的基本组成

能完成上述任务的磁带录像机由四大部分组成，即视频信号系统、音频信号系统、机械控制系统与伺服系统。

（1）视频信号系统：主要是完成对视频信号的加工处理和放大。记录时，将输入录像机的视频信号，经过复杂的电路处理后送往旋转的视频磁头。重放时，将视频磁头拾取到的微弱信号经放大和一系列处理后，恢复成全电视信号。

（2）音频信号系统：主要是完成对音频信号的加工处理和放大。记录时，将输入录像机的声音信号经放大、处理后，送往声音录/放磁头。重放时，将声音录/放磁头拾取的微弱信号，经放大处理后从录像机输出。

（3）伺服系统：主要是完成控制磁鼓旋转速度和相位、（控制）主导电机旋转速度和相位、（控制）带盘旋转和磁带张力，保证记录和重放两次扫描过程中，磁带与磁头的相对运动规律基本一致。

（4）机械与信号控制系统：机械控制系统主要是完成对来自操作面板或遥控器的按钮指令以及带盘和磁带的位置检测信号等进行逻辑计算，然后通过电机、电磁铁等执行元件来建立各种运行状态，如穿带、退带、记录、重放、快进、倒带、暂停等。此外，控制电路还能根据检测机构送来的检测信号判断录像机是否正常。在出现异常时，如磁鼓停转、主导电机停转、结露、磁带松弛等时，执行自动停机。信号控制系统主要是对信号的通断进行控制，在各种工作状态或在执行电子编辑时，对信号通路进行控制。

三、录像机的功能与特点

录像机的功能和特点具有以下几点：

（1）录像机具有存取功能，可以把图象和声音记录并保存起来，在需要时可以立即重放。选用录像机播放电视节目具有临场真实感、感染力强、接受效率高、记忆保持久等特点。

（2）录像机录制节目方便，可随时检查由它录制成的节目磁带，可以及时重放，或通过电视系统重放。

（3）录像机可以对所录的节目素材进行必要的电子编辑加工，以满足各种艺术效果的需要，并可以将节目成品磁带方便地进行大量复制。

（4）录像磁带尺寸小，重量轻，便于保存和运输。还可以抹旧录新，容易降低节目制作成本（与电影胶片相比）。

（5）录像机可与切换台，特技机等各种节目制作设备联合使用，能制作出多种形式的具有强烈艺术效果的电视节目。

（6）多次录放，经济便宜。录像磁带可以多次的记录和重放，据实验，一般录像磁带可以重放1000次，这是影片所无法比拟的。

(7) 操作简单，自动化程度高，无论在摄像机还是录像机中，都启用了自动控制电路和自动调整电路，设备虽然复杂，操作都很简便。

四、录像机的分类

目前各国生产的磁带录像机（VTR），机型繁多，规格各异，给录像带的互换带来很大困难。国际上虽经多次协商，但仍未能统一标准，从而形成现在几种标准并存的局面。对磁带录像机的分类，可从不同角度来进行。

1. 按用途分类

人们经常根据不同用途来对磁带录像机进行大致分类，实际上也是按不同质量来分类。

(1) 电视广播用录像机：这是一些高质量、高技术指标的录像机。其录放的视频信号带宽大于 5MHz，机器精密，体积大，价格昂贵，但功能齐全。如使用 2 英寸、1 英寸磁带的录像机和使用 1/2 英寸磁带的 Betacam-SP 系列中的 DVW、BVW 系列机型，图像质量高，性能稳定。

(2) 工业和教育用录像机：这是中等质量的录像机。其视频信号的带宽可达 3MHz，图像质量相对较高，价格适中，因此在科研、工业、电教、医疗等部门广泛应用。配上简单的自动电子编辑机就可以制作电视节目了。鉴于我国国情，目前地县级电视台仍大量使用着此类机型。这种机型多以 3/4 英寸磁带 U-matic 系列为主，如 SONY 公司的 VO、SP-VO、BVU 系列机型。

(3) 家用录像机：使用 1/2 英寸磁带的视频盒式磁带录像机（VCR）的规格有 VHS，S-VHS 等类型。其中 VHSVCR 价格低廉、功能齐全、体积小、品种多、使用方便、录制时间长，所以深受民众欢迎。特别是自80年代以来在家庭中迅速普及，已成为家庭必备的家用电器之一。

2．按视频磁头的数目分类

录像机的视频磁头，安装在高速旋转的磁鼓上，可提高磁头与磁带间的相对速度，从而提高记录视频信号的上限频率。依技术要求不同，磁鼓上安装的视频磁头数目也不等。

（1）单磁头录像机：只安装一个视频磁头，录放共用，转速为场频，每场视频信号录在一条磁迹上，缺点是易丢失部分信号，1英寸机多用。

（2）双磁头录像机：磁鼓上相对180度角安装两个视频磁头，转速为半场频，每个磁头一周各记录一场视频信号，两个磁头轮换工作。3/4英寸U-matic、VHS录像机均为双磁头。

（3）1.5磁头录像机：为解决单磁头录像机在一场中丢失几行信号的缺点，有的录像机多装一个辅助磁头，专门补录主磁头所丢失的信号，就功能而言称为1.5磁头。

（4）四磁头录像机：在磁鼓圆周上四等分安装4个视频磁头，每个磁头只记录一场信号中的十几行信号，磁鼓用5倍场频的转速垂直于磁带面旋转，机器复杂笨重，但图像质量高。2英寸录像机均为四磁头。

3．按视频磁头扫描方式分类

（1）横向扫描录像机：当磁头几乎垂直于磁带扫描时，其视频磁迹也几乎垂直于走带方向，故称为横向扫描录像机，如图3-5（a）所示。

（2）螺旋扫描录像机：当磁鼓相对磁带做螺旋运动时，其磁迹将是一条倾角很小而线段较长的斜直线。由于磁带按螺旋形式绕在磁鼓上，所以称做螺旋扫描录像机，如图3-5（b）

（a）横向扫描磁迹　　　　　　（b）螺旋扫描磁迹

图 3-5　扫描磁迹

所示。

　　单磁头和双磁头录像机就是螺旋扫描磁迹，目前应用的录像机多属此种类型。

　　4．按视频磁迹图形分类

　　（1）场不分段式录像机：此类机型中一条磁迹完整地记录了一场视频信号。如 C 型格式的 1 英寸录像机和多数录像机均采用场不分段式记录。

　　（2）场分段式录像机：一场视频信号被分成若干条磁迹来记录的方式。如德国 Bosch 公司的 BNC 系列录像机用 6 条磁迹录一场信号，我国电视台很少使用这种录像机。

　　5．按磁带宽度或带盘形式分类

　　（1）2 英寸磁带录像机：如 Ampex 的 VR-1500，JVC 的 9000 系列。

　　（2）1 英寸磁带录像机：如 Ampex 的 VPR-2B、VPR-20B 等。1 英寸录像机又称作开盘式录像机。

　　（3）3/4 英寸磁带录像机：如 SONY 的 VO-585OP、BVU-150P（背包机）等。D-1、D-2 数字格式录像机也用 3/4 英寸带。

　　（4）1/2 英寸磁带录像机：使用 1/2 英寸磁带的录像机有以下几类：

VHS 系列大 1∕2 录像机：代表机型有松下 HD-500、SD-50、PD-92 等。

Betamax 系列小 1∕2 录像机：代表机型有 SONY SL-C5CH等。

S-VHS 系列录像机：代表机型有 JVC SR388 等。

Betacam 系列：SONY BVW-75、PVW-2800、UVW-1800等。

MⅡ系列：有松下 AU-650、AU-400 等。

此外，D-3、D-5 数字格式录像机也使用 1∕2 英寸带。

6．按对视频信号处理方式分类

如果按录像机的记录方式来分类如图 3-6 所示。

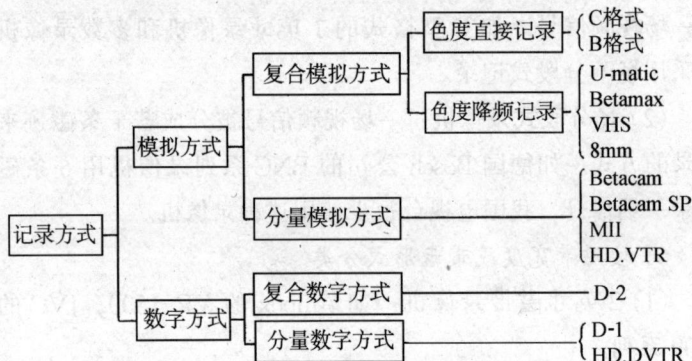

图 3-6 录像机的分类

从图中可以看出，录像机按记录方式可以分成模拟方式和数字方式两大类。所谓模拟方式，是指把信号的模拟量（信号的幅度变化与电压或电流的幅度成比例）直接调频之后记录在磁带上；而数字方式，是指先把信号的模拟量通过模∕数转换器，变成相应的数字量，再经过调频之后记录在磁带上，在重放时，经过解调，再通过数∕模转换器把数字重新还原为模拟信号。模拟方式与数字方式可分为复合模拟、分量模拟、复合数字和分量数字四种方式。其中复合模拟方式又可分为色度直接记录方式和色度降频记录两种方式。在相同的记录方式之下，还可以按录像机的结构和电路处理方式，将录像机按规格进行分类，下面就对常见几种格式的录像机作进一步说明：

（1）C格式录像机：C格式录像机采用1英寸磁带，Ω方式绕带，1.5磁头记录方式。磁鼓上除安装图像主磁头外，还装有图像信号辅助磁头。这种格式录像机把全电视信号作为一个整体进行放大、滤波、预加重和调频之后，送入视频旋转磁头记录在视频磁迹上，记录在同一条视频磁迹上的信号，既有亮度信号又有色度信号，如图3-7所示。

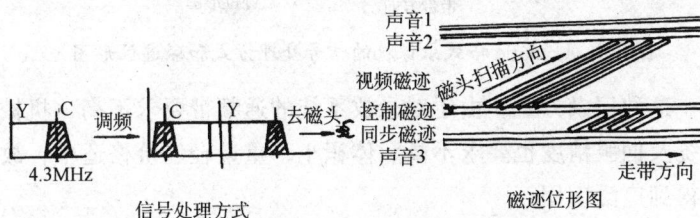

图 3-7 C格式录像机的信号处理方式和磁迹位形图

这种记录方式对于录放系统的通频带要求较宽，对机械系统和伺服系统的精度要求较高，所以机器的结构复杂，体积大，价格较贵。但因其图像质量高，被广泛用于广播电视系统。代表机型有美国安培公司生产的VPR系列录像机和日本索尼公司生产的BVH系列录像机。

（2）U-matic格式录像机：U-matic格式录像机采用3/4英寸磁带，Ω方式绕带，双磁头不分段记录。这种格式的录像机首先把全电视信号中的亮度信号和色度信号分离开，对亮度信号（Y）进行调频，而对色度信号进行降频（通常为1MHz以下），最后把两者混合起来送至视频磁头，记录在一条磁迹上，即记录在同一条磁迹上的是已调频的亮度信号和降频的色度载波信号，如图 3-8 所示。

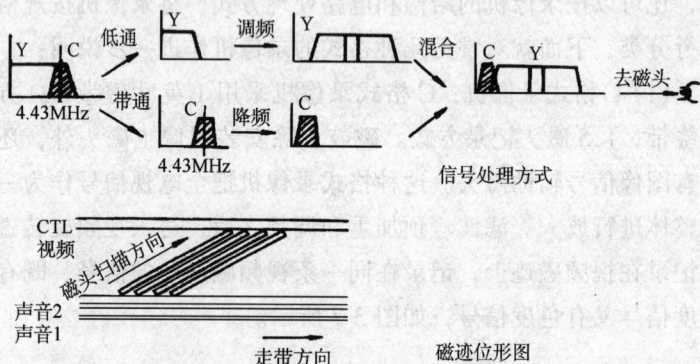

图 3-8 U-matic 格式录像机的信号处理方式和磁迹位形图

这种记录方式，由于对录放系统的通频带要求不高，机械系统及伺服精度也要求不高、体积小、重量轻、价格适中，故而得到广泛应用。

根据信号调制载频的不同，U 型机有三种格式：低带、高带和超高带。其发展历程如图 3-9 所示。

低带格式 U 型机是普通型录像机。它的同步顶载频为 3.8MHz，白峰载频为 5.4MHz。对于 PAL 制信号来说，其带宽约为 2.5MHz，色度信号下变频为 685kHz，带宽为 0.3MHz。这样的指标达不到广播级的标准，录出的图像质量不够理想，如图 3-10 所示。其代表机型有日本索尼公司生产的 VO 系列录像机和日本松下公司生产的 NV 系列录像机。

为了使 U-matic 格式录像机能够用于广播领域，索尼公司进行了一些改进，将同步顶载波由 3.8MHz 升到 4.8MHz，白峰载波由 5.4MHz 升到 6.4MHz，色度信号下变频由 685kHz

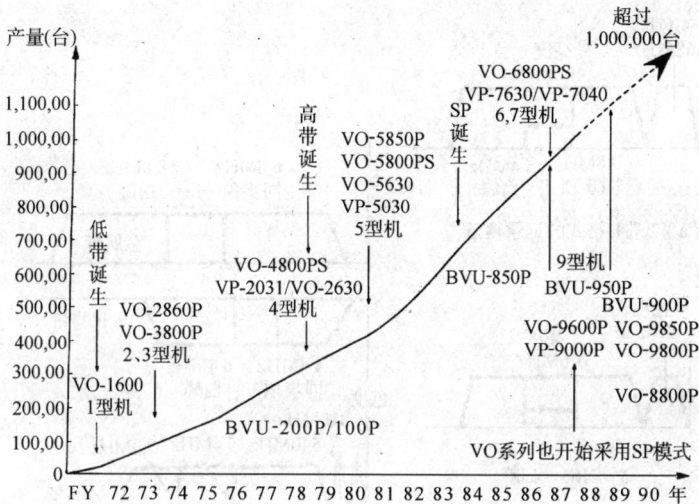

图 3-9　U-matic 的发展历程

提高到 924kHz，磁迹宽度由 85μm 增加到 125μm。经过改进，亮度和色度信号带宽都有所提高，信噪比也提高了 3dB。作为广播级专业录像机，它的信号处理电路和控制系统也进一步得到了改善。例如在同步头上加入了导频信号，可以进一步校正彩色信号的相位失真。由于这种录像机提高了调频载波，故称为高带机。其代表机型有日本索尼公司生产的 BVU 系列录像机，早期应用于广播电视领域。

　　为了进一步提高这种录像机的性能，又推出了 U-matic SP 录像机。其最大特点是使用了新型氧化物磁性材料的 SP 磁带，使亮度信号载波在高带的基础上又提高了 0.8MHz，增加了亮度信号的带宽。其代表机型有索尼公司的 BVU-850P、BVU-900P、BVU-920P、BVU-950P 等。

　　U-matic SP 格式录像机与高带录像机副载波的下变频均为 924kHz，亮度信号调频载波的频偏均为 1.6MHz，而且由于考

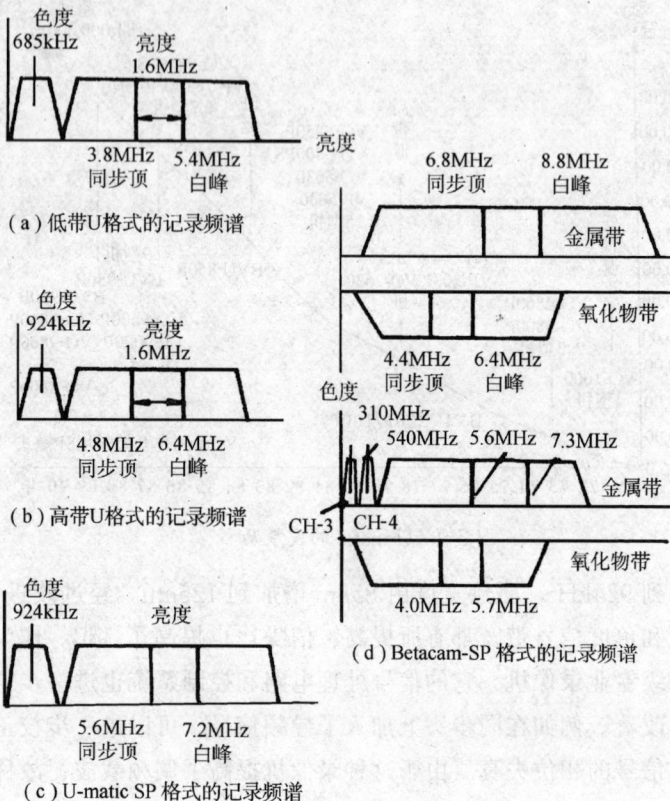

（a）低带U格式的记录频谱

（b）高带U格式的记录频谱

（c）U-matic SP 格式的记录频谱

（d）Betacam-SP 格式的记录频谱

图 3-10　低带、高带和 SP 格式的记录频谱

虑到预加重的白峰，高带机调制电路的上限频率又做得较高，使这两种机型可以兼容。用 U-matic SP 方式记录的磁带，可以用一般高带机重放，反之亦然。在 SP 磁带上有两个检测孔，当 U-matic SP 录像机检测出磁带上有这两个孔时，便以 SP 方式进行记录和重放，如果未测出检测孔，便自动倒换到高带方式。

对于低带机和高带机来说，由于副载波的下变频不同，亮度信号同步顶和白峰的调制载波频率相差较大，故这两种录像机不能兼容，以某种格式记录的磁带只能以原来的格式进行重放，不能以其他的格式进行重放。如果将在 BVU 系列录像机上录制的磁带放入 VO 系列录像机重放，色度信号将解调不出来，图像无彩色；由于不能解调出同步信号，将出现图像混乱。

　　为了方便使用者，有些机型是多格式兼用的，如 VO-9850型，播放时三种格式均可以，录制时 SP 带录 SP 格式，普通带录高带格式，选择录像机时应注意。表 3-1 给出了 U 型机三种格式的典型机型，供参考。

表 3-1　U 型机三种格式的典型机型

格式＼机种机型	台式录放机		台式单放机		台式编辑机			便携机	
低带 （VO）	VO-2630 VO-5630 VO-7630		VP-5030 VP-7040		VO-2800P VO-5800PS VO-5850P			VO-4800PS VO6800-PS	
高带 （BVU）		VO-900P		VP-9000P BVU-900P	BVU-200P BVU-800P BVU-820P	BVU-850P BVU-870P BVU-950P	VO-9850P	BVU-100P BVU-110P	VO-100P BVU-150P
超高带 （SP）									

（3）Betacam-SP 和 MⅡ 格式录像机：Betacam-SP 和 MⅡ
格式录像机使用 1/2 英寸金属磁带，Ω 方式绕带，使用亮度和
色度两对磁头进行记录。这种格式的录像机把全电视信号中的
亮度信号和色度信号分离开来，亮度信号进行调频后由亮度信
号磁头记录在亮度信号磁迹上；色度信号经过解码还原为两个
色差信号 $R-Y$ 和 $B-Y$，通过时间轴压缩变换，形成一个色
度信号，再经过调频之后送至色度信号磁头，记录在色度信号
磁迹上。也就是说，亮度信号和色度信号是分别记录在不同磁
迹上的，所以称为分量式录像机。分量式录像机的信号处理方
式及磁迹位形，如图 3-11 所示。这种记录方式消除了亮度信
号与色度信号之间的串扰，适应演播室分量化的潮流，因而颇
受用户欢迎。

148

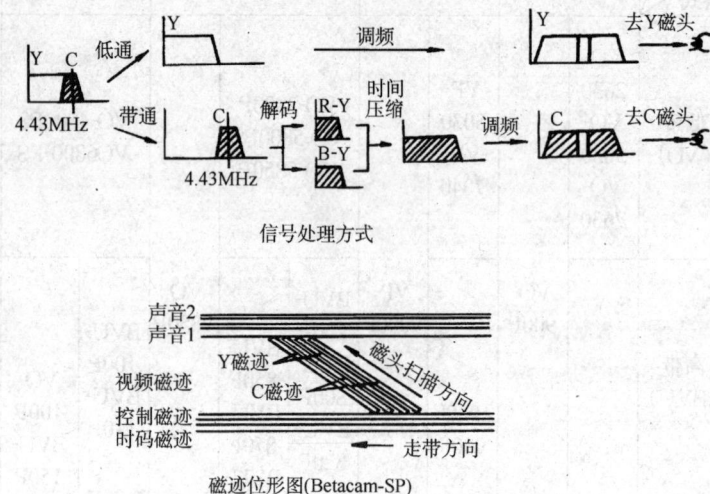

图 3-11　分量格式录像机的信号处理方式和磁迹位形图

这种录像机由于采用了金属磁带，提高了信噪比，扩展了信号记录带宽，它在亮度带宽、亮度和色度信噪比、音频失真和动态范围等方面的性能得到了改善，达到了与1英寸录像机相当的水平，且在信噪比方面还超过了1英寸录像机，因此被广泛应用于广播电视和业务领域。日本索尼公司的Betacam-SP格式录像机，在我国普及率很高，它有四个系列几十种机型构成多层次，适用不同需求的完整Betacam录像机系列，如图3-12所示。

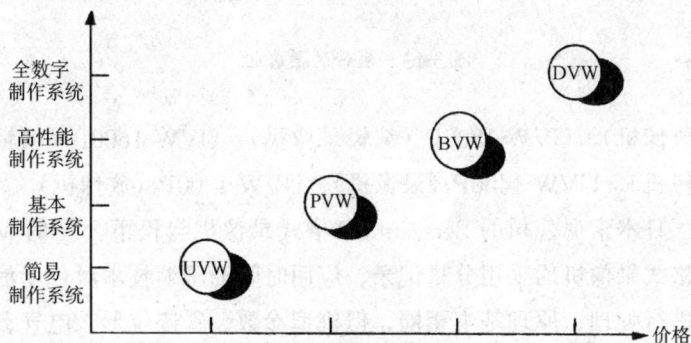

149

图 3-12　Batacam 系列

Betacam-SP格式录像机系统兼容性很好，采用不同系列的Betacam产品能在一个编辑系统内同时使用。金属磁带也有兼容性，能用于模拟机种（UVW/PVW/BVW）也能使用于部分数字机（DVW-A系列），如图3-13所示。

Betacam-SP录像机的主要机型有：DVW-510P（数字分量编辑放像机）、DVW-500P（数字分量编辑录像机）、BVW-60P（演播室编辑放像机）、BVW-65P（演播室编辑放像机）、BVW-50P（便携式录像机）、BVW-22P（放像机）、PVW-2800P（编辑录像机）、PVW-2600P（编辑放像机）、PVW-2650P（编

	DVW-A (模拟兼容机)	DVW	BVW	PVW	UVW
BCT-D (DVW数字机用金属带)	◎	◎	X	X	X
BCT-MC (BVW/PVW机用金属带)	○	X	◎	◎	◎
BCT-G (BVW/PVW机用氧化物带)	○	X	◎	○	X
UVWT (UVW机专用金属带)	○	X	◎	◎	◎

◎ 录放均可　　○ 只可重放　　X 不可使用

图 3-13 磁带的兼容性

辑放像机)、UVW-1800P（编辑录像机)、UVW-1600P（编辑放像机)、UVW-1400P（录像机)、UVW-1200P（放像机)。

日本索尼公司的 Betacam-SP 格式录像机与松下公司的 MⅡ格式录像机均采用分量记录，应用时间轴压缩技术对色度信号进行处理，原理基本相同，但机型参数、磁迹位形、电气参数及电路处理上有所差异，因此，这两种录像机没有兼容性。这一点用户在选购时要注意。至于两者的区别主要在于：

(1) Betacam-SP 的视频磁迹宽度比 MⅡ的要宽，因此 Betacam-SP 的信噪比高于 MⅡ，而在记录时间相同的前题下，MⅡ的磁带用量少。

(2) MⅡ只能使用金属磁带，Betacam-SP 除可以使用金属磁带外，也可以使用价格低廉的普通氧化物磁带。

△ 第二节　数字录像机

随着广播电视技术的发展，录像机技术得到了迅速地提高，从普通的模拟复合到模拟分量、数字复合、压缩数字分量、数字分量等，使画面质量更上一层楼。录像机的图像质量直接关系着广播电视节目的播出效果，在不断追求广播电视节目质量的今天，录像机的新技术发展尤其受到广播电视界的关注，同时技术市场的竞争也大大促进了录像新技术和新产品的开发。其中分量技术和数字技术是最有成效的。下面就目前常用的数字录像机作一简介。

一、D-1、D-2 格式数字录像机

D-1 是 SONY 公司 1987 年推出的数字分量式录像机。它是根据节目制作和广播电视部门的高画质要求而开发的第一代数字录像机。在此之前高质量的节目制作大都使用 1 英寸 C 格式开盘录像机。D-1 格式录像机采用 3/4 英寸磁带，视频信号的数字化为 4:2:2 方式，视频信号的编码采用全比特方式，记录的信息量很大，每秒需要记录 600 条磁迹，这样每场信号要记录到多段磁迹上，磁带的消耗量大，但图像质量好，多次复制后图像也不会变差。当然成本也是相当高的，这种录像机多在追求高画质的节目制作部门使用。

D-2 格式为数字复合式录像机，其数码率仅为分量数字录像机的一半，磁带消耗量也较小，可以用来取代模拟 C 格式录像机。它具有 C 格式录像机所有的功能，同时又具有复制多代不会出现明显质量下降的优点。

为了减少机械结构的复杂性并降低价格，D-2 格式采用了 2 个记录通道方式，而没有采用 D-1 格式的 4 记录通道方式，但仍采用 3/4 英寸盒式带。设计过程中，还尽量使 D-2 格式的信号处理与 D-1 格式相类似，以减少对新集成电路的需求，但 D-2 格式不能与 D-1 格式兼容，它以经济实用为第一目的。

二、D-3、D-5 格式数字录像机

D-3 是一个经济有效的数字复合录像机产品家族。它特别适用于现存的广播环境。一个新的 C 格式磁鼓组件的价格差不多就是 D-3 录像机整机购买价格的很大一部分，同时 D-3 格式也常用在取代 1 英寸 C 格式机。另外，D-3 格式具有非常好的慢动作功能，降低功耗以及体积小等优点，也促使人们在转播车中使用。

D-5 格式基于 D-3 格式的设计，是目前质量和性能均较好的录像机，记录码率最高达 300Mbps。为了保持在相同磁迹间距的情况下使记录通道数从 2 个增加到 4 个，数字信号处理、记录和重放放大器、旋转变压器和磁头几乎都加倍。由于 D-3 和 D-5 磁迹间距是一样的，因此可以使用同一磁头重放 D-3 格式磁带。D-5 也保持了 D-3 的一些优点，如使用旋转消磁头而不是覆盖记录，在编辑点加保护带等。为了保护音频磁迹不受邻近磁迹编辑的影响，把同一通道音频磁迹加到所有 4 个磁头，在每个音频段上沿斜磁迹方向作音频通道的交织。另外，由于 HDTV 原始码率约为 1.2Gbps，因此，通过一个 4:1 码率压缩可以将 HDTV 的信号记录在 D-5 格式上，使 D-5 格式的寿命更加延长。

三、DVCPRO 格式

DVCPRO 格式是一种由多个公司组成的集团联合开发的下一代录像机。目标是具有高质量、单一和统一的格式，并将其命名为"数字视频盒带"（DIGITAL VIDEO CASSTTE: DVC）。该格式主要有四大要素：一种压缩标准、一个盒式磁

带系统、一种机械格式和一套包括这些技术的芯片。最引人注目的是小盒带和长的重放时间。最小盒式磁带与微小音频盒带相当可以记录 1 小时，而一个与音频"小型盒带"大小相当的磁带能记录 4 小时，磁带传送机构也相应缩小，记录媒体和机械小型化。

DVCPRO 在图像信号的记录方面，采用了数字压缩技术，把数字化的图像数据进行压缩。5 比 1 数字分量数据压缩能使 DVCPRO 以压缩的形式获取大量的视频数据。DVCPRO 能提供 4 倍正常速度的数据传送到其他设备，并提供远比目前模拟分量录像机更好的图像质量、声音质量和多代编辑能力。

DVCPRO 重量轻，小型和超级可移动性特别适用于新闻采集，能非常容易地从一个地方移到另一个地方。新闻现场可以利用现场编辑盒在当地编辑或在移动中编辑原始素材，经过 5 比 1 压缩的数字信号能按原样或进行进一步压缩通过数字或模拟电话线路传出去。

DVCPRO 格式每帧记录 12 条磁迹，每条磁迹宽 18 微米。子码区域用来记录 TC/UB，并可在 FF/REW 高速状态下读出。插入的数据记录在 ITI 区域，每条磁迹上都有导频信号，因此提高了磁迹精度，编辑误差很小。

DVCPRO 格式录像机的型号有 AJ-D750、AJ-D800 摄录一体机、AJ-D640 录放机、AJ-D650 编辑录像机、AJ-LT75 膝上型编辑机等。

四、DVCAM 格式

DVCAM 是一种由摄像机开始就参与非线性编辑的全数字化非线性节目制作系统，包括摄像机、录像机、非线性编辑等所有环节。数字摄像机、DVCAM 录像机及编辑站之前的信号传输，采用专为 DVCAM 开发的用 4 倍速传送的数字接口 QS-DI。输送中不需要解压和再压缩，不需要模/数、数/模转换，大大减少了信号在转换过程中造成的劣化，并能够兼容民用 DV 摄录机拍摄的磁带，方便搜集新闻素材。

主要特征：利用带盒存储器芯片，在 DVCAM 磁带中装上 16kB 的半导体存储器，配合数字处理摄录一体机 DSR-130 中的内存，实现 Clip Lim 功能，即在前期拍摄过程中，就可以初步决定场面的地址将状态存储下来；然后，后期编辑时能极其方便地快速选择素材，只将有用的部分以四倍速度快速拷贝到硬盘上。

索引画的功能：记录活动画面的同时，每一个镜头的入点静帧画面，都经过缩小 64 倍画面之后，形成小的静止画面，称为索引画面。它被暂存在 DVCAM 摄录一体机的内置存储的芯片中。每一盘录像带录制结束时，索引画面会被一起记录在磁带最后一段素材的尾部。所有索引画面能在编辑显示屏上显示，直观地了解到哪段素材需要进行编辑，哪段素材不需要。

NG/OK 功能：第一次拍摄失败，可以按下摄像机上的 NG 钮，如第二次拍摄成功了就不必按下 NG 钮，表示 OK。每段素材的 NG/OK 状态，均作为 Clip Link 记录数据记录在带盒存储器中。当索引画面显示时，可以只把 OK 状态的素材显示出来，NG 的素材段根本就不显示。即 NG 的素材留在磁带中，不拷贝到硬盘中避免浪费硬盘空间及时间。

CUE 功能：俗称"打点"功能，即做标记。遇到某一事件时，可以在不同的阶段，打入 CUE 点，如拍摄足球比赛的新闻，有黄牌情况打一个 CUE 点，进球时打一个 CUE 点，发球的时候打一个 CUE 点。这样，最后编辑时根据这些 CUE 点就能很快找到需要编辑的画面。

Mark 功能：摄像机上有"Mark In"来决定拍摄时每个素材段的入点、出点。同样，编辑时根据入点、出点信息，能很快找到需要编辑的素材段。

DVCAM 格式录像机的型号有：DSR-BP 数字摄录一体机 2/3 英寸 3CCD、DXC-D30P 数字摄像机、DSR-1P 摄录一体机的录像机、DSR-200P1/3 英寸 3CCD 数字摄录一体机、DSR-85P/80P 数字编辑录像机、DSR-60P 数字放像机、ES-7 全功能的盘带结合编辑系统。

五、数字 Betacam、Betacam SX 格式

数字分量 Betacam 录像机是与模拟分量式 Betacam-SP 录像机兼容的录像机。它使用 1/2 英寸磁带。为了适应一些部门由模拟分量式向数字式的过渡，在录像机的设计上考虑了能重放模拟分量式 Betacam-SP 的节目。这种兼容性，可以方便使用者充分利用现有的资料，受到用户的欢迎。特别是传统使用 Betacam-SP 的用户，要全部更新设备迈向数字分量时代，会受到多种因素的制约和影响，但是面对新技术设备又不能无动于衷。具有兼容的数字 Betacam 录像机的问世，给用户提供了一个过渡机会。与 D-1 相比记录的信息量较少，磁带消耗量也少，它的价格相当于数字分量录像机 D-1 的一半，也比现有的 D-2、D-3 更加便宜。

由于码率压缩在广播电视的各个领域迅速得到普及，MPEC-2 格式为各界广泛接受。近年来，出现了一批使用码率压缩的磁带录像机。SONY 公司推出的 Betacam SX 格式及其产品正是采用了 MPEG-2 的扩展 4:2:2 标准的第一种盘带结合的数字录像机。它可记录 8bit 的 4:2:2 数字分量信号，对视

155

频信号进行压缩比为 10:1 的压缩，将信号从现场传输至电视台并存储在硬盘的过程中，不会损失质量。由于采用全新的串行数字数据接口，能够在不降低图像质量的同时，高速传给已压缩的视音频信号。Betacam SX 采用的磁带尺寸与 Betacam-SP 一样是 1/2 英寸。Betacam SX 可以重放现有的模拟 Beta-cam 氧化物带和金属带上的素材，并将其数字化，以进行非线性编辑，如图 3-14 所示。

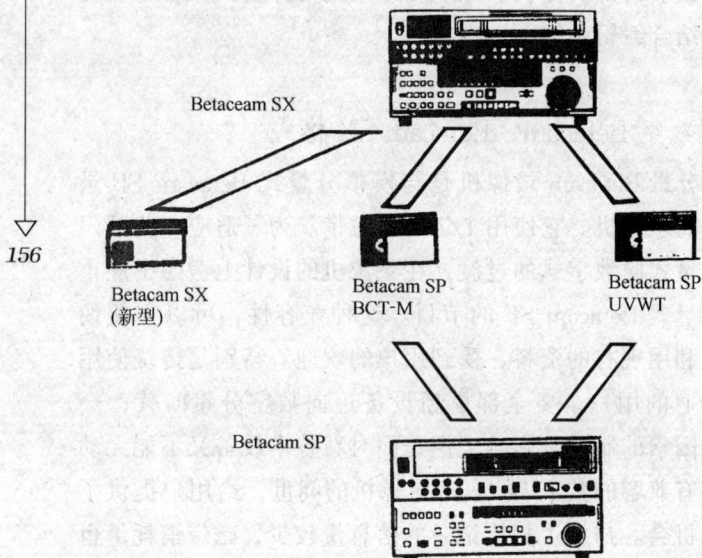

图 3-14 磁带兼容能力

Betacam SX 格式的机型有：摄录一体机 DNW‑70P、DNW‑90P 和 DNW‑90WPS 盘带结合型数字录像机，DNW‑A100P/A50P/A45P 便携式编辑机，DNE‑50 实况编辑机 DLE‑110 等。

六、DIGITAL-S（数字 S）格式

JVC公司为满足数字时代的要求，推出数字式视频系统DIGITAL-S格式。它利用 4:2:2 的 8 比特分量处理功能，记录码率定为 50Mbps，因此可以保证经过多代编辑、特技，以及各种视频处理后，图像依然清晰。同时由于使用了 VHS 走带机构，具有较低的价格和与 S-VHS 兼容重放的特点。DIGITAL-S 使用原来记录日本 Hi-Vision 的 W-VHS 录像带，可以做到 2 小时的长时间记录，具有较好的实用性，适合于逐渐改善现有系统。

常见机型有：BR-D40（一体化录机），BR-D50、BR-D85 编辑录像机。

△ 第三节　磁带录像机的操作使用

一、便携式录像机的操作

便携式录像机，常作为摄录一体化用的录像机，它必须具有体积小、重量轻、坚固耐用、功率损耗小、连接方便、使用简单、图像质量好、信噪比高、清晰度高、有各种报警、数符显示功能、具备四个通道等性能。SONY 公司生产的 BVV-5PS 录像机在摄录一体化设备中使用较多，这种录像机的外形如图 3-15 所示。

下面就以 BVV-5PS 为例简介一下一体化机的录像机部分的操作。

1. 录像机的开关、按钮及作用

图 3-16 为面板上开关、按钮、插座、仪表等的分布图。

图 3-15　BVV-5PS 外形图

　　① 弹起按钮：带舱弹起按钮，当录像机的电源开关扳到开的位置后，按一下这个按钮，磁带带舱会自动弹起。装上磁带，把带舱按进去，录像机就处于准备记录状态。

　　② 声音电平指示表：这两块表分别显示四路声音电平的大小。用开关可以选择显示任一路的声音电平。

　　另外，这两块表除了可以显示四路声音电平外，右边的表还能显示电源电压的情况。只要按一下图中的钮，电源电压的情况就可显示出来。在用电池供电的情况下，若按下按钮后，表针接近绿线端，就需更换电池了。

　　③ 停止按钮：按下这个按钮，磁带停止转动。

　　④ 重放按钮：按下这个按钮，录像机进入重放状态。这时，若再按下镜头上的返送按钮，在摄像机的寻像器里就能看见录像机磁带上的图像画面，并能在声音电平表上显示磁带上的声音情况，同时能在监听喇叭中听到声音。不过在寻像器里

看到的图像只是黑白画面。

　　⑤ 快速前进按钮：按下这个按钮，磁带可快速前进。

　　⑥ 倒带按钮：按下这个按钮，磁带快速倒回。

　　在这里需要特别指出，③、④、⑤、⑥四个按钮是在其顶部的小盖板内，只有掀起小盖板，才能操作这四个按钮。

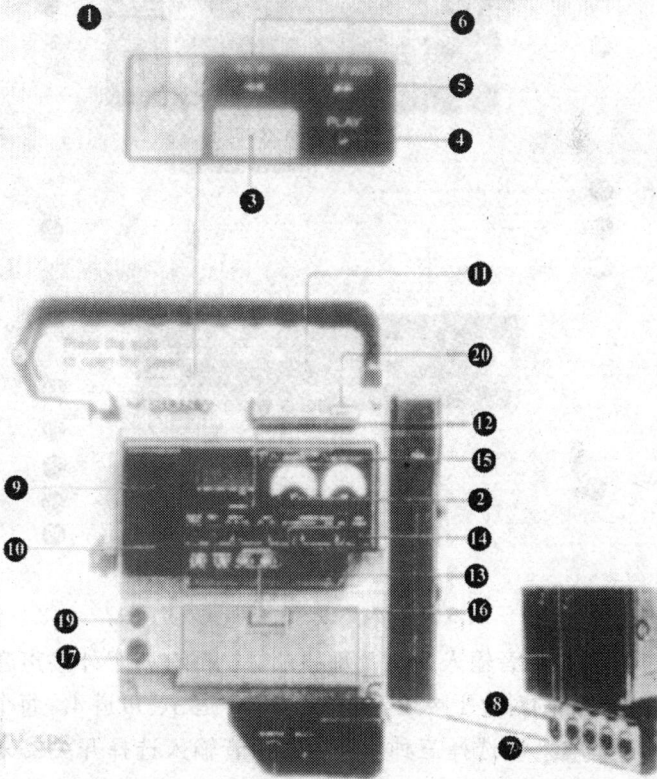

(a)

图 3-16　BVV-5PS 面板图（一）

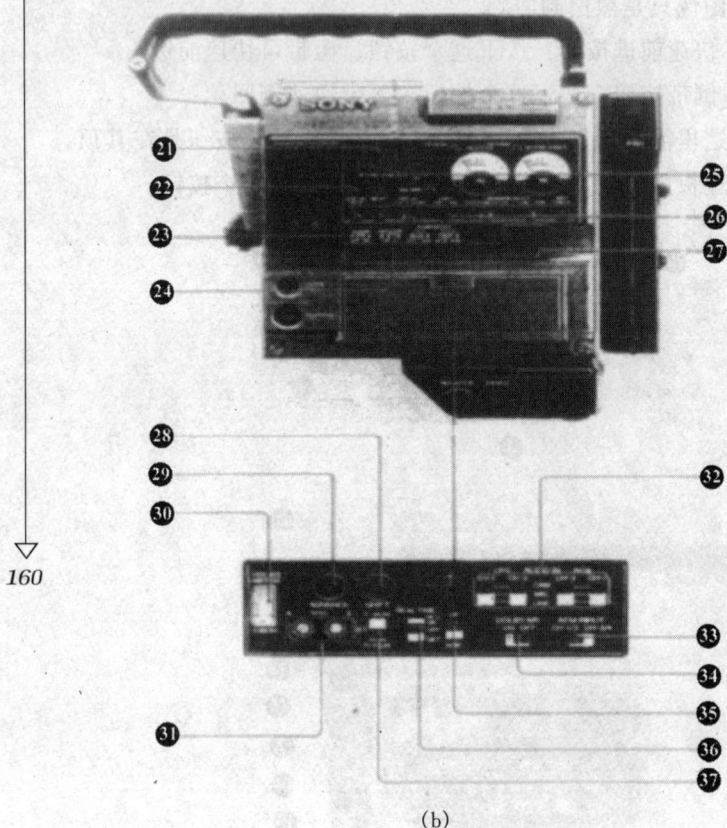

(b)

图 3-16　BVV-5PS 面板图（二）

⑦ 外接声音输入插座：每种录像机都有四个外接声音输入插座，分别对应于声道 1、声道 2、声道 3、声道 4。每个声道的声音输入可选择三种信号，由声音输入选择开关㉜来完成。

⑧ 外接直流电源插座：输入 12V 的直流电压。

⑨ 监听扬声器（喇叭）：监听记录的和重放的声音信号以及各种报警声音信号。当用耳机监听时，此扬声器上没有声音

信号。

⑩ 监听声音音量控制钮：监听扬声器和外接耳机的声音大小由这个钮来调节。

⑪ 四路声音电平调节钮：可以调节录像机记录声音信号电平的大小，CH-1 为声道 1 的调节钮，CH-2 为声道 2 的调节钮，CH-3 和 CH-4 分别为声道 3 和声道 4 的声音电平调节钮。

⑫ 报警指示灯：当磁带快用完、电池电压低于 10.8V 和录像机出现故障时，这个灯就会闪或亮。到底是什么原因引起这个灯闪或亮，会在显示屏里显示出来。其显示内容如图3-17所示。

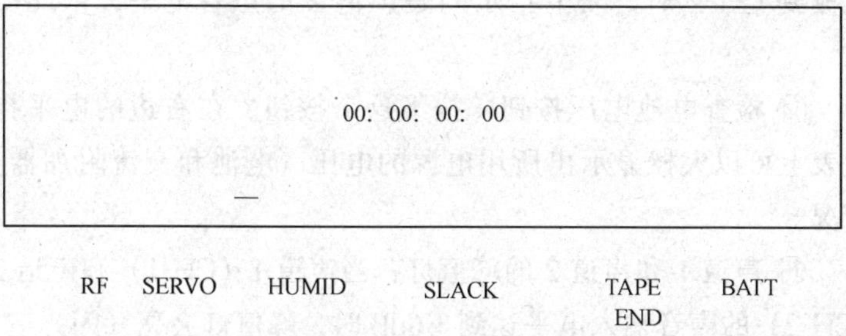

00: 00: 00: 00

—

RF　SERVO　HUMID　　SLACK　　　TAPE　BATT
　　　　　　　　　　　　　　　　END

图 3-17　故障显示屏

RF—当视频磁头上没有视频信号或视频磁头上有脏物时（如脱落的磁粉等），在 RF 字的上方会出现一小黑条（—），且报警指示灯⑫闪。

SERVO—当录像机的伺服系统不锁定时，在这个字的上方会出现小黑条（—），且报警指示灯⑫会闪。

HUMID—由于潮湿或其他原因使录像机磁鼓上有小水珠或霜时，在这个字的上方会出现小黑条（—），且灯⑫会闪。

SLACK—当录像机内的磁带出现松弛或在录像机的传输系统中出现类似的故障时，在这个字的上方会出现小黑条

（—），且报警指示灯⑫会闪。

TAPE END—当磁带快用完时（大概还有 1 分钟左右），在这个字的上方会出现小黑条（—），且报警指示灯⑫会闪。

BATT—当电源电压（主要指直流）接近 10.8V 时，在这个字的上方会出现小黑条（—），且报警指示灯⑫会闪。这时需要更换电池。

⑬ 声音监视选择开关：声道 1 至声道 4 任何一路的声音信号的电平大小，可以通过声音电平指示表显示出来。只要将开关扳到相应的声道上就能监看到任何声道的声音电平的情况。开关扳到 CH-1 时，表上指示的是声道 1 的声音电平；开关扳到 CH-2 时，表上指示的是声道 2 的声音电平，依此类推。

⑭ 检查电池电压按钮：按下这个按钮，在右边的电平指示表上可以大概显示出所用电源的电压（电池和交流附加器）情况。

⑮ 声道 1 和声道 2 的峰值灯：当声道 1（CH-1）和声道 2（CH-2）的声音输入电平达到 +6dB 时，峰值灯会亮（闪）。

⑯ 声音手动/自动选择开关：选择声道 1（CH-1）和声道 2（CH-2）的输入电平是手动还是自动调整的开关。当开关放到自动位置（AUTO）时，声音电平是自动调整的；当开关放到手动（MAN）位置时，声音电平手动调整；而声道 3（CH-3）和声道 4（CH-4）的声音输入电平只能手动调整。

⑰ 电源开关：控制录像机和摄像机的电源的总开关。

⑲ CTDM 重放按钮：CTDM 即 Compressed Time Division Multiplex 的缩写，是时间压缩多工技术。用这个按钮来监视彩色信号。记录时，同时按下这个按钮和镜头上的反送按钮，在寻像器里能监看到彩色信号（是黑白信息）。重放时，只按

这个按钮，在寻像器里能监看到彩色信号（是黑白信息）。

⑳ 记录指示灯：记录时这个灯亮。

㉑ 复位（计数复位）按钮：按这个按钮，计数器复位到00000000 或 00：00：00：00。

㉒ 显示保持键：按下此键以停止显示数码，当拍摄某些场景时确认时间是非常有用的。在显示保持时，发生器正常操作，退出这一状态再次按一下此键。

㉓ 报警声音开关：当这个开关放到 ON（开）的位置时，在报警灯亮或闪的同时能听到报警的声音。当开关放到 OFF（关）的位置时，听不到报警的声音。

㉔ 监听开关：选择扬声器或耳机中所监听到的声音信号。当开关放到 PB 位置时，监听到的是记录时的同时重放声音信号。当开关放到 E-E 位置时，监听到的是电-电声音信号。

㉕ 显示开关：改变计数器的显示内容。U-BIT：用于调整和显示用户比特。当调在 VITC 用户比特时，显示的是实时时间。TC：调整或显示时码。CTL：显示控制磁迹时间。

㉖ 灯开关：开关放在 ON（开）的位置时，显示窗里和指示表窗里会有亮光。

㉗ 耳机插孔：当耳机插上时，对应于报警灯或显示灯的报警声音只能在耳机里听到，而喇叭上的声音已被切断。

㉘ 移位按钮（SHIFT button）：按一下这个钮，你所需的数字将闪动。每按一次，闪动的数字向右移一位。

㉙ 前进按钮（ADVANCE button）：按这个按钮，闪动的数字增加；保持这个状态，闪动的数字连续增加。

㉚ 时间表：指示出视频磁鼓旋转的累加时间。当表的指示到达"小时"的最大数值时（1000 小时），需要更换一块新的表。

㉛ VITC 调节钮：选择 VITC 插入消隐期间的行数。

㉜ 声道输入选择开关：录像机声音选择都使用三个档的开关，三档位置为 CAM，MIC 和 LINE。当开关置于 CAM 位置时，录像机记录的声音信号是由摄像机上的话筒送进来的；当开关置于 MIC 位置时，录像机记录的声音信号是从外接的话筒送进来的；当开关置于 LINE 位置时，录像机记录的声音信号是从外面的声音控制台送进来的。使用录像机时，应根据声音信号的来源情况做相应的选择。

在这里需要指出，选择开关是在小盖板内，只有打开小盖板，才能操作这些开关。

㉝ AFM 输入开关：选择在 AFM 方式时记录的声音信号。CH-1/CH-2：从声道 1（CH-1）或声道 2（CH-2）插座输入的纵向声音信号（即线性声音信号）和 AFM 声音信号同时被记录，而从声道 3（CH-3）或声道 4（CH-4）插座输入的声音信号不能被记录。CH-3/CH-4：除能记录从声道 3（CH-3）或声道（CH-4）插座输入的 AFM 声音信号外，声道 1（CH-1）或声道 2（CH-2）插座输入的纵向声音信号也能被记录。

㉞ 杜比降噪开关：当使用氧化物磁带时，开关放到 ON 的位置，降噪系统才起作用。当使用金属粉末磁带时，降噪系统起作用与否与开关位置无关。

㉟ DF/NDF 转换开关：PAL 制机型中不设此开关。

㊱ 实时时间开关：开关在 ON（开）的位置时，记录的是 VITC 用户比特的实时时间。开关在 OFF（关）的位置时，记录的不是 VITC 用户比特的实时时间。当开关在 SET 位置时，可调整实时时间。

㊲ 自由运行（F-RUN）/记录运行（R-RUN）开关 F-RUN：时码调定的实时时间或外时码发生器去锁定内时码发

生器。在这个位置上，时码发生器与录像机的状态无关。R-RUN：时码只在记录时移动，在磁带上记录的是连续的时码。SET：这个位置用来调整用户比特的时码。

2．录像机的使用

由于这种型号的录像机是专门为摄录一体化设备而设计的，所以不能单独使用，必须和摄像机一起连接才能用。在使用前，必须先把录像机和摄像机连接牢固。这种型号的录像机的使用很简单，现介绍如下。

（1）首先必须认真检查镜头、摄像机、录像机的连接是否牢固，然后装上电池或接上交流附加器（电压是 12V 的都可以）。

（2）将电源开关置于 ON（开）的位置。

（3）按录像机上弹起按钮，使录像机的带舱弹起。

（4）把所用磁带插入录像机带舱内，并用手轻轻把带舱按进去。

（5）按摄像机的调整步骤把摄像机调整好。

（6）在磁带的开头先录制 1 分钟彩条。

（7）根据录制要求，把声音输入选择开关放在所需要的位置上（话筒、线路、摄像机）。

（8）将时码或用户比特调整好。

（9）按镜头上的起动按钮，录像机开始记录；再按一下这个按钮，录像机停止记录。

（10）录制完毕，先关摄像机电源，然后关掉录像机电源和总的电源开关。

录制好的磁带一定要妥善保存，千万不要放在靠近强磁场的地方。

3. 时码和用户比特的调整

在自动编辑和播出中，时码是计算机控制的依据，所以在磁带上要求记录连续的时码信号。录像机的时码和用户比特的调整，都是在面板上进行的。这里简介一下它的调整方法。

(1) 时码的调整：①将显示开关调到 TC 的位置。②把自由运行（F-RUN）/记录运行（R-RUN）开关放到调整（SET）的位置上。③将实时时间（REALTIME）开关放到开（ON）或关（OFF）位置上。④用前进按钮（ADVANCE button）和移位按钮（SHIFT button）调整时码。⑤根据需要将自由运行/记录运行开关调到适当位置：用自由运行产生时码时，开关放到 F-RUN 位置；用记录运行产生时码时，开关放到 R-RUN 位置。

以上每一步骤的开关位置，如图 3-18 所示。

166

(2) 用户比特的调整：①将显示开关调到 U-BIT 位置。②把自由运行（F-RUN）/记录运行（R-RUN）开关放到调整（SET）的位置。③把实时时间（REAL TIME）开关放到关（OFF）的位置。④用前进按钮和移位按钮调整用户比特，数字用十六进位法显示。⑤将 F-RUN/R-RUN 开关放到 F-RUN 或 R-RUN 位置上。用户比特将记录在 VITC 和 LTC 上。

以上每一步骤的开关位置，参见图 3-18 所示。

二、台式录像机的操作

下面以演播室用录像机 AJ-D750 为例简介台式录像机的操作使用。AJ-750 是新型数字分量录像机，以视频亮度 Y 信号的 5.75MHz 的带宽和 60dB 的视频信噪比确保了图像的高质量，具有 2 个 48kHz 抽样的 16 比特数字音频通道特性。还有一条模拟提示磁迹。由于信号采用数字处理，因此多代编辑

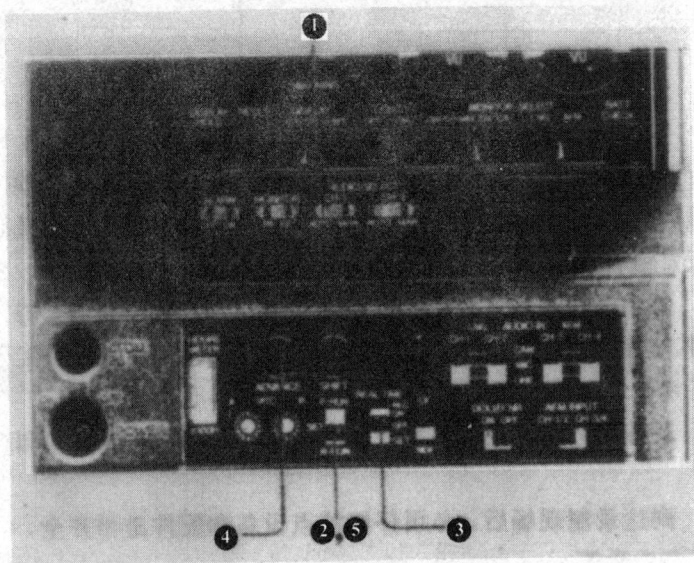

图 3-18　时码调整开头位置

或复制图像无劣化。使用 AJ-CS750 磁带转换器，可重放 DV 格式磁带。DV 格式是下一代民用数字视频格式。因为有许多新闻尤其是突发性新闻事件往往是由现场目击者（非记者）拍摄的，能方便地直接采用许多有价值的新闻素材。

1．录像机的开关、按钮及作用

（1）图 3-19 为 AJ-750 前面板上开关、按钮等的分布图，其作用如下：

① 电源开关：当按向 ON 一端时，电源打开，音频和视频电平表、计数器显示和 INPUT SELECT 显示灯亮起来。

② 输入选择开关：用于选择视频和音频输入信号。

VIDEO：每按一次 VIDEO 键，输入视频信号依次切换到 Y P_B

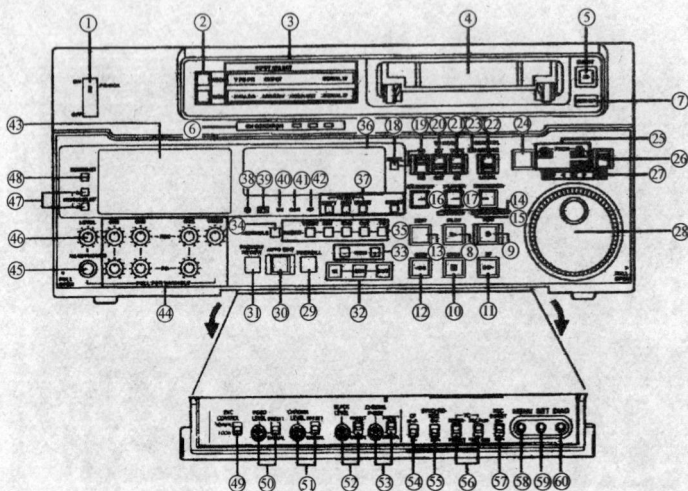

图 3-19　前面板图

P_R、COMPOSITE、SERIAL IF，然后回到 $Y\,P_B\,P_R$。AUDIO:
每按一次 AUDIO 键，输入音频信号依次切换到 ANALOG、
AES/EBU、USER SET、SERIAL IF，然后回到 ANALOG。
USER SET 用于选择将不同的输入信号记录在 PCM 音频信号
的 CH1 和 CH2 上。此功能与菜单一起使用。例如，如果 IN-
PUT SELECT 选了 USER SET，并且在菜单上选择了 CH1 =
ANALOG，CH2 = DIGI，那么模拟输入信号和数字输入信号
（AES/EBU 和 SERIAL IF）将分别记录在磁带上 PCM 音频信
号的声道 1 和声道 2 上。

　　③ 输入选择（INPUT SELECT）显示：对应于所选输入
信号的字符亮起来。

　　④ 磁带带仓：新闻采集磁带、通用磁带和带有适配器的
家用 DV 如：掌中宝磁带插在此中。家用 DV 带只能用于播

放。

⑤ EJECT 键：按下此键，磁带卸载下来，几秒钟之后盒带自动退出。计数器显示"CTL"时，此显示复位。当退带命令接受后，其指示灯亮。

⑥ 通道状态指示灯：这些指示灯根据误码率状况而点亮其中之一（绿-淡黄-红）。绿色灯：当视频和音频重放信号的误码率均可接受时，此指示灯亮。淡黄色灯：当视频或音频重放信号的误码率变化时，此指示灯亮。红色灯：当视频或音频信号经过校正或内插时，此指示灯亮。即使此指示灯亮，重放的图像依然正常。

⑦ AUTO OFF 指示灯：机器的运转出现问题时，此指示灯亮。

⑧ PLAY 键：按下此键，开始重放。同时按下此键和REC 键，开始记录。在重放过程中，同时按下此键和 EDIT键，则开始手动编辑。在手动编辑过程中，只按下 PLAY 键将终止编辑，回到重放状态。

169

⑨ REC 键：同时按下此键和 PLAY 键开始记录。在重放、搜索、快进和倒带过程中一直按着此键不放，可以看到、听见电-电方式图像和声音信号。在停止状态下按此键，可以监看到电-电方式的图像和声音，当按下 STOP 键时，恢复成原来的图像。

⑩ STOP 键：按下此键，磁带停止转动。

⑪ FF 键：按下此键，磁带快速进带。

⑫ REW 键：按下此键，磁带快速倒带。

⑬ EDIT 键：要进入手动编辑，在重放时同时按此键和PLAY 键。在停止方式下按下此键，可以以电-电方式监看由ASSEMBLE 或 INSERT 键选择的输入方式信号。当按下

STOP 键时，原来的图像和声音恢复回来。在重放、搜索、快进或倒带过程中，一直按住此键，可以以电-电方式监看输入信号。

⑭ 伺服机构（SERVO）指示灯：当磁鼓伺服和主导轴伺服锁定时，此指示灯亮。

⑮ 防止记录（REC INHIBIT）指示灯：当前面板下部的 REC INHIBIT 开关置于 ON 上时，或者磁带上设置了防误删方式时，此指示灯亮。在此状态下，既不能记录，也不能编辑。

⑯ STAND BY 键：按下此键，磁带进入与通常停止状态一样的张力状态，磁鼓也不停地转动。按键上的指示灯点亮，指示进入等待状态（Standby ON）。

⑰ PLAYER/RECORDER 键：当进入编辑操作，将本机作为录机，并控制一台配有 RS-422A 串行遥控接口（9 芯）的录像机时，使用这两个按键，当本机只是单机使用时，这两个键均不起作用。PLAYER 键：按下此键时，其指示灯点亮，可对连接在本机上的放机通过遥控进行操作。本机的编辑和磁带动作键现在控制着那台放机的动作。RECORDER 键：按下此键时，其指示灯点亮，编辑和磁带动作键控制录机（即本机）的动作。

⑱ TC/CTL 开关：通过按动此键，计数器显示在 TC 和 CTL 之间切换。选择 TC 时，显示 TC 还是 UB 值由 TC/UB 开关决定。

⑲ TC/UB 开关：决定当 TC/CTL 开关置于 TC 时，在计数器上显示 TC 还是 UB 值。

⑳ INT/EXT 开关：INT：使用内置时间码发生器。EXT：使用从时间码输入接口处输入的外部时间码（LTC）或

者视频信号垂直消隐期内的时间码（VITC），此选择在菜单上设置。

㉑ TAPE/EE 开关：在停止状态时，TAPE：输出由磁带上重放的信号；EE：输出由 INPUT SELECT 开关选择的输入信号。在编辑/记录状态时，TYPE：输出同时重放的信号：EE：输出由 INPUT SELECT 开关选择的输入信号。

㉒ REMOTE/LOCAL 开关：REMOTE：用通过 9 芯 RS-422A 串行接口或 RS-232C/并行接口连接的设备控制本机时，设置在此位置。LOCAL：用本机操作面板上的控制键控制本机时设置在此位置。

㉓ REMOTE 指示灯：当 REMOTE/LOCAL 开关置于 REMOTE 位置时，此指示灯点亮。

㉔ SEARCH 键：按下此键进入搜索方式。当搜索盘设置成快速搜索方式，调至某特定位置，并且按下此键时，就开始以搜索盘设定速度重放。

㉕ JOG/SHTL/SLOW 指示灯：指示搜索盘和 SHTL/SLOW 开关的当前状态。JOG：机器处于 JOG 方式时，此指示灯点亮。SHTL：机器处于 SHTL 方式时，此指示灯点亮。SLOW：机器处于 VAR 方式时，此指示灯点亮。

㉖ SHTL/SLOW 开关：当搜索盘用于 SHTL 或 SLOW 用途时，设置此键选择开关。

㉗ REV/STILL/FWD 指示灯：根据搜索盘的操作点亮这些指示灯其中之一。REV：在旋钮反时针转动时，此指示灯点亮。磁带按照搜索盘的指示灯所指示的 REW 方向转动。STILL：在 JOG 方式中，当旋钮保持不动时，此指示灯点亮。磁带按照搜索盘中的指示灯停止转动。FWD：在旋钮顺时针转动时，此指示灯点亮。磁带按照搜索盘的指示灯所指示的

FWD 方向转动。

㉘ 搜索盘：用于搜索编辑点。每按此旋钮一次，搜索方式就交替设置在快速搜索或逐帧搜索之中，JOG、SHTL 和 SLOW 这些指示灯中的一个就点亮。在打开电源之后，旋钮要首先返回到 STILL 位置才能开始工作。

㉙ PREROLL 键：用于手动编辑中的磁带的预卷。按下此键，磁带转动到预卷点，并停下来。预卷时间可由菜单设置。当此键与 IN 或 OUT 键同时按下时，磁带就可以搜索到打入的编辑入点或出点。

㉚ AUTO EDIT 键：在输入编辑点后按下此键就可以执行自动编辑。AUTO EDIT 按下时，即使没有打入编辑入点，也会执行自动编辑，并将按此键处作为入点。

㉛ PREVIEW/REVIEW 键：PREVIVW（预演键）：在打入编辑点后按下此键时，预演开始。REVIEW（审看键）：在编辑好一段索材后按下此键，目前编好的这段就可以重放。

㉜ IN/SET/OUT 键：与 SET 键一起同时按下 IN 或 OUT 键，就打入了编辑入点或编辑出点。当入点或出点打入时，对应于此点的 IN 或 OUT 键中的指示灯就点亮。打点后按此键，入点或出点的值就在监视器上显示。IN 或 OUT 键与 RESET 键一起按下，就可以消除入点或出点。

㉝ TRIM 键：用于精确地修正编辑入点或出点。按下"+"或"−"键，打入的编辑点可以修正一帧。按"+"键时，磁带向前进一帧；按"−"键时，磁带向后退一帧。

㉞ ASSEMBLE 键：组合编辑键。按一次置为 ON（指示灯点亮），再按一次置为 OFF（指示灯熄灭）。

㉟ INSERT 键：在插入编辑过程中按下这五个按键中一个可选择输入的信号。按一次置为 ON（指示灯点亮），再按

一次置为 OFF（指示灯熄灭）。

㊱ 计数器显示：显示 TC 和 CTL 的计数值，屏幕信息和其他信息。

㊲ 时间码键：用于设置 TC 或 UB 值。SHIFT：设置 TC 或 UB 值时，先按此键终止数据（时码发生器的数值）的运行。修改显示屏上正闪烁的数字。每按此键一次闪烁光标向右移一位数字。当光标移到最右时再按一次此键光标返回最左方。按住此键不放，闪烁光标连续移动。ADJ：用于修改显示屏上正闪烁的数字。按动一次，数字增加 1，按动此键不放，数字连续增加。START：此键将用 SHIFT 和 ADJ 键修改好的数据输入机器。另外，当 TC 或 UB 值没有设置时按此键，可以使 TCG 或 UBG 的设定值得到确认。RESET：在 CTL 方式下按此键，显示就复位为"00：00：00：00"。在 CTL 方式下，打入的编辑点被清除。在 TC/UB 方式下，同时按此键和 SHIFT 键，时间码发生器复位。

㊳ 警告指示灯：用于对某项操作的警告。

㊴ 盒带插入显示灯：当盒带插入机器后，此指示灯亮。

㊵ 家用 DV 磁带插入显示灯：当在家用数字视频设备上记录的磁带插入机器后，此指示灯亮。

㊶ SCH 指示灯：当外部同步信号的 SCH 相位在一指定范围内时，此指示灯亮。

㊷ CF 指示灯：当彩色成帧锁定时，此指示灯亮。

㊸ 电平表：指示 PCM 音频信号 CH1/CH2，提示磁迹音频信号和视频信号电平。音频信号指示在记录和 EE 选择时的输入信号电平以及在重放时的输入信号电平。对于视频信号只指示输入信号电平。

㊹ 输入/输出电平控制：用于调节 PCM 音频信号 CH1/

CH2，提示音频信号的记录和重放电平以及符合视频信号的记录电平。在高电平处的每个控制钮用于调节记录电平，在低电平处的每个控制钮用于调节重放电平。这些钮为"拉出可调"，即需要拉出才能进行电平调节。这些控制钮按下去时，电平值就设定为统一值（预置值）。

㊺ 耳机插孔：记录、重放或编辑声音时可将立体声耳机插在此插孔内进行监听。

㊻ 音量控制：用于调节耳机音量和监视器输出音量。

㊼ MONITOR SELECT 开关：音频信号输出到监视器的左/右声道。每按一次"L"键，输出到监视器左声道的信号依次选择为：CH1、CH2、CUE，然后回到 CH1。每按一次"R"键，输出到监视器右声道的信号依次选择为：CH1、CH2、CUE，然后回到 CH1。电平表上的 L 或 R 指示灯的点亮表示现在选择的是哪路信号。

㊽ MONITOR SET 键：此键在向监视器左/右声道输出混合信号时使用。MONITOR SET 键与 L 或 R 键一起按下，那么 CH1 和 CH2 的混合信号就输出到监视器的左或右声道。这些键再一起按下时，混合信号就取消了。

㊾ ENCODER CONTROL 开关：选择对视频输出信号的调节是本机还是由外部编码器/遥控器来进行。REMOTE：对视频输出信号的调节由外部编码器/遥控器来进行。LOCAL：对视频输出信号的调节由本机来进行。

㊿ VIDEO LEVEL 控制钮和开关：当 ENCODER CONTROL 开关置于 LOCAL 时，则视频电平可以调节。此控制钮置于 PRESET，则视频电平设置为统一值（0dB）。此控制钮置于 MANUAL，则视频电平可用此控制钮进行调节。

(51) CHROMA LEVEL 控制钮和开关：ENCODER CON-

TROL 开关置于 LOCAL 时，可以对色信号电平进行调节。置于 PRESET 时，色信号电平置于统一值；置于 MANUAL 处时，可调节色信号电平。

(52) BLACK LEVEL 控制和开关（只在输出复合信号时可调）：ENCODER CONTROL 开关置于 LOCAL 时，可以对黑电平进行调节。置于 PRESET 时，黑电平设置为统一值，置于 MANUAL 时，可调节黑电平。

(53) CHROMA PHASE 控制和开关（只在输出复合信号时可调）：ENCODER CONTROL 开关置于 LOCAL 时，可以对色信号相位进行调节。置于 PRESET 时，色信号相位设置为统一值。置于 MANUAL 时，色信号相位可用此钮调节。

(54) CF 开关：选择重放成帧锁定于 8/4 还是 2。8F/4F：重放成帧锁定于 8/4。2F：重放成帧锁定于 2 场。8F 与 4F 之间的切换由 SETUP 菜单设置。

(55) SYNCHRONIZE 开关：选择在两机之间是否提供相位同步。ON：提供相位同步，可以进行无误码编辑。OFF：不提供相位同步。编辑点处会丢失几帧，但可以较快地进行编辑。

(56) 时间码发生器开关：REGEN：REGEN/PRESET 开关置于 REGEN 时，内部时间码发生器同步于由时间码读取的时间码。PRESET：REGEN/PRESET 开关置于 PREST 时，预置时的值的设定可由操作面板上的控制键或遥控器来控制。REC RUN：当 REC MODE 开关设为 REC 时，时间码只在记录模式下才运行，但 REGEN/PRESET 开关设为 REGEN 时，时间码持续运行。FREE RUN：当 RUN MODE 开关设为 FREE 时，只要电源开着，那么不管什么操作方式下，时间码都在运行。

(57) REC INHIBIT 开关：选择允许还是禁止在磁带上记录。ON：禁止在磁带上记录。前面板上的 REC INHIBIT 指示灯此时点亮。OFF：在盒带上的防误抹销置于允许记录位置上时，此设置将允许在磁带上记录。

(58) MENU 键：按下此键，菜单通过 VIDEO OUT3 接口显示在电视监视器上，其上出现设置菜单编号。

再按一次，屏幕显示方式就退出，并恢复到原有的操作方式。

(59) SET 键：按下此键，菜单上设置的数据就被确认输入。数据输入后，退出屏幕显示方式，并返回原来的操作方式。

(60) DIAG 键：按下此键，显示录像机的信息。再按一次，恢复到原来的操作方式。有两种录像机信息："HOURS METER（时间表）"信息和"WARNING（警告）"信息。按搜索按键可以在两种信息间切换。"HOURS METER"屏幕上指示的是开机时间、磁鼓转动的时间、磁带运转时间、加载次数等。"WARNING"屏幕上指示的是警告。

（2）图 3-20 为后面板接口部分图，其作用如下：

① 电源接口：用提供的电源线通过此接口将本机与电源插座连接起来。

② SIGNAL GND 端子：此端子连接于与本机相连的信号源，以减少噪声。为安全的目的，不要将其接地。

③ 保险管孔：放置保险管。

④ 风扇电机：用于冷却机器。

⑤ ANALOG AUDIO IN 接口：模拟音频输入接口。

⑥ CUE IN 接口：记录在插入轨迹中的模拟信号由此接口输入。也可以通过屏幕菜单上选择 -60dB 输入方式记录来自

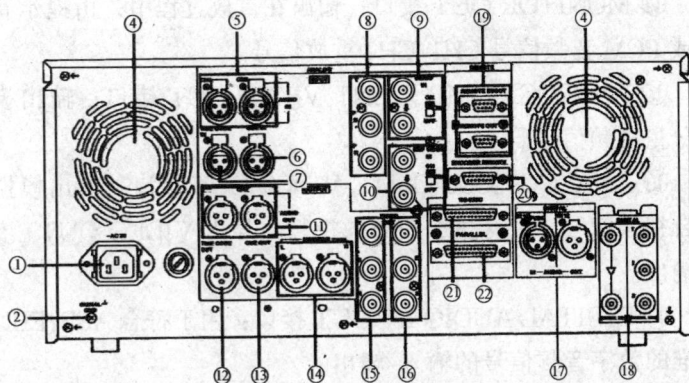

图 3-20 后面板接口部分

话筒的音频信号。

⑦ TIME CODE IN 接口：用于在磁带上记录外部时间码。

⑧ ANALOG COMPOSITE VIDEO IN 接口：提供模拟分量视频信号。

⑨ ANALOG COMPONENT VIDEO IN 和 75Ω 终接开关：模拟复合信号接在这两个接口上，这两个接口通过环通连接在一起。需要终接时，将开关置于 ON。

⑩ REF VIDEO IN 接口和 75Ω 终接开关：输入基准视频信号。如果需要终接，将开关置于 ON。

⑪ ANALOG AUDIO OUT 接口：输出模拟音频信号。

⑫ TIME CODE OUT 接口：在重放过程中，输出重放时间码由此接口。在记录过程中，内部时间码发生器产生的时间码由此输出。

⑬ CUE OUT 接口：输出记录在提示音频磁迹上的模拟信号。

177

⑭ MONITOR OUT 接口：输出在重放过程中，由提示音频或 PCM 音频信号 CH1／CH2 重放信号。

⑮ ANALOG COMPONENT VIDEO OUT 接口：输出模拟分量视频信号。

⑯ ANALOG COMPOSITE VIDEO OUT 接口：输出模拟复合视频信号。带有叠加信号的视频信号由 VIDEO OUT3 接口输出。

⑰ DIGITAL AUDIO IN／OUT 接口：用于符合 AES／EBU 标准的数字音频信号的输入／输出。

⑱ SERIAL DIGITAL COMPONENT AUDIO／VIDEO IN／OUT 接口（需要可选的 AJ-YA750p 接口板）：用于符合 EBU Tech.3267-E 标准的数字分量音频和视频信号输入／输出。

⑲ 遥控接口：本机可以通过连接于本机的另一台录像机或外部控制器进行控制。机上有两个遥控接口，一个用于输入／输出，另一个用于输出。IN／OUT：用于与外部控制器的连接及录像机对录像机的连接。OUT：用于并行运行操作的连接。

⑳ ENCODER REMOTE 接口：当视频输出信号和其他设置由外部控制源调节时，外部编码器／控制器连接于此接口。

㉑ RS-232C 接口：

㉒ PARALLEL REMOTE 接口：当通过外部控制源操作本机时使用此接口。

2. 设备的连接

(1) 单机使用时的连接，如图 3-21 所示。使用时将前面板上的 CONTROL 开关置于 LOCAL。

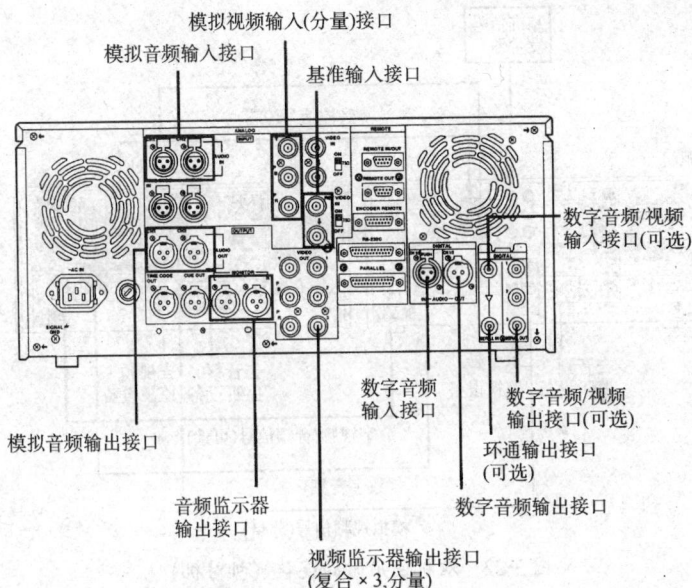

图 3-21 单机使用时的连接

（2）双机使用时的连接（机对机），如图 3-22 所示。使用时将源机前面板上的 CONTROL 开关置于 REMOTE，将录机前面板上的 CONTROL 开关置于 LOCAL。

3．日常的简单操作

（1）在开始操作本机前的准备工作：①打开电源。②检查 AUTO OFF 指示灯是否熄灭，当结露或发生其他故障时，AUTO OFF 指示灯点亮，所有的操作均被禁止。③插入盒带。④检查 STOP 指示灯是否点亮，磁带插入后，导轴自动转动，磁带装载上去，机器进入停止方式。EJECT 指示灯熄灭。

（2）停止/待机方式：①STOP 键按下时，机器进入停止方式，STOP 指示灯亮，磁带停止转动。②按下 STANDBY 键

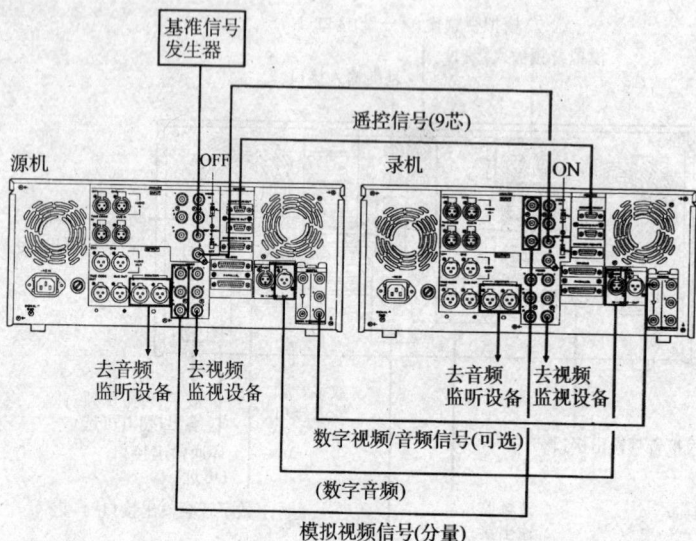

图 3-22　双机使用时的连接（机对机）

后，机器进入待机方式（ON/OFF）。按键的指示灯点亮时，机器为待机（ON）方式。在停止方式中按此键，机器进入预备 OFF 方式和半装载方式，指示灯熄灭。在解除待机方式中按此键，机器进入待机方式。

（3）记录：①将盒带上的防误抹销置于 RECORDING（记录）位置，插入磁带。②按 STOP，将机器置于停止方式。③将 MODE 开关置于 EE。EE 图像出现在电视监视器上。④检查 REC INHIBIT 指示灯是否熄灭。如果此指示灯是亮的，那么将 REC INHIBIT 开关置于 OFF。⑤选择视频和音频输入信号，并调节电平。选择视频/音频输入信号：首先连接上要记录的信号；然后用前面板上的 INPUT SELECT 开关选择输入信号。调节视频电平：首先将 VIDEO LEVEL PRESET/MANUAL 开关（50）置于"PRESET"（统一值）；然后要调节记录电平，可将 VIDEO LEVEL PRESET/MANUAL 开关设置到"MANUAL"，然后用控制钮将电平调至 +3dB 和 -3dB 之间的位置。调节音频电平：首先调节模拟音频 CH1/CH2 信号和模拟提示音频信号（CUE）的输入信号电平，将音频输入/输出电平控制钮置于推入的位置（统一值）。然后音频信号将以正合适的电平记录。要调节记录电平，可将控制钮拉出，然后进行调节。对于插入信号，控制钮的调节不应超过 -20dB。⑥按下 REC 键，同时按下 PLAY 键。REC 和 PLAY 指示灯均点亮，此时开始记录。⑦要结束记录，按 STOP。

注意：

◎　在记录过程中查看 SERVO 指示灯是否亮起。如果此指示灯闪烁或熄灭，那么重放的图像将会中断。

◎　只有模拟复合视频输入信号可以调节。（数字视频和模拟分量输入信号不可以调节）

◎　要记录的声音和图像与重放的图像相比至少偏移 5 帧。例如，在看到某重放图像的那个时间记录声音，那么该声音将记录在比重放图像偏移 5 帧的地方。

（4）重放：①插入磁带，将机器置于停止方式。②按 PLAY 键。正常的重放开始。③调节音频重放电平。拉出音频电平控制钮，顺时针或反时针旋转调节电平。通常，这些控制钮保持在推入状态（统一值）。④要结束重放，按 STOP。录像机进入停止方式。

注意：

◎　在重放过程中查看 SERVO 指示灯是否点亮。如果此指示灯闪烁或熄灭，那么重放的图像将会中断。

（5）手动编辑：①选择编辑方式。ASSEMBLE：用于组合编辑。INSERT：用于插入编辑。②选择编辑信号通道：在插入编辑的情况下，按下与要编辑的信号相对应的通道按键，并查看其指示灯是否点亮。③按 PLAY 键。④通过监看监视器搜索编辑开始的地方（入点），在编辑入点处同时按 PLAY 和 EDIT 键。⑤通过监看监视器，在编辑结束的地方（编辑出点）按 STOP 键或 PLAY 键。本机进入停止方式，编辑结束。

（6）自动编辑（录像机对录像机）：①设置和调整录放像机的开关：用 INPUT SELECT 选择录机的视频和音频输入信号。将录机上的 CONTROL 开关设置为 LOCAL。将放机上的 CONTROL 开关置于 REMOTE。将录、放机的时间码计数器均设置为 TC 或 CTL。②选择编辑方式：要进行组合编辑，按 ASSEMBLE 键。要进行插入编辑，按 INSERT 键。③选择编辑信号通道：组合编辑时，ASSEMBLE 指示灯点亮。插入编辑时，要编辑哪路信号就按哪个通道键，其指示灯应点亮。④选择要操作的录像机：按 PLAYER 或 RECORDER 键选择录像机。⑤打入编辑点：用慢放或快放操作搜索编辑入点。同时按 IN 和 SET 键。用 JOG 或 SHTL 操作搜索编辑出点。同时按 OUT 和 SET 键。⑥检查编辑点：按 IN（或 OUT）键检查编辑点。按下 IN（或 OUT）键，同时按住 PREROLL 键，可以查看编辑点处的图像。同时按 IN 和 OUT 键可以查看编辑的持续时间。持续时间在显示屏上显示出来。⑦执行自动编辑：按 AUTO EDIT 键开始自动编辑。按 STOP 键，可随时停止编辑。到达编辑出点后，机器在后卷之后进入停止方式。⑧复审：编辑结束后，按 REVIEW 键。录机上开始复审。按 STOP 键，可随时停止复审。当到达编辑出点时，机器在后卷之后进入停止方式。

三、录像机的维护与注意事项

1. 注意事项

录像机既是复杂的电气设备，又是精密完整的包括传动和伺服等环节的机械设备，任何小的变化都将影响图像的质量。因此使用时必须注意做到以下几点：

（1）录像机应放在清洁而周围不应有较强的磁性物质的地方。尘埃粘于磁头将会降低信噪比，并能造成视频信号的脱落，缩短磁头寿命，甚至划伤磁带，切忌在录像机附近吸烟。机器不用时，应加盖防尘罩，不能让异物进入机内，尤其不能让雨水或其他液体流入录像机。如果录像机在室外工作时，应避免遭到日晒雨淋。特别是环境恶劣时，如风沙很大，过冷过热时，要采取相应的措施，给录像机穿上防尘套，或"小棉袄"。另外，对机械部分的电动机、传动部件、微动开关、逻辑控制继电器触点等，也均有防尘的要求。

（2）对湿度要求比一般电器设备高（一般要求湿度为30%～80%），由于湿度过大，机械或磁带上凝结的水珠将会损坏磁带，进而损伤磁头。机上装有湿度传感器，如果环境湿度过大，便会自动停机。

（3）由于录像机内结构紧凑，要求放在通风、干燥的地方，最好机房内设置有空调设备，一般要求温度在 5℃～35℃，以防止机内大量电子元件散热而造成温升过高使机器失灵。

（4）录像机不能长期使用于暂停状态，否则会磨伤磁带和磁头。尤其在编辑节目时，往往容易造成以其中的一单机长期暂停，等待另一单机寻找编辑点，应尽可能避免这种不合规范的操作。

（5）录像机工作以前，一定要注意检查电源是否符合使用条件，不能任意将三芯电缆的三个端头变成两个，最好按规定使用良好的接地线，以免发生烧毁录像机印刷电路板的事故。

2．磁头的清洗

一般磁头的正常使用寿命为 1000 小时左右。当使用 100 小时后应进行必要的清洗。

（1）使用特制的清洁磁带放入机内按正常重放状态运行 10～20秒即可。不易过多使用清洁磁带，因为这样做容易导致磁头受过大损伤。

（2）没有清洁磁带时，可使用高级有机溶剂清洗磁头，也可使用软织物如常选择麂皮蘸四氯化碳或无水酒精轻轻擦拭。

四、视频磁带的性能与维护

1．技术性能

录像带因为要记录视频信号，因此衡量它的主要性能指标是灵敏度、灵敏度的均匀程度、频率特性、失真系统、信杂比、转印效应以及消去效应等。

各个厂家的磁带物理特性是各不相同的，磁带性能取决于磁粉末、粘合剂、带基等的特性和涂敷技术、加工技术等，而且对使用原料必须严格管理，因此在选用磁带时要十分慎重，低劣的磁带不但影响制作节目的质量，而且会损伤磁头。

衡量磁带各项技术性能的指标如下：

（1）灵敏度：是以在一定条件下记录的磁带的重放输出电平表示。它取决于磁带的矫顽力和表面平滑度。

（2）转印效应：是指把记录上的信号磁带搁置时，受到信号部分产生磁通的影响，即邻接部分被磁化的现象。一般说来，磁性体粒度越小，温度越高，磁性层剩磁通密度越大时，转印就越严重。

（3）磁粉硬度将影响磁头寿命，粘合剂也决定磁带使用寿命和电性能（信号脱落）。所以磁带的优劣由它的电磁特性和机械特性所决定，使用中一定要注意这些指标。另外，使用中应注意磁带各部位的情况，特别是带的中间部分如果损坏，将严重影响节目制作，有时不得不中断制作。使用旧磁带制作节目时，更要注意这一点。有时一条磁迹由于长时间暂停而被划伤，这将破坏整个节目的质量。

2．视频磁带的维护

节目磁带是电视台的宝贵财富。它的价值远远超过它的制作费用，甚至有些录像带的内容价值在若干年之后更显得重要，因此如何保护节目磁带就显得十分必要了。正确的使用与保管磁带可以使磁带取得最长的保管寿命和最佳的互换性能。

（1）磁带的正确使用：盒式磁带使用前，应将磁带带轴沿着箭头所指的方向旋转、缠紧，磁带按正确方向放入录像机中，不能放反了，磁带的头、尾，一般接有未涂磁性层的透明引带，以供实现自动倒带，自动停机等使用。使用中应注意磁带的各部位情况，带头、带尾一般损耗较大，会出现磁粉脱落现象，严重时会影响节目的录制，所以使用磁带时，要特别小心，磁带前后应多空一些。

（2）存储条件：①温度应保持在20℃～23℃度之间。②相对湿度保持在40%～45%之间。③必须在严格的防尘条件下存储，如磁带库有防尘过滤器（空气净化器）则更好。④存储前，应将节目磁带进行一次全长度的、连续而平滑的倒带，以防止物理特性的变化，所有存储的节目磁带每年必须重复这种工作一次。⑤磁带应采用密闭专用磁带盒包装，依靠磁带盘芯支撑竖放为妥；开盘式磁带带头应用专用粘贴纸封口，防止磁

185

带松散。同时避免置于强电磁场周围。⑥净化空气的磁带库对于周围的环境，如走廊、过道等应保持正气压。

（3）运输条件：①未经使用的新磁带比较能经得起运输过程中的短期温度、湿度的变化。即使在−30℃～50℃、相对湿度从 10%～90%的储存条件下也是允许的；而节目磁带，由于已经记录了控制磁迹、视频磁迹等，因此磁带的微小物理参数的变化，例如几何尺寸的变化都会引起时基误差和磁迹跟踪误差。②运输过程中要防止对节目磁带的强烈撞击和灰尘污染。③要防止运输过程中接近强电磁场，例如电磁铁之类的影响。

（4）磁带工作环境：①同样应具备存储条件的要求。但由于工作区的情况复杂，因此对于原版磁带应妥善保存，避免播出时的误消磁、机械损伤等恶性事故的发生。②工作区内严禁吸烟、饮食及盲目的清扫工作。所有与磁带接触的机械部分都必须定期清洗和擦拭，避免划伤、污损磁带，造成信号的大面积脱落。开盘式磁带的带头如有折皱，应及时剪去，带头粘贴物不应留在磁带带头上。③工作区地面应作无缝涂覆处理，如有条件，门内门外地面都应铺设消除静电地毯。④使用的清洁剂和清洁布片本身必须无油污，灰尘等污染。主要清洁主导轴和压带轮、磁带导柱、鼓磁头、音频磁头、消磁头以及张力杆等。并且对上述部件的机械公差应控制在 0.02 毫米之内，防止扭曲磁带形状。

△ 第四节　电子编辑

进行电视节目制作时，常常要把不同磁带上的素材内容，按一定的顺序汇集到一起。这种将镜头素材进行挑选、整理、组接和加工的工作叫做剪辑或编辑。早先，在录像机刚问世不久，录像带的剪辑也像电影胶片那样，是用剪刀和胶水剪接的，叫做物理剪辑。它的缺点是显而易见的，每次剪辑时，要将所需节目的磁带剪断，然后粘贴在一起，剪辑精度很低，而且磁带也不易再使用。不久，操作方便、性能优良的电子剪辑法完全取代了老式物理剪辑法，成为电视节目后期制作必不可少的一个主要环节。

电子剪辑也称为电子编辑，是利用录像机放像与录像的功能对记录的电视画面与音响信号进行有选择的转录。就像人们对一盘录音带中的某些歌曲感兴趣那样，可以利用双卡录音机或两台录音机进行选录，一段段地转录复制。区别仅仅在于电视画面的编辑在剪接位置的精确性和技术质量上要求更高而已。

随着电子技术和录像技术的发展，特别是大规模集成电路和数字电路的广泛应用，电子编辑技巧越来越丰富多彩。电子编辑具有编辑速度快、编辑精度高，画面和声音可以同时编辑或单独编辑，还可以对画面进行特殊效果处理和叠加字幕等。电子编辑既是电视节目的技术加工过程，又是电视节目的艺术再创作过程。

187

一、具有电子编辑功能的录像机

目前各种技术级别、各种规格和各种型号的录像机很多。录像机都具备放像与录像功能，任何两台录像机搬到一起都可以进行视频与音频信号的转录复制，但不能由此认为：任何两台录像机凑到一起都可以组成一套电子编辑系统。

为了保证在屏幕上的图像持续不断和没有闪跳扭曲，要求视频信号在任何时候均能保持其连续性和基准频率（行、场频）的精确性。电子编辑的起码技术要求也是如此。这个起码要求，普通录像机是达不到的。因此，可以组成编辑系统的录像机与普通录像机相比，应具备下述几项条件：

1. 录像机必须具有同步锁相功能

在进行电子编辑时，编辑录像机要由重放方式转为记录方式，为保证原磁带上的各种信号磁迹与新编入节目的磁迹准确衔接，就需要编辑录像机的重放信号与放像机送来要进行编辑记录的信号完全同步，即要求录像机上已录好的视频信号在频率和相位上严格一致。只有这样，才能保证视频信号的瞬间切换同时在放机与录机视频信号的场消隐信号期间，相当于电影片剪接在画幅分格线上，从而保证镜头切换平滑、不跳动。完成这种在编辑点处使重放信号与记录信号相位一致的功能就是同步锁相，如图 3-23 所示。

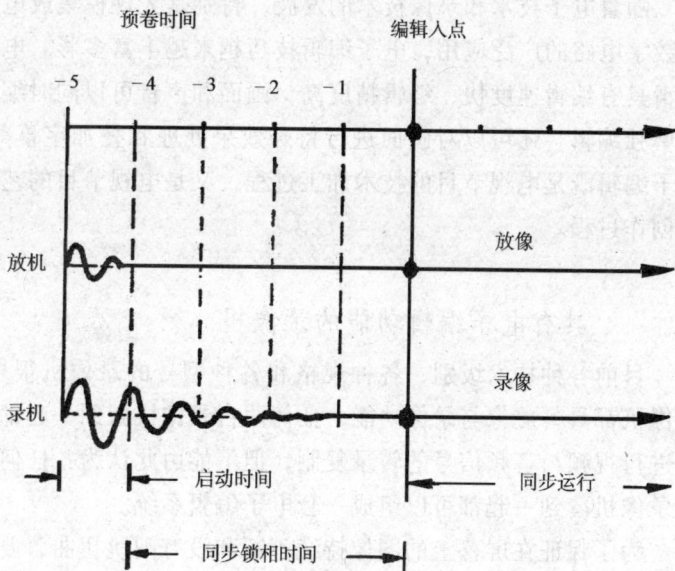

图 3-23 编辑过程中放机、录机动作示意图

2．录放机应当有预卷功能

考虑到录放机在编辑动作中有启动、同步锁相等必不可少的过程，而且这些过程又都需要一定时间，所以录像机在确定了放机、录机的编辑点位置之后，开始编辑之前，要进行"预卷"。所谓"预卷"就是在编辑开始时，录像机和放像机同时将磁带回卷到编辑入点之前的一个相同时间上，然后停止，接着再启动，两台录像机都以重放方式运行。这样，录像机根据放像机的重放信号进行调整，到达编辑位置时如果仍未调好相位两台机器就停止。如在编辑点处两台机器同相了，那么录机瞬间开始录像，保证了接头的技术质量。编辑功能的录像机具备预卷功能，是为锁像同步过程提供时间的，是一个不可缺少的环节。

3．录机必须具有旋转消磁头

一般的录像机在进入记录状态时，磁带要经过总消磁头将磁带上原来的内容消除。总消磁头的位置，如图 3-24 所示。总消磁头位于旋转磁鼓磁带入口处的前方，是固定的。当我们

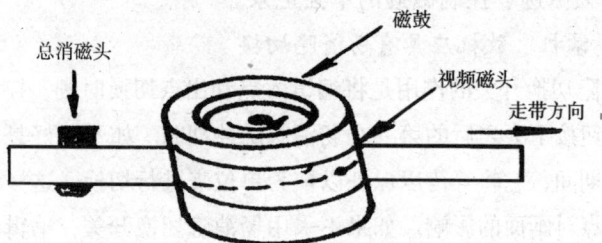

图 3-24　总消磁头位置

在已录有节目的磁带上进行编辑记录时，在编辑入点，总消磁头到视频磁头这段磁带上的图像磁迹没有通过总消磁头而存在着，同时又要录上新的信号，这样就产生了梯形状的重叠区。

重放时，这部分就会产生差拍干扰，大大降低图像质量。而在编辑出点，同样视频磁头到总消磁头这段磁带会已消磁而什么也没录上，产生梯形空白区，重放时无信号出现，如图 3-25 所示。

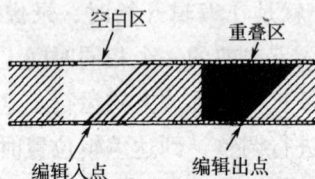

图 3-25　扫描磁迹

　　信号重叠和消失的问题是由于总消磁头与视频磁头之间存在一段距离且运动规律不一致而造成的。为了解决这个问题，采用了旋转消磁头方式。即在磁鼓上每个视频磁头的前方设置一旋转消磁头，以此来保证旋转消磁头和记录磁头都能扫描相同的视频磁迹，如图 3-26 所示。旋转消磁方式，只消视频磁迹，不影响控制磁迹信号及音频磁迹信号，可以实现视频磁迹、音频磁迹、控制磁迹的单独记录。

　　4．录机、放机应具有场消隐切换

　　消隐切换开关的作用是将编辑入点和出点切换时刻，控制在编辑按钮按下去之后的第一个场消隐脉冲期间。如不正好是场消隐脉冲期间，它将等待以保证以帧为单位来进行切换，这样看不到切换点对画面的影响。如果不采用场消隐切换开关，编辑起点和终点的切换点一旦落入画面期间，会造成切换点对重放画面的干扰，可以感觉到画面发生了跳动，使人感觉不舒服。

　　5．录机应具有声音组合磁头

　　在原来的声音记录重放磁头之前，设置一个专门的声音消磁头。它与声音记录重放磁头靠得很近，形成声音组合磁头，

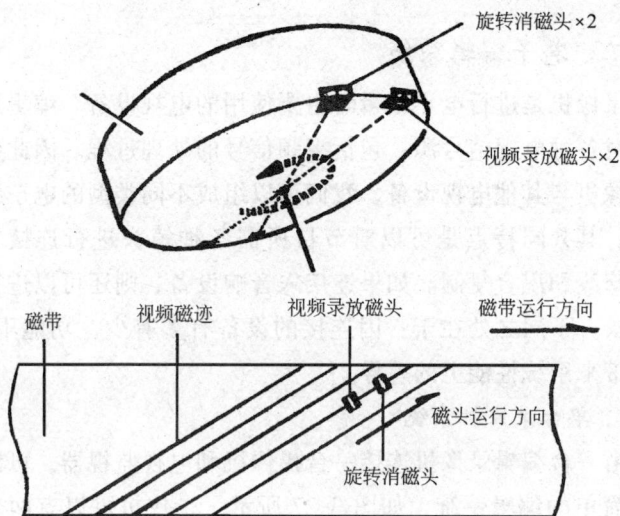

图 3-26　旋转消磁头位置

保证了音频信号在编辑中不出现信号重叠和消失现象。

6. 录放机应具有搜索功能

搜索功能是指查找镜头、确定编辑点的功能。在电子编辑过程中，最耗时、最费力的要数寻找镜头和确定编辑点了。尽管普通录像机通过一般放像也能查找所需画面，但效率极差。

搜索功能有两个方面的含义：第一，可以快速寻找镜头。在一盘 20 分钟的磁带素材中，要找到某一个数十秒长的镜头时，我们必须通过放像机的监视器屏幕来查找，查找必须快速和直观。第二，当需要精确确定镜头所需的起始画面与终止画面时，又要能够一帧帧的放像和倒像以便比较。现代录像机都设有一搜索圆盘，可顺时针、逆时针方向偏转，控制录像机正向和反向走带放像。偏转角度越大磁带速度越快，反之，越慢。当标记对准中间位置录像机处于放像暂停状态。

二、电子编辑系统

录像机是进行电子编辑时主要使用的电视设备。编辑过程又是对各种电视信号源，包括视频信号的处理过程。因此，利用录像机与其他电视设备，我们可以组成不同类型的电子编辑系统。其共同特点是可以对节目所需各种镜头进行连接、整理、修改和混合复制。如果连接入音响设备，则还可以进行音响混录。不同之处在于：因连接的设备有多有少，功能不同，因而带来系统性能上的差异。

1. 单台录像机系统

由一台编辑录像机连接一台摄像机和电视监视器，可以构成最简单的编辑系统，如图 3-27 所示。录像机可以有两个外

彩色摄像机　　　　　　　　　　　　　彩色监视器

话筒

录像机

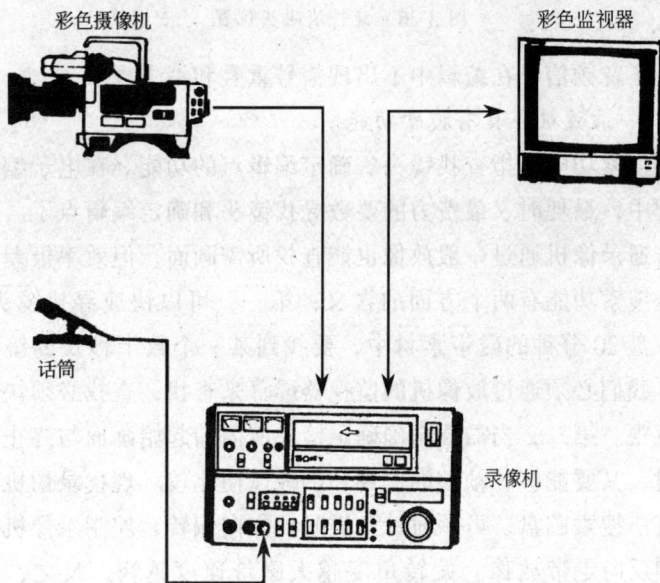

图 3-27　单台录像机系统

接信号源，一个来自摄像机，另一个来自监视器接收的电视广播节目。加上磁带中如果原来已录好的节目，那么编辑、修改工作可以在这三个信号源之间进行。

2．一对一编辑系统

本系统是最普遍最常用的一种简单编辑系统。由两台编辑录像机、两台监视器和一个编辑控制器构成，如图3-28所示。一台录像机作为放机，重放素材内容；另一台录像机作为录机，内放空白磁带，供作编辑母带用。一台监视器为素材内容的监看，另一台为编辑母带的监看。编辑控制器所具备的功能为控制两台录像机的全部操作功能，并进行逻辑编辑。这种编辑系统，由于操作容易，一般可以由编导人员操作，所体现的

193

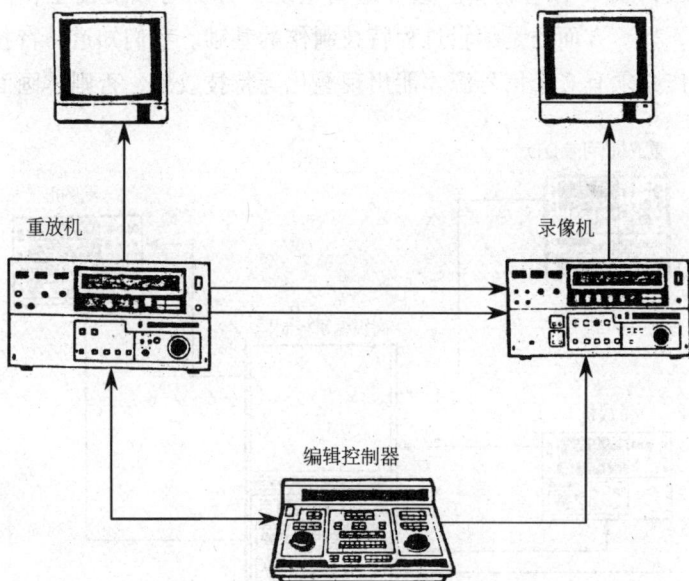

重放机　　　　录像机

编辑控制器

图3-28　一对一编辑系统

画面组接效果只能是直接切换，没有特殊效果。

3．二对一编辑系统

　　本系统是由两台放机与一台录机组成的电子编辑系统，如图 3-29 所示。它具有一对一编辑系统的全部功能，最大特点是可在一次编辑动作中编辑完成两个镜头，即可以进行两台放机间的轮换编辑。轮换编辑由于采用了两台放机，所以可以同时处理两盘素材，只要先后连接的两个镜头分别在上述两盘素材带上，就可以操纵编辑机一次编辑完成。二对一编辑系统是根据给出的编辑点数据自动搜索镜头，先编入一个镜头，接着编入另一个镜头，两个镜头的剪辑工作一气呵成。两台放机交替放像，录机连续录像，故称为轮换编辑。也有人称它为 A/B 带编辑或 A/B 卷编辑。这种编辑系统一方面可以提高工作效率，另一方面还是编辑过程特技制作的基础。我们知道，特技制作必须有 2 个信号源才能出现叠化等特技效果，否则，画面

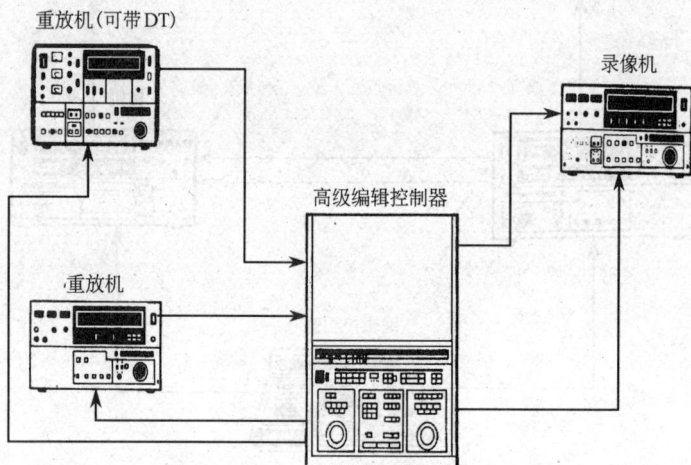

图 3-29　二对一编辑系统

的组接效果只能是直接切换，即镜头瞬间过渡的形式。

4．多机编辑系统

有两台以上放像机构成的编辑系统，称为多机编辑系统。它的自动编辑性能高，不仅能进行画面的编辑，同时还可以进行声音的编辑。多机编辑系统通常由带计算机功能的编辑控制器控制，常用的有 3 对 1，4 对 2 编辑系统。特点是通过计算机程序的设置，可操纵多台录像机，自动寻找编辑的入、出点，自动预卷与编辑，还可实施特技画面的制作及声音的编辑，是一种全自动程序控制的编辑系统。

这种具有特技效果处理、配音和计算机预编程序等功能的多机编辑系统，由于操作复杂，一般需有专职的操作人员，且他们应既有熟练的操作技能，又有一定的艺术修养。

编辑系统的性能能否被充分发挥，主要取决于操作人员的素质，无论对技术工作人员，还是艺术工作人员都是一样。所以，现代电视节目的制作，需要有一批既能熟练操作设备，又懂电视艺术的复合型人才。

195

△ 第五节　电子编辑方式

电子编辑方式有多种分类法，对于大型节目、小型节目，图像或音响的处理上可以有不同的做法。电子编辑方式的设计和定型正是考虑到了制作电视节目的多种需要，在保证制作效率的情况下设定的。目前，针对不同的编辑工作流程电子编辑方式有下列五种说法。

一、CTL（控制磁迹）编辑与 TC（时间码）编辑

任何一台录像机都有一个数码显示窗，显示00：00：00：00。

录像机无论是处于一般的工作状态，还是处于电子编辑状态，你都可以通过数码的增加或减少来判断录像机中磁带的走向，并可以利用数码来计算节目的整体或片断的时间，利用数码来查找或确定每次编辑所需的位置。可见数码显示是与磁带运行同步变化的。因此，数码显示窗显示的数码实际上就是镜头的地址码，它可以准确指出镜头画面的准确位置。目前，普遍使用的有两种地址码，即 CTL 计数系统和时间码系统。

1. CTL 编辑

CTL 即控制磁迹信号（control 的缩写），是帧频方波脉冲，它与视频信号一起记录在磁带上方。磁带运行时，录像机内的 CTL 脉冲数码显示电路直接计算录像磁带上控制磁迹的脉冲个数并显示出来。正向运行时数字增加，反相运行时数字减少。每满 25 个脉冲进 1 秒，满 60 秒进 1 分……，最终以时、分、秒、帧的形式显示出来。因此，这个以时、分、秒、帧来显示的数码既是磁带的经过时间、又是镜头画面的地址码。利用这个地址码来搜索编辑点，确定编辑位置，进行电子编辑的过程叫做 CTL（控制磁迹）编辑。

值得注意的是，CTL 计数是从磁带进入录像机的那一位置和时刻开始计算的。如果磁带倒退，计数器前出现一负号，反向计算，如果磁带向前运行，计数器为正值。CTL 计数在录像机上是可以在任何位置与任何时候清零的，当磁带上没有 CTL 信号时，数码显示器上数字不变。

利用 CTL 编辑会产生误差。这是因为它是以记录着的 CTL 信号为计数信号的。当操作录像机高速走带时，磁头与磁带会接触不良，丢失 CTL 信号，磁粉的脱落也会造成计数误差，可以是 1 帧，两帧或若干帧。自然由此而进行的电子编辑也就存在着编辑精度误差。且误差会越积累越大，无法保证在磁带的同一点进行准确的记录。因此 CTL 信号不能用作脱机编辑数据使用。虽然用 CTL 信号来控制录像机进行编辑的编辑精度较差，但因这种方法简单易行，所以有时仍在业务级编辑系统中使用。

2. 时间码编辑

为了获得电子编辑工作更高的自动化和提高电子编辑工作的精确程度，人们设想在视频磁带上记录一个特殊的时序数字码信号，这个时序数字码同记录在录像磁带上的每条磁迹都是一一对应的，并以一定顺序编码组成数字信号记录在磁带上，称之为时间码。也就是说，时间码对视频信号中的每帧画面都进行了专门的地址标定，且也是用时、分、秒、帧的形式在录像机的数码显示器上显示出来的。但它与 CTL 信号不同，时码是一种绝对地址码，计数器的清零钮对它不起作用，只有录制时，才能改变时间码。

197

目前，普遍采用两种时码：一种是 SMPTE/EBU 码，是由美国电影电视工程师协会与欧洲广播协会统一标准的编码形式。在录像机内设单独时码磁头，在磁带上有单独时码磁迹，称为 LTC 码。另一种时码是 SONY 等公司研制并推广使用的，叫做帧间时码（VITC）。它是巧妙利用视频信号频带，在视频信号的帧同步消隐信号期间，插入并记录时码的技术方式。帧间时码可以不用单独设置时码磁头或时码磁迹，只需按装一个在视频信号中分离帧间时码电路就可以了。和 CTL 信号一样，LTC 码也是用固定磁头记录的，因此也会出现录像带在微速运动或静像状态时时间码磁头不能正常拾取信号，造成无法读出时间码。这将给录像机准确寻找编辑点带来困难，也无法精确编辑。VITC 是插入在视频信号中的，用视频磁头记录，因此即便是静像也能随视频信号一起被读取。但是

VITC 码也存在弱点，由于 VITC 是记录在视频磁迹上的，当录像机处于快速重放和快速搜索状态时，视频磁头无法跟踪每一条视频磁迹，这样就会造成 VITC 码的读取困难。因此在实际录像机的应用中，LTC 码和 VITC 码是结合使用的。一般是将两种信号同时记录在磁带上，当录像带运行速度降至某一门限速度之下时，时码读出器自动选择 VITC 码读出；当带速高出某一门限时，则改换到 LTC 码的读出。

值得注意的是，在磁带上录制时码必须同素材同时记录。也就是说，或者在拍摄的时候与视频、音频信号同时录时码，或者是将原素材重新复制时同时录入时码。记录时，你需要一个时码发生器，显示时需要一个时码读出器。

时码发生器具有产生标准时码的功能，与录像机配合可记录时间码。常用的时间码发生器能同时产生 LTC 码和 VITC 码，可以进行时间码的预置和外来时码从属锁定，具有 8 位数字显示功能。

新型的录像机中，都具有时码发生和读出器插件，直接可以录制时间码。

二、直接编辑与间接编辑

1. 直接编辑

直接编辑就是将一台或若干台录像机上的素材内容直接编录到录像机的工作母带上的编辑方法，如图 3-30 所示。

我们在编辑节目过程中，为了检查画面质量，或为寻找一个准确的编辑点或对编辑点进行修改时，常常将素材磁带反复搜索、重放。一般供播出的节目素材是在价格昂贵的高质量设备上录制，反复寻找画面，不仅占用设备时间长，机器磨损大，而且会使素材带的质量下降。这种在原版素材上和高质量

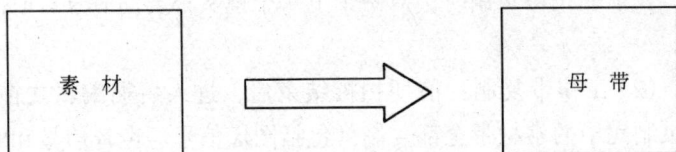

图 3-30　直接编辑

录像机上的费时费工，无论是对素材的保护，还是对设备的磨损等方面，都是极不明智又不节省的。特别是大型节目的制作，工作时间长，效率低，且容易出现编辑点错误，会降低图像和声音的质量。因此，直接编辑方式只适用节目构成简单，素材带盘数和镜头较少，编辑内容不太复杂的情况。对于复杂节目的制作，则需要采用间接编辑方式。

2. 间接编辑

间接编辑就是利用记录在素材带上的时间码，将原始素材带转录到工作带上（即低档录像机的磁带上），编导人员在低档录像系统中进行画面的选择、寻找编辑点，然后再用高档机进行编辑的方法，如图 3-31 所示。

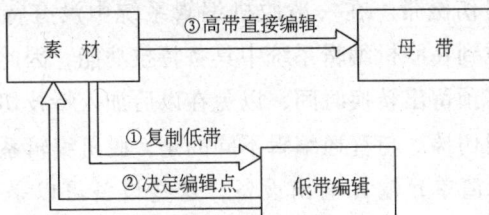

图 3-31　间接编辑

用时间码进行后期间接编辑，它的整个过程有四个主要环节：

（1）素材记录：要进行间接编辑，其素材带一定要录有时码，在前期拍摄录制时，对磁带上每个镜头都要同时录有时间码。

（2）工作带复制：前期拍摄结束后，进入后期编辑之前，将录制完毕的素材带全部复制（包括图像信号、声音信号和时码信号）一版，制成工作带，工作带一般采用低档的 3/4 英寸磁带或 1/2 英寸家用录像带。在工作带复制过程中，为了保证时码能被正确完整连续记录，在复制系统中可加入使用时码发生器，并使之从属锁定在素材带的时码上，复制出的工作带中的时间码将与原素材带中的时码一致。在录制一些简单的素材带时，也可采用直接复制工作带的方法，以简化工作带的复制过程。

（3）脱机编辑：在工作带复制完毕后，应将素材带妥善保存，用工作带在脱机编辑系统中进行电子编辑。脱机编辑系统通常采用 U-matic 型录像机或家用 1/2 英寸录像机，因而有充足的时间，反复多次试编，直至做出符合要求的脱机编辑母带。脱机编辑的目的是决定编辑点，不存在影响图像和声音质量的问题，可以一次又一次地对工作带进行粗编，不用担心反复编辑会损伤磁带。在一般脱机编辑系统中没有特技转换功能，但考虑到在联机编辑系统中具备特技功能，因此在决定编辑点时，需预留出转换时间，以免在以后加入特技切换时，将有用的画面切掉。与普通编辑不同的是，脱机编辑系统连接有 EDL（编辑清单）输入输出设备，这些设备可以是电传打字机、纸带穿孔机和纸带读出器或者是磁盘驱动器等。这样在脱机编辑结束后，就可将编成带进行时间码读出，并通过上述设备把编成带上的全部编辑点数据以纸带或磁盘的形式转换成编辑清单（EDL），同时也可打印出来，供编辑人员参考检查。

（4）联机编辑：将脱机编辑的穿孔纸带用纸带读入器输入

到联机编辑系统中，然后调出需要修改的编辑点，按照编导的意图进行修改。如果有特技转换需要，可对 EDL 进行重新修正。最后经检查无误，取出保存的原始素材带，与编辑用空白带一起装入联机编辑系统中，设定连续编辑状态，启动编辑系统。由于联机编辑系统通常由多台录放像机组成，在编辑控制器的作用下，会自动连续地一个编辑点一个编辑点地编辑下去，直至节目带完成后自动停机。

利用时码的间接编辑是电视节目后期编辑的一种先进编辑方法，被广泛应用于电视节目制作中，这种工艺方法有以下优点：

　　◎　占用高档录像机时间少，设备损耗也相应减少，有利于提高高级录像编辑系统的工作效率，降低节目制作成本。

　　◎　它不仅由于采用了高级编辑系统使节目有更丰富的表现力，也由于减少了由素材带到节目带在编辑过程中的复制次数，保证了节目的高质量。

　　◎　由于脱机编辑操作简单，编导人员可亲自操作，可以有充分的时间进行创作构思，有利于编导人员的艺术再创造。

直接编辑与间接编辑流程，如图 3-32 所示。

三、组合编辑与插入编辑

无论是直接编辑还是间接编辑，也不管是 CTL 编辑还是 TC 编辑，在编辑机上进行工作时，对信号的记录都离不开两种基本的录制方式：组合方式和插入方式，所以组合编辑与插入编辑是电子编辑的两种基本工作方式。

1. 组合编辑

组合编辑也有人称为汇合编辑和串联编辑，它是将节目素材磁带上的画面及其声音，按照事先编排好的顺序，一个接一

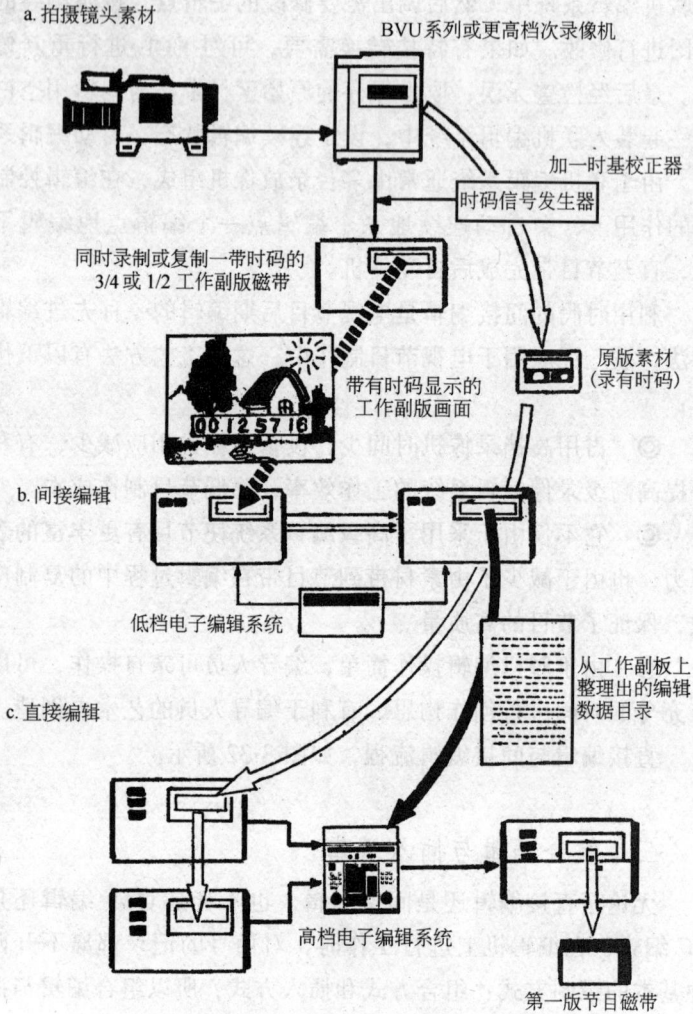

a. 拍摄镜头素材

BVU 系列或更高档次录像机

加一时基校正器

时码信号发生器

同时录制或复制一带时码的
3/4 或 1/2 工作副版磁带

原版素材
(录有时码)

带有时码显示的
工作副版画面

00 12 57 16

b. 间接编辑

低档电子编辑系统

从工作副板上
整理出的编辑
数据目录

c. 直接编辑

高档电子编辑系统

第一版节目磁带

图 3-32　间接与直接编辑过程示意图

个地记录在母带上，串编成为一个完整的录像节目带的编辑方
法。

在组合编辑时，素材带上的视频信号、音频信号和控制信号都同时被记录在新编节目带上，它们全都是重新记录的。在编辑入点处，同时馈送消磁电流给总消磁头和旋转消磁头。此刻包在磁鼓上的那部分磁带被旋转消磁头逐场消磁，同时由视频磁头记录上新的视频磁迹，待经过全消磁头消磁的磁带到达磁鼓入口处，将旋转消磁头的消磁激励信号切断，只用全消磁头消磁，机器进入一般记录状态，直至组合编辑结束。所以说，在组合编辑时，仅在编辑入点开始大约 5 秒之内使用旋转消磁头，而总消磁头将一直工作到组合编辑结束。在停止编辑时，在视频磁迹上会留下被总消磁头消磁的梯形状空白部分，所以，记录有完整节目带的中间用组合编辑插入新画面时，在出点后画面会出现丢信号现象，因此，要特别引起注意。

CTL 信号和音频信号是用固定磁头记录的，它们各自的消磁头与录放磁头都有一定的距离。在组合编辑方式下，要控制它们各自的消磁头在编辑起点之前就开始工作，提前的时间应相当于磁带从磁头运行到录放磁头的时间，以避免 CTL 信号和音频信号的重叠记录。

图 3-33 给出了组合编辑时的磁迹图。

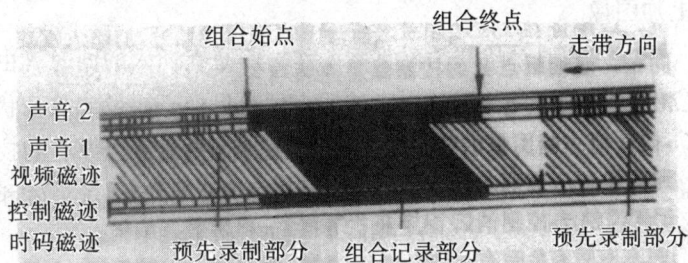

图 3-33　组合编辑时的磁迹图

　　组合编辑法，通常只需编辑入点，一旦确定好入点就可开始编辑，等记录完所需要的部分后，选择合适的位置停止编辑。然后将母带倒回到需要部分的尾端，即不需要部分的开头处，再把它定为接下去编辑的入点，编辑下一个画面。

　　这种不断消去不需要的部分，一个接一个地进行编辑的方法是使用最多的方法，是图像和声音同时编辑的方法。因为控制磁迹信号也同时记录，较为方便，但是如果从一个新磁带的起始点或在磁带空白段之后进行组合编辑时，必须在编辑入点前录制一段至少 10 秒钟的 CTL 控制信号。在实际使用中，一般是用直接录制的方法在空白带的开头复制一段蓝底或彩条来代替录制控制信号。

　　2．插入编辑

　　插入编辑是在原有节目磁带或初步完成组合编辑的节目磁带上任意改换新内容的编辑方式。任意改换新内容，是指可以同时、也可以分别改换图像和两个声道上记录的音频信号。因此，插入编辑可分为：声画插入即在已有完整节目的磁带中插入新图像和声音，以代替原来的信号；声音插入即在已录有图像的磁带上加音乐或解说词等；画面插入即在已录有声音的磁带上加图像。

　　插入方式时录机总消磁头不工作，而是在插入的同时，由相应的旋消磁头进行消磁，未被插入的项目处于放像或放音状态。插入编辑时，不记录新的控制磁迹，是用磁带上原有的控制磁迹控制录像机的主导伺服，从而使视频磁迹的逐条消磁和重新记录位置不变，在退出编辑状态时图像不会混乱。

　　音频消磁头与录放磁头的工作时序与组合方式一样。但在退出编辑状态时，声音消磁头以编辑开始时相同的时间差提前结束工作，以避免在编辑出点处出现声音的空白区。

图 3-34 给出了插入编辑时的磁迹图。

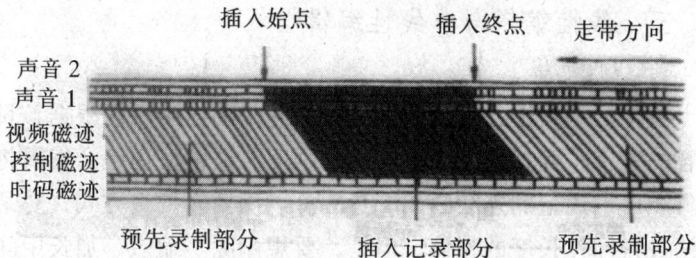

图 3-34 插入编辑时的磁迹图

插入编辑的次数多少不会改变原有节目的长度，多半是用于对组合编辑的磁带进行部分修改与后期配音。插入编辑时的特点是要指定编辑的入点和出点，而组合编辑只需要编辑入点就可以了。要注意的一点是，插入编辑的前题是在原有节目带上或完成组合编辑之后的磁带上，也就是说必须是在已经录好了连续稳定的控制磁迹的磁带上，才能进行插入编辑。如果磁带局部没有控制磁迹，插入编辑无法进行，如果局部控制磁迹基准紊乱，那么再好的视频信号插入节目中也会不稳定。所以，插入编辑不能像组合编辑那样在空白磁带上进行，必须在记录有控制磁迹的磁带上才能进行。如果要使用全新磁带，则事先要把控制信号录好。

四、脱机编辑与联机编辑

脱机编辑是一种预编工作，与一般电子编辑方法相同，操作简单，编导人员完全可以熟练掌握，将所需镜头的时码记下来，形成编辑清单。联机编辑是一个编辑母带的过程，利用脱机编辑得到的编辑清单，可很快地找到要编辑的镜头并编辑。脱机编辑与联机编辑是不可分的，具体应用上面已介绍过了。

五、线性编辑与非线性编辑

1. 线性编辑

磁带的编辑方式称为线性编辑。它是用电子手段根据节目内容的要求将素材连接成新的连续画面。通常使用组合编辑将素材顺序编成新的连续画面，然后可以用插入编辑方式，对某一段进行同样长度的替换。但是，要想删除、缩短、加长中间的某一段就不可能了，除非将那一段以后的画面全部抹去重录。就像打字机打的稿子中间是不能像计算机打字那样进行插入修改一样。

基于磁带的线性编辑是电视节目的传统编辑。它的特点如下：

（1）系统的信号全部为模拟信号，进行编辑及多代复制时，特别是在一个复杂系统中进行时，信号传输和编辑造成的损失较明显。

（2）系统设备较多，安装调试较为繁杂。各种设备起着特定的作用需用大量的电缆（视频、音频线等）连接起来，常常会出现不匹配现象，而且各种设备的性能指标也不一致，当它们连接在一起时，会对视频信号造成较大衰减，特别是一些低档的字幕机和特技机，信号严重劣化。

（3）素材搜索、录制都要按时间顺序进行。所以在节目录制过程中就要反复地前卷、后卷寻找素材，不但浪费时间，且对磁头、磁带也造成相应的磨损。编辑工作只能按顺序进行，先编前一段，再编下一段，这样如果要在原来编好的节目中插入、修改删除素材，就要严格地受到预留时间、长度的限制，无形中给节目创作增加了许多麻烦。如果没有很长的工作时间，难以创作出艺术性很强、加工精美的电视节目来。

2．非线性编辑

直接从硬盘中以帧或文件的方式迅速、准确地存取素材，进行编辑称为非线性编辑。编辑时，素材的长短和顺序可以不按制作的先后和长短进行，对素材可以随意地改变顺序、缩短或加长其中的某一段。

在计算机硬盘上进行的非线性编辑，是以计算机为平台的专用设备。在电视节目制作过程中，可以实现多种传统设备的功能（数字录像机＋编辑控制器＋切换台＋特技台＋字幕机＋调音台等）。一般来讲非线性编辑系统的节目制作包括以下几个过程。

（1）素材的采集和管理：由于非线性编辑系统目前采用的是磁带－硬盘－磁带的方式，要制作电视节目，第一步是要把记录在磁带上的素材采集到硬盘上。在输入素材时，应根据不同系统的特点和不同编辑的要求决定使用的接口方式和压缩比，以及对输入视频信号、视频亮度、对比度、色度、饱和度及音频信号的调节。利用 TC 时码记录素材带中需采集画面的入点、出点，将所有需采集画面的入点、出点信息一次记录完毕。系统提供素材管理功能，可将被删除的素材的采集点信息保留，第二次采集时调用此参数，就可采集到与被删除素材完全相同的素材。

一般而言，在素材采集时应注意的事项有以下几点：

◎　对素材有所筛选以节省硬盘空间。应留有硬盘存储量的 5％左右的余量，以免影响节目制作速度。

◎　应尽量使用数字接口，以提高传输速率，例如使用 QSDE 接口、CSDI 接口、SDI 接口和 DV 接口。

◎　输入素材时，可通过内部的矢量仪器和波形示波器监看，以便最后按电视信号播出标准对信号进行调整。

◘ 对同一种压缩方法而言，压缩比越小，图像质量越高，相应所占存储空间越大。根据素材不同用途，录制素材时，可以采用不同压缩比。

◘ 在录入素材时，可用分镜头作为素材段，以便编辑时易于查找，抓取。

（2）节目制作：非线性编辑的特点集中体现在以下编辑环节中。①素材浏览：在查看存储在磁盘上的素材时，非线性编辑系统可以随意抓取所需的素材段，可以用正常速度播放，也可以快速重放，播放速度也可以无级调节。或反向播放。②编辑点定位：在确定编辑点时，非线性编辑系统可以实时定位，既可以手动操作进行粗略定位，也可以使用时码精确定位的编辑点。编辑时可通过编辑监视器上的时间线显示出当前的编辑状态，使编辑制作既快捷，又直观。③素材长度调整：在调整素材长度时，非线性编辑系统可通过时码编辑实现精确到帧的编辑。通过改变速率或长度这两种方式定义快、慢动作、素材追加编辑等功能实现节目的快速编辑，也可以在时间线上直接拖拉调整入出点和长度。④素材的组接：非线性编辑系统中各段素材的相应位置可以随意调整。在编辑过程中，若只使用一段较长素材中的片段，可只保留有用部分，而将无用部分删除，多个素材可合并为一个新素材，也可实现插入和组合编辑。如果节目是由几个部分组成的，譬如一个既有采访，又有其他资料的节目，可以不必等到素材全部到位，就可以对其任何一部分进行编辑，建立成"子目录"，然后再把后到位的素材编到另一个子目录中，最后按前后顺序编排调整，再加上相应的特技效果，调音、混音、叠加字幕，这样，高质量的节目就一次性的合成完了。⑤素材的复制和重复使用：非线性编辑系统中使用的素材以及数字格式存储，在编辑过程中，一般没有必要复制素材，因为同一段素材可以在一个节目中反复使用，而且无论使用多少次，都不会增加占用的有效空间，也不会影响图像质量。⑥软切换：在剪辑多机拍摄的素材或同一场景多次拍摄的素材时，在非线性编辑系统中采用软切换的方法，模拟切换台的功能。首先保证多轨视频精确同步，然后选择其中的一路画面输出，切点可根据节目要求任意设定。⑦联机编辑和脱机编辑：在非线性编辑系统中，节目制作者在编辑过程中，不断选择各种有用的场景片断，而这些片段都有一个地址，这就要求这些地址存储在一个表中，如果需要的话，可以直接返回到以前选择的某一个过程。这种存储场景选择信息的表称为编辑决定表 EDL。利用 EDL 指导硬盘的迅速跳转，在重放过程中选取 EDL 中所规定的视频和音频片段，在软件的调整执行过程中，重放无间隙，编辑点处无停顿或无闪烁，视频、音频图形均可随机选取。这种草稿的编辑过程，称为脱机编辑，若以无压缩比，将存有 EDL 的软盘插入编辑控制器内，控制广播收录机按照 EDL 进行广播级成品带的编辑过程，称为联机编辑。目前，非线性编辑采用在线编辑，就是使用非线性编辑系统支持时码信号采集和 EDL 输出采用脱机方式处理大素材量的节目。非线性编辑系统中有三种编辑的方法：第一种是先以较低的分辨率和较高的压缩比录制尽可能多的原始素材，使用这些素材编好节目后，将 EDL 表输出，在高档磁带编辑系统中进行合成；第二种方法是根据草稿得到的 EDL 表，重新以全分辨率和小压缩比对节目中实际使用的素材进行数字化，然后让系统自动制成片；第三种方法是在输入素材的阶段先以最高质量进行录制，然后在系统内部以低分辨率和高压缩比复制所有素材，复制的素材占用存储空间较小，处理速度较快，在此基础上进行编辑可以统筹特技的处理时间，草稿

209

完成后，用高质量的素材替换对应的低质量素材，然后再对节目进行合成。⑧特技：在非线性编辑系统中制作特技时一般可以在调整特技参数的同时观察特技对画面的影响。在监看图像合成效果时，可通过选择，监看不同的视频层画面，若改变某一层画面内容或特技效果，会因数据变化，变动的视频之上的所有视频层都要重新运算生成。因此在制作画面层次较多，并包含特技效果的节目时，应先按创意设计好每个镜头及应处的层次，尽量避免画面层次和内容的改动，以减少特技效果的生成次数，提高工作效率；可将设计好的特技效果保存在硬盘中，使用时可将特技效果直接提取出来加到需要的节目画面上。⑨字幕：字幕与视频画面的合成方式有软件和硬件两种。软件字幕采用特技抠像的方法处理，生成时间长，但它与视频编辑环境的集成性好，便于升级和扩展字库。硬件字幕实现速度快，能够实时查看字幕与画面的叠加效果。⑩声音的编辑：大多数基于 PC 的非线性编辑系统能直接从 CD 唱盘、MIDI 文件中录制波形声音文件，波形声音文件可以非常直观地在屏幕上显示音量的变化，使用编辑软件进行多机声音的合成，一般也不受总音轨数量的限制。⑪动画制作与合成：非线性编辑系统不但可以实时录制动画，还能通过抠像实现动画与实拍画面的合成，更加丰富了节目制作的手段。

（3）节目录制：非线性编辑系统可以用三种方法输出制作完成的节目。①录制到录像带上：在联机输出时，要求对连接非线性编辑系统的录像机和信号接口同输入时有相同的标准。②输出 EDL 表：在对画面质量要求高的场合，可以在非线性编辑系统上进行草编，输出 EDL 表至编辑台进行精编。③直接用硬盘播出：这种输出方法可以减少中间环节，降低信号的损失。但必须保证系统的稳定性，同时对系统的锁相功能也有

210

较高的要求。随着数字视频和多媒体技术的发展，非线性编辑节目制作将向无磁带素材上载的全数字化过渡，最后将实现网络化协同工作。

△ 第六节 录像机的编辑操作

本节以 Batacam-SP 编辑录像机为例，简单介绍以 BVW-75P 作为编辑录像机的两台机器之间的对编操作。

一、设备的连接

图 3-35 所示为录像机视、音频及控制电缆的连接图。录像机的输入信号可以来自模拟复合录像机，也可以来自同类分量录像机。分别用规定的电缆连接录像机和放像机的视频信号、音频信号和控制信号端口，并用规定的电缆将监视信号送到监视器。

录像机可以采用三种不同的视频信号输入方式，即复合视频信号输入方式（前面板视频输入选择开关打到 COMPOSITE）、Y/CTDM 输入方式（前面板视频输入选择打到 CTDM，后面板 COMPONENT（分量）1/2 选择开关打到 COMPONENT1，用 12 芯电缆连接）和 $Y/R-Y/B-Y$ 输入方式（前面板视频选择开关打到 $Y/R-Y/B-Y$；后面板 COMPONENT1/2 选择开关打到 COMPONENT1，用 12 芯电缆连接。或打到 COMPONENT2，用三根 BNC 电缆连接）。每种不同的输入方式所对应的从放像机到录像机的信号通路是不同的，编辑出的图像质量也不同。因此，根据需要选择适当的视频信号连接方式，对充分发挥分量录像机的优越性能是很重要的。

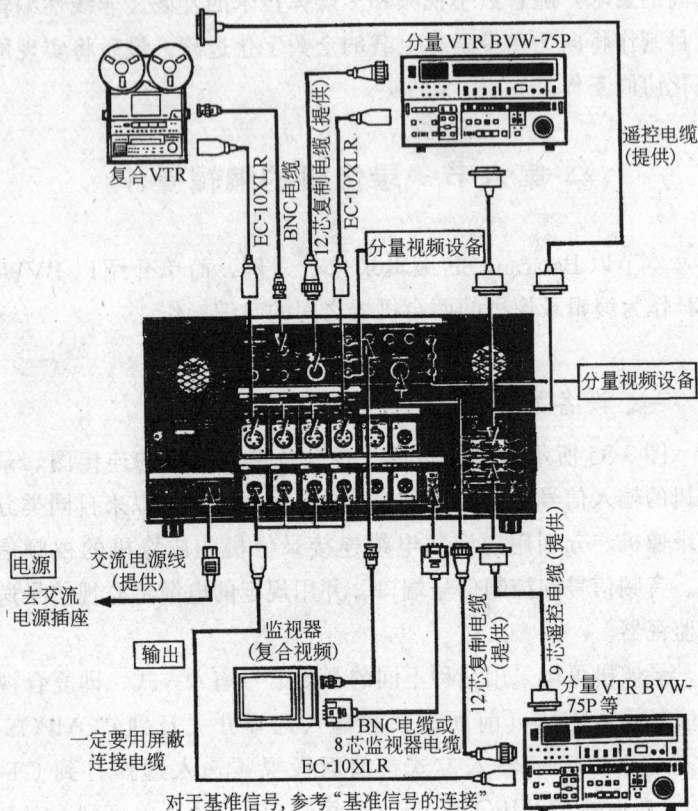

图 3-35　输入与输出信号连接图

　　在进行编辑时，基准信号的连接也非常重要。如图 3-36 示出了 BVW-75P 与几种不同设备连接时的基准信号连接方法。

　　如果系统中有比 BVW-75P 录像机 TBC 电路中的基准信号发生器精度更高的同步信号发生器时，录像机则用系统中同步信号发生器的信号作为基准信号，从录像机的基准视频输入

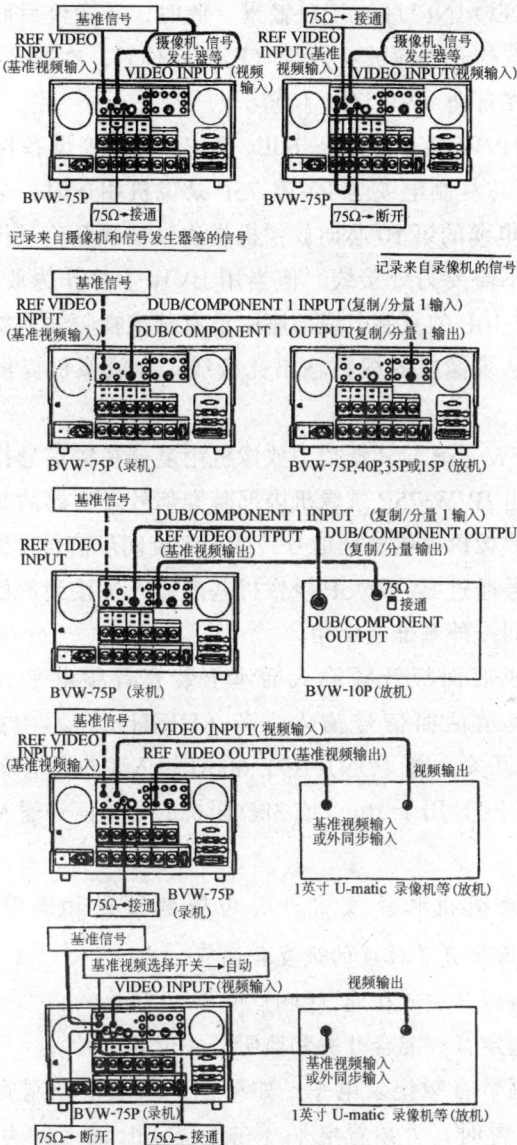

图 3-36 基准信号的连接方法

（REF VIDEO INPUT）接口输入。此时，录像机后面板上的基准视频选择开关应放在外部（EXT）位置，在其他情况下，此开关放在自动（AUTO）位置。

当将 BVW-75P、65P、60P、35P、15P 等设备作为放像机，用 12 芯复制电缆与 BVW-75P 录像机相连时，录像机用 12 芯复制电缆的第 10 芯向放像机送出基准视频信号供放像机锁相用，不需要另外接线。但当用 BVW-10P 作为放像机时，由于 BVW-10P 的复制电缆插座中没有基准视频输入接口，故需要另外从录像机的视频输出孔接线，为放像机提供基准信号。

当 BVW-75P 与其他类型放像机用复合视频信号接线连接时，可以由 BVW-75P 录像机内部基准信号发生器的基准视频输出口为放像机提供基准信号，或用系统同步信号发生器产生的基准信号通过 BVW-75P 录像机基准输入桥接到放像机，使录放机在同一外基准上锁相。

录像机后面板音频输入插座上装有音频电平开关，低（LOW）表示话筒信号输入；高（HIGH）表示线路输入。600Ω 终端开关，通（ON）用于 600Ω 输入阻抗的音频输入信号，断（OFF）用于 10kΩ 或 3kΩ 阻抗的音频信号输入。

二、录像机和放像机开关位置的设置和调节

1. 录像机开关位置的设置和调节

（1）电源开关放在通（ON）位置。

（2）选定音频混合开关和监听开关位置。

（3）调节音频记录电平：如果把记录电平控制旋钮置于"推入"位置时，为预置电平（在正负 4dB 输入时为 0VU）；当将记录电平控制旋钮置于"拉出"位置时，可以进行手动调节。此时应把限幅开关置于断（OFF）的位置。调节音频电平，使其不超过 0VU 为妥。调好后，应把限幅开关放回通（ON）的位置。

（4）用输入视频选择开关选择视频输入信号。

（5）调节视频输入电平：当视频信号输入电平适当时，视频/射频表的指针应指在蓝色部分。当视频电平控制旋钮置于"推入"位置时，为预置电平；视频电平控制旋钮置于"拉出"位置时，可进行手动视频电平调节。但是，如果视频信号以 $Y/CTDM$ 或 $Y/R-Y/B-Y$ 方式输入，则不能进行手动调节。

（6）遥控/本地选择开关放在"本地"位置。

（7）CTL/TC/U-BIT 选择开关放在 CTL 或 TC 位置。

（8）如需要在记录过程中监视、监听即时重放的图像和声音（CH-1/2），接通即时重放（CONFI）开关。

2. 放像机开关位置的设置和调节

（1）电源开关放在（ON）位置。

（2）调节音频重放电平：音频重放电平控制旋钮置于"推入"位置时，音频输出电平为预置电平；置于"拉出"位置时，可手动调节音频电平值。

（3）调节重放磁迹跟踪控制：跟踪控制旋钮通常置于"固定"位置。如果重放图像出现杂波，确认 DT 选择开关放在断（OFF）位置，旋动跟踪控制旋钮，使视频/射频表指到最大射频电平。

（4）遥控/本地选择开关放在"遥控"位置。

（5）CTL/TC/U-BIT 选择开关放在 CTL 或 TC 位置。

三、使用 BVW-75P 录像机进行电子编辑

用 BVW-75P 录像机进行电子编辑，一般采用三种方式，

215

即基本自动编辑、高级自动编辑和手动编辑。下面分别作简单介绍：

1. 基本自动编辑

基本自动编辑一般包括：选择编辑方式、设置编辑点、编辑预演、检查修改编辑点、执行编辑和编辑审看等几个步骤。下面分步骤介绍。

（1）选择编辑方式：用录像机前面板上的编辑方式选择按键选择组合编辑方式或插入编辑方式。如选择插入编辑方式，还需要对插入的信号进行确认。

（2）编辑点的设置：BVW-75P 录像机具有插入编辑方式下的分离编辑功能，可以分别对音频信号和视频信号进行插入编辑，如果采用分离编辑方式，需要在录像机与放像机上分别对音频入点和视频入点、音频出点和视频出点进行设置。选定编辑方式以后，编辑入点键和编辑出点键开始闪烁，表示应进行编辑点设置。编辑点的设置步骤如下：①按下录像机、放像机选择键，选定对录像机或放像机的操作。②用搜索盘快速搜索（SHUTTLE）和摇帧（JOG）功能查找编辑点。③在需要的点上，同时按下编辑点记入键和闪烁的编辑入点键或编辑出点键，确定编辑点。按上述步骤分别在录像机和放像机上确定编辑点。BVW-75P 录像机具有自动计算编辑点的功能，对录像机和放像机上要设置的视频入、出点等 4 个编辑点，只要设置其中 3 个，第四个编辑点将由另外 3 个编辑点的数据自动确定，第四键停止闪烁。如进行分离编辑，录像机同样具有自动确定第四个声音编辑点的功能。

（3）编辑预演：编辑点设置好后，预演（PREVIEW）键开始闪烁，表示可以按下预演键开始画面预演。如果不满意，可以改变编辑点数据或重新输入编辑点数据，再次进行预演。

在预演期间，来自录像机和放像机的音频信号和视频信号可以在与录像机相连的监视器上监视，按下停止键即可停止预演。如果要使磁带回到预演开始处，可按下预卷（PREROLL）键。

（4）检查修改编辑点：如果编辑点的设置发生错误，例如编辑出点处的数据小于编辑入点处的数据，或者录像机与放像机编辑点之间的持续时间不一致时，录像机上的清除（DELETE）键将闪烁，表示不能进行预卷或开始执行编辑，需要对编辑点进行修改。此时如果需要检查确认编辑点数据，在选择录像机或放像机以后，按下视频入、出点和音频入点出点四键之一，在按键期间，录像机监视器上将显示两点之间的持续时间。经检查确认后，如需要修改编辑点，按如下步骤操作：选择录像机或放像机以后，同时按下清除（DELETE）键与要修改的编辑点对应的编辑点键，即可清除此编辑点处的数据。数据清除后，此编辑点键开始闪烁，表示被清除的编辑点需要重新设置。如果在按下与要修改的编辑点相应的编辑点键的同时，按下修改（trim）键（＋或－）。可对编辑点数据进行逐帧增加或减少的修改。

（5）执行编辑：编辑点正确设置之后，自动编辑（AUTO EDIT）键开始闪烁，表示可以执行自动编辑，按下自动编辑键，即开始执行自动编辑。在编辑过程中，可以通过与录像机相连的监视器监视来自放像机和录像机的音、视频信号。

（6）编辑审看：编辑完成后，按下审看键（REVIEW），可以在监视器上审看编好的画面。审看完后，磁带回到编辑出点处停止。

2．高级自动编辑

（1）DMC（动态运动控制）编辑

用于 DMC 编辑的放像机必须具有动态跟踪功能，其带速在正常带速的 -1 至 $+2$ 倍内可变。进行编辑之前，先将放像机的重放带速存储起来，编辑开始时可以重新产生这种速度。在进行 DMC 方式编辑时，录像机可以采用复合视频信号输入或者 $Y/R-Y/B-Y$ 分量视频信号输入，但不能使用 $Y/$CTDM 输入信号。DMC 编辑可按如下步骤进行：①编辑点的设置：选择组合或者插入编辑方式；按下 DMC 编辑键；选择录像机或者放像机，并设置编辑点。②放像机重放初速的设定：放像机的重放初速由搜索盘的位置确定。按下并且保持DMC 编辑键；选择搜索盘的快速搜索（SHUTTLE）状态，旋转搜索盘，设定所需重放速度。如选正常重放速度为初速度，按下重放键；完成初速设定后，放开 DMC 编辑键。③放像机重放速度的存储放像机的重放带速在预演期间被存储起来。按下预演（PREVIEW）键，磁带从预卷点开始运行；当存储器（MEMORY）灯开始闪烁时，磁带经过编辑入点，转动搜索盘，以其位置设定不同时刻的重放速度，当存储器灯从闪烁变为持续发光时，磁带经过编辑出点、存储完成、存储器最大容量为 120 秒；按下停止键（STOP）停止磁带运行。④执行 DMC 编辑：经过预演之后即可进行自动编辑。按下自动编辑键，在编辑期间，放像机的磁带以存储的速度运行。⑤编辑完成后，按下审看键，审看编辑完成的画面。

（2）快速编辑：设置好编辑方式以后，预演和编辑点设置可以同时进行，步骤如下：①选择录像机或者放像机之后，将录像机、放像机的磁带均停在需要的点上。②按下预演键。③在所需要的点上，同时按下编辑点记入键（ENTRY）和编辑出点键（OUT），以设置编辑出点。④如有必要，可以再次预演或者修改编辑点。⑤ 按下自动编辑键，开始执行自动编辑。

对于更快的编辑，可省去上述第②③④步，从步骤①直接到步骤⑤，按下自动编辑键进行自动编辑，这时磁带开始的位置即为编辑入点，要停止编辑时，同时按下编辑点记入键和编辑出点键即可。

（3）连续编辑：在完成一次自动编辑之后，在放像机上确定编辑入点和编辑出点之后，如按下预演键，则开始预演；如按下自动编辑键，则开始执行自动编辑。在这个操作中，录像机的上一个编辑的编辑出点自动作为下一次编辑的编辑入点。需要停止编辑时同时按下编辑点记入键和编辑出点键，即可停止编辑。

3．手动编辑

（1）选择组合或插入编辑方式。

（2）按下重放键（PLAY）

（3）在所要求的点上同时按下编辑键（EDIT）和重放键。

（4）按下重放键停止编辑，然后按下停止键停止磁带运行。

注意：不要在停止状态开始编辑，也不要用停止键编辑。否则图像在编辑点处会出现失真或跳动。在开始编辑前，先使录像机在重放状态运行 2 秒钟。

四、电子编辑工作程序

熟悉电子编辑系统的各种功能，掌握电子编辑机的操作方法，对于一个节目编辑来说是十分必要的。此外，电视节目本身是一个多种因素的结合体，它又是通过一道道"工序"后的物质产品，任何一道"工序"出现疏忽，都会给节目的制作、节目的质量带来影响，所以编辑工作也有一个效率问题。保证编辑工作高效率（优质快速）进行的关键即是一个正确的编辑程序，或者说是一个最佳的工作步骤。

1. 准备工作

编辑之前有几件事情应当明确。首先应确定整个节目是否需要间接编辑。质量要求高的节目，或用一英寸带机录制的节目编辑时可以考虑间接编辑。准备工作就需要复制一套带时码的低档磁带，然后将素材带存放妥当。一般性电视节目，或条件不具备的可不必选择上述方法。其次是对空白带（指即将把节目编在其上的磁带）进行先期处理给整个磁带上录制一连续性的电视黑场信号。这一做法的目的是给节目带上录制一连续、稳定的 CTL 信号。一旦磁带上录下了连续稳定的 CTL 信号后，编辑工作就可以插入编辑方式进行，预看功能可以起作用，而且万一某一接头发生晃动，我们还可以修改补救。当然，如果能够保证不会发生接头不稳的现象，这项工作也可以免掉。再就是各种所需设备、器材的准备和调节，保证视频、音频信号的高质量转录。

放机的调整：视频图像的重放，监视器画面上如果出现带有杂波干扰条纹，可以调节放机面板上磁迹跟踪控制旋钮（TRACKING）使 VIDEO/RF（视频/射频）表上的指针指在最大的 RF（射频）电平上。

录像机的调整：输入选择开关（INPUT SELECT）放在适当的位置上（复合信号、分量信号、分离信号）。试录一段画面与声音，分别调整视频和音频电平。视频记录电平的指针应在视频指示表的蓝色线段内。音频记录电平应控制在音频指示表的 0dB 左右的位置。不能过大、过小，控制电平有自动控制与手动控制视需要而分别使用。自动限幅开关（AUDIO LIMITED）一般处于 OFF 位置。录机的其他控制钮，应根据系统的连接，置于相应的位置。

　　监视器的调整：编辑系统中有多台监视器，不同厂家的监视器在色彩还原上会略有不同，一般录机监视器应选择高指标、高质量的。监视器所显现的同一图像的色彩和亮度有差异，可能是信号传输系统有问题，但也可能是各个监视器本身重现图像的性能不一致，所以，使用前必须要调整各监视器重现彩色和亮度的一致性。给各监视器输入彩条信号，将监视器上的"COLOUR"调节钮，调节为最低，此时，监视器上只出现灰度等级，从左到右，有一排由白色、灰色并逐渐过渡到黑色的黑白图像。然后交替调节监视器上的 BRIGHT（亮度）调节钮和 CONTRAST（对比度）调节钮，使监视器上的各个灰度等级清楚显现。固定监视器上的 BRIGHT 钮和 CON-TRAST 钮的位置。调节亮度一致后，进行颜色一致性调节。首先顺时针旋转监视器上的 COLOUR 彩色钮，使监视器重现色彩鲜明的彩条图像，以记录监视器为准。按以上步骤调节各监视器就能保证各监视器重现同一图像的彩色和亮度一致。

　　2. 审看素材，镜头定址

　　将编了号码的素材磁带盘放入放像机中，进行仔细的审看。审看的目的是给每一个镜头确定地址。因为在编辑工作中最浪费时间的是找镜头。我们可以看着画面找，录像机搜索速度可以几倍快速。我们也可以快进、快倒的方式根据数码显示来找镜头，这样速度可达几十倍。

　　拍摄素材时摄制人员在绝大多数场合是不可能以镜头编辑顺序来拍摄的，常常是打乱顺序，依场景和角度，视现场条件和时机来拍摄。对于新闻、专题等一类节目，还常常有一些即兴的发挥，个别镜头可能要多拍几遍，以备选择，先拍了再说一类的镜头也是常有的，所以记忆再好的摄像师也不可能准确记住每个镜头的地址，因此，编辑时应当重新看看素材，看看自己都已经有些什么样的素材，它们又都在哪里，在哪盘磁带上的什么位置。用 CTL 码定址时一定要事先定基准。具体做法是把磁带倒回，按下放像钮，当监示器屏幕上出现第一个镜头的第一帧画面时，将电子编辑机（或录像机上）的数码盘显示数码清零。之后边放像，边在一张记录单上记下镜头序号、内容和数码。一个镜头一记。以后只要将第一个镜头的第一帧画面对准 0（0 时、0 分、0 秒、0 帧）即按下 RESET 钮，而后就可以数码来快速卷带，查找镜头。如果现场拍摄时有详细的场记单，上面有准确的地址码，这项工作可略。

3. 进一步审看，确定取舍

本次审看的重点是挑选镜头，按分镜头本子的编辑顺序和已拍好的镜头，确定哪些需要，哪些不要。一般连拍几次的镜头往往最后一次是成功的，满意的。一旦划勾认可，前边几次拍摄的效果如何就不必费时间考虑和重看它了。所以，这次审看主要在取舍上费心思了。

如果你参加了素材的拍摄工作，场记单又十分清楚明白，那么第二第三步可以两步并做一步。审看素材时边定址就边剔除了不需要的镜头（不记不合格镜头的地址码）。

4. 纸上预编

根据素材记录，分析每个镜头，基本确定入、出点，大致安排一下镜头的顺序，看看是否符合节目内容要求，脑海中过一过画面（形象思维）。经过周密思考后，整理出编辑顺序。

5. 按照编辑顺序实际编辑

根据需要选择编辑模式，组合编辑或插入编辑。利用镜头地址单上表明的数码寻找放机上素材镜头的入、出点，并确认。寻找录机上编辑母带的镜头入、出点，并确认。寻找镜头时，可正常重放，也可用搜索盘快速搜索。在编辑点附近慢慢搜索，以准确找到编辑点位置。编辑点位置的确定可以根据画面，也可以根据数码来定位。一般编辑动作性镜头，以画面形式定编辑点。编辑静物、空镜头或情绪、节奏感强的一类镜头，可以数码标时定编辑点。镜头的组接是否流畅自然，可以通过预演来进行检查，合适即可进行实录。反复进行上述工作直到镜头全部编辑完。

6. 局部修改，特技插入

初步完成的编辑母带，经审看某些部位和片断由于对话和音乐的关系，镜头中的画面可能不是太理想，这时可使用插入编辑功能，将不需要的画面替换掉。如某人经过编辑的谈话部分，当谈话中明显地谈到了某个地点或物体时，如果能插入实景镜头，就会更生动、亲切，否则谈话者镜头画面太长，易让人厌烦。这时需插放画面，以调节观众的情绪。

大多数情况下，镜头间的特技处理、叠字幕等也是在这一期间进行的。特技部分在特技制作系统上可以直接插入，也可先做后插。

7. 音响混录

电视节目音响制作工作开始于节目构思，拍摄和编辑时也都有不同程度的进展，但是音响混录工作的正式进行是在画面镜头全部编辑完成之后（指一般性节目，而不是音乐节目）。混录工作中要掌握的是音响设备的准确操作，工作的关键是声画对位、强弱得当，什么时间加入音乐或解说，三者的音量大小如何处理。通常情况解说的作用是交待背景，给以概括；同期声的作用是体现现场效果给人以真实感；音乐的作用是渲染气氛。三者同时出现时，解说首位，同期声次之，然后是音乐。当然不同的节目类型，有不同的要求，对于音乐技术上的处理，常常采用渐起渐落手段，因为经费不足不允许单独作

223

曲，可以选用一些音乐，但时间未必正好，会察觉音乐的不完整，为了不给人以不适的感觉，应将音乐起落在解说词或同期声中。

8．检查复制

完成编辑工作后，应该连续完整地看一遍节目，同时复制一盘，留做资料或存档；检查一下，镜头组接是否流畅，编辑点是否抖动，声音的编辑点是否干净。

9．填写表格

专业的电视台，有统一的表格需填写，便于播出、存档。一般制作单位，也应如此，防止出现错拿、误消，造成不必要的损失。

△ 第七节　编辑控制器

用于电视节目制作的电子编辑系统有简单的，也有复杂的。简单的只由一台具有编辑功能的录像机和一台放像机即可，而复杂的大规模系统内则可能包括多台放像机，各机重放的信号被送到视频切换台和调音台进行加工处理，最后送到录像机进行记录。在这复杂的系统中，除了需要对录像机进行控制外，还要控制视频切换台和调音台，而且需要做的编辑工作往往已不是单镜头的直接切换，还要实现一些画面间的特技及声音的混合等。这时编辑系统中就需要有能对所有相关设备进行控制并完成指定功能的装置。这种能完成上述功能的装置就称为编辑控制器。

简单的编辑控制器是能够进行程序编排的开关控制器。编辑控制器是具备微型信息处理装置，能够进行程序编排的开关控制器。它通过多芯电缆，将电子编辑系统中的放像机、录像机连接起来，将录像机的功能控制操作集中于一体，如倒带、放像、录制等。它仅起一个遥控作用，信号系统不通过电子编辑控制器。

高级的电子编辑控制器，内部装有微型计算机、数字存储单元等，可以进行编辑程序的设置，储存各种所需数据，实施自动化编辑。

能否进行电子编辑取决于录像机是否具备电子编辑功能，而电子编辑控制器的使用只是可以使电子编辑系统的编辑性能高度自动化和多样化，起决定作用的还是具备电子编辑功能的录像机。

一、编辑控制器的基本组成和主要功能

1. 编辑控制器的基本组成

不同类型编辑控制器的性能、功能和操作方法等不尽相同，但一般都是由编辑指令输入键盘、编辑数据显示器和编辑控制器主机三部分构成。在一些简单的编辑控制器中，这三部分是装在一起的，但从功能上讲，这三部分是相对独立的。

（1）编辑指令输入键：所有编辑指令都通过键盘输入到编辑控制器，它是节目制作人员与编辑控制器的交互界面，一般包括如下几部分。①编辑方式选择部分：选择录像机是以组合方式还是以插入方式工作。在选定插入编辑方式时，确定声音和图像是同时编辑还是分离编辑。②输入信号选择部分：指定录机的输入信号。录机的输入信号可以来自放像机，也可以是彩条或蓝底等来自辅助信号源的信号。当使用视频切换台进行画面转换时，可以同时指定多台放像机作为切换台的输入信号源。③画面转换类型选择部分：当使用视频切换台进行画面转换时，选择切换、划像、混合以及键控等转换类型及转换时

间。④录像机的操作部分：控制录像机的重放、记录、倒带、速进、搜索等操作，可以用放像机选择开关对要控制的放机进行选择。⑤编辑点确定部分：确定素材带和节目母带上的编辑入、出点。⑥执行编辑部分：根据选定的编辑方式、信号源、画面转换方式以及编辑点位置，向录像机和其他外围设备发出执行编辑的指令。另外，除了对节目母带执行编辑外，这部分还能指定对编辑点进行确认的"预演"和检查编辑结果是否有误的"审看"两个操作。⑦系统设置部分：根据编辑系统使用的设备和不同要求，对编辑控制器本身进行系统设置。

（2）编辑数据显示器：简单的编辑控制器，编辑数据显示器只显示放机、录机磁带上的控制磁迹（CTL）计数，例如RM-G800U。较复杂的编辑控制器，例如 BVE-900 等，编辑数据显示器可以显示编辑方式、信号源、编辑点数据、录像机运行状态等有关编辑的数据和信息（编辑数据页）。在进行系统设置时，还能显示与系统设置有关的数据（系统设置菜单）。使节目制作人员能随时掌握编辑系统的工作状态，为编辑控制器的人机对话操作提供了条件。

（3）编辑控制器主机：编辑控制器主机是编辑控制器的中枢部分，它包括编辑控制部分、接口部分和编辑数据记忆部分。①编辑控制部分：编辑控制部分接受从键盘输入的各种编辑指令以及从录像机、视频切换台等设备获得的关于这些设备工作状态的数据，经过分析处理后发出各项控制指令，控制录像机、视频切换台等设备进行相应的操作这部分一般由微型计算机构成。②接口部分：编辑系统中使用的录像机、视频切换台等设备的生产厂家和型号不一定相同，这些设备的受控方式存在差异，因此要使用接口电路对编辑控制器的各项指令进行相应转换。例如对录像机的控制，编辑控制部分先以一定形式

226

输出控制信号，接口部分首先解读这些信号，然后将其转换成适合某型号录像机的控制指令。这样，仅需要根据设备情况适当改变接口，就可以适应不同类型、不同型号的录像机、视频切换台等设备，灵活地构成各种编辑系统。③编辑数据记忆部分：这部分由数据存储单元构成，它不仅能记忆正在实施的编辑点数据，而且还可以存储已经实施过和将要实施的编辑数据。一般称记忆的数据为 EDL（EDIT Decision List 编辑决定表）数据。

2. 编辑控制器的主要功能

编辑控制器的主要功能包括快速而准确地寻找并确定编辑点、自动编辑、检查重演以及编辑数据的管理和传输等。

（1）寻找并确定编辑点：编辑控制器可以分别对放机和录机磁带上的节目内容进行快速或慢速搜索，在寻找镜头时，节目制作人员使用编辑控制器上搜索盘的快速搜索功能，在快速搜索的同时观看监视器上的图像或编辑数据显示器上的数据，很快找到所需镜头，在需要准确设定编辑入点和编辑出点时，利用搜索盘慢放功能可以逐帧重放或倒放画面，可以方便而准确地确定编辑点。

（2）预看（PREVIEW）：预看也叫做预演。这是在确定了编辑点之后，让电子编辑系统模拟编辑一次，将效果显示在录机监视器上，供编辑人员定夺。当按下预看钮后，放机与录机同时以倒放方式进行预卷，返回到放机与录机入点的前 5 秒，暂停一下后，放机与录机同时启动放像。此期间，录机进行同步锁相，当到达编辑点的一瞬间，放机输出的视频信号以电-电状态（录像监视器直接显示放机送来的电视信号）显示在录机监视器上。这一过程一直持续到达出点时为止，如图 3-37 所示。这样一来编辑人员可以在录机监视器上看到前一镜头的

227

最后 5 秒和准备编入镜头的组接情况，这一过程一气呵成。如果事先没有确定编辑点，那么按下"预看"钮时放机、录机对应数码即作为放机、录机的入点。如果没有事先设出点，按下"结束"钮时即为编辑出点，并同时存储起来。某些编辑系统在组合编辑时，如果录机在磁带中没有 CTL 信号，那么预看功能无法实现。预看结果不满意仍可多次重复进行。

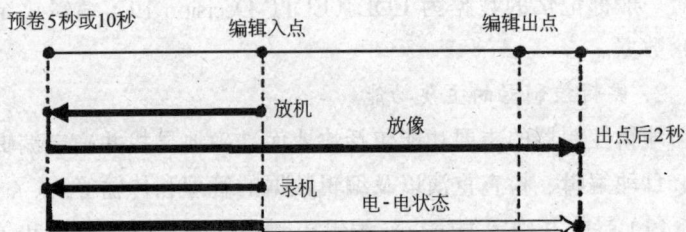

图 3-37　预看功能

（3）自动编辑 AUTO EDIT：确定了编辑入、出点后，按下自动编辑钮，整个编辑过程自动进行。无论这时磁带停止在什么位置，只要编辑入点是存储好的，放机和录机都将以快速接近编辑入点，并自动完成编辑点前 5 秒的预卷工作。停顿一下，放机、录机以放像方式前进，此期间，录机随放机视频信号进行同步锁相，到达编辑点的一瞬间，录机自动进入录制状态。组合编辑方式时各种信号同时记录，插入编辑方式时，插入项目处于录制状态，其他项目处于放像或放音状态，如图3-38所示。

（4）编辑结束 END：事先输入编辑出点数据和看着镜头按下"结束"钮效果是一样的，但组合编辑方式时的结束和插入编辑方式时的结束，两者略有区别。组合编辑时，当到达编辑出点或按下结束钮的一瞬间，放机录机仍继续运行，多放录

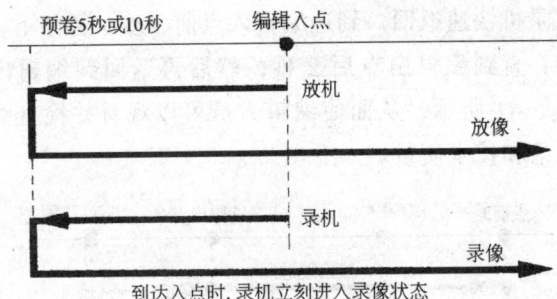

图 3-38　自动编辑

2秒钟，接着放机立即暂停，录机还要以倒放像返回到编辑出点位置上来，如图 3-39 所示。这一在出点后多录 2 秒钟的特殊措施是考虑到该点后往往紧接下一镜头入点，如不留余地，恐怕因精度误差而产生接点空隙专门设计的。插入编辑时，由于是在原有节目或初步完成磁带上进行，因此不会出现接点空隙的顾虑，也就不需要多录 2 秒，当放机录机到达编辑出点的一瞬间，录机立即转入放像（停止录制状态）状态，与放机一同继续运转 2 秒，然后录机返回编辑出点，如图 3-40 所示。

229

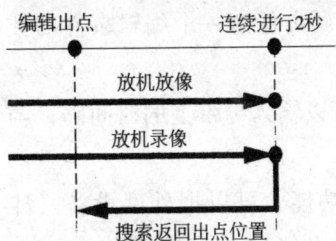

图 3-39　组合方式结束

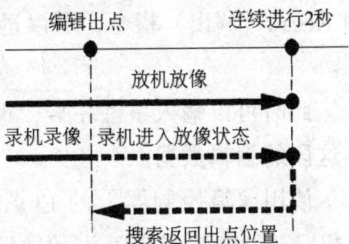

图 3-40　插入方式结束

（5）检查重演 REVIEW：编辑结束后，想检查编辑效果时，可以利用检查功能来进行。当按下检查钮后，放机保持暂停，只有录机快速返回，到达编辑入点前 3 秒，暂停下，然后开始放像，直到编辑出点后 2 秒，然后再返回到编辑出点位置，如图 3-41 所示，从而使编辑人员可以观看并检查编辑后的镜头效果和技术质量。

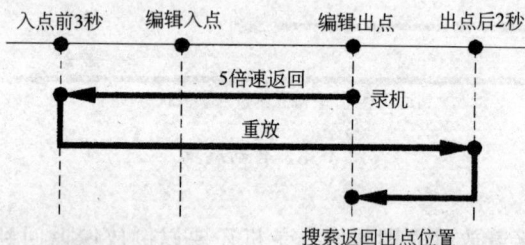

图 3-41　检查重演

（6）编辑数据管理和传输

　　在编辑前和编辑后，经常要对编辑数据进行修改和技术上的处理，然后再存回 EDL 存储器中，这就是编辑数据管理工作。在装有 EDL 存储器的编辑控制器上，只要按 BS（Back Step 倒退）、FS（Forward Step 前进）这样的键，就可以逐页调出各编辑事件的数据进行修改、预演、编辑等工作。如果使用 Recall（调出）指令，可以迅速调出任意一个编辑事件的数据。

　　此时可以输入事件序号，也可以输入母带上的时间码，调出这段的编辑数据。

　　使用编辑控制器上的 LOAD 功能，可以把外部设备（计算机、磁盘驱动器等）中的数据输入到 EDL 存储器中。反之，若想把数据输出到外部设备中，则可以使用 DUMP 功能，此时 EDL 存储器中的数据依然保留，不会被破坏。

二、编辑控制器的基本操作

目前电视节目后期作系统中使用的编辑控制器种类繁多、功能各异，但它们的基本功能和操作方法没有本质上的差别。本节简单介绍带有数据记忆功能的编辑控制器是如何工作的。选择这种编辑控制器，是因为其功能齐全、便于操作、使用较为广泛，具有代表性。至于简易型编辑控制器，除不具备这里提到的一些功能外，基本操作是一样的。

1. 编辑事件的设定

在编辑控制器执行一次编辑动作之前，需要节目制作人员输入一系列指令，以确定编辑控制器的工作状态，指定切换方式和编辑点位置等。这样，编辑机才能按照制作人员的意图来实现预定的编辑过程，一般可以将使用编辑控制器执行一次编辑的一组数据称为一个编辑事件（EVENT），它构成编辑数据显示器的一页数据。

在一个编辑事件中，一般需要确定以下编辑数据：

（1）事件序号（EVENT NUMBER）。事件序号是按照编辑进行的顺序排列的。如果使用从 EDL 存储器中调出的编辑程序进行编辑，则编辑按照程序中的编辑序号顺序进行。

（2）信号源（SIGNAL SOURCE）。选择信号来自哪一台录像机或者哪一个辅助信号源。

（3）带盘编号（REEL NUMBER）。对各信号源录像机所使用的磁带进行编号。在使用多盘磁带进行编辑时，保留每次编辑所使用的磁带的带盘号数据，为进行再编辑提供了方便。对于辅助信号源，也可以用 BLK（黑场）、AUX（辅助输入）等识别（ID）代码进行编号。

（4）编辑方式（EDIT MODE）。选择组合（ASSEM-

BLE）、首次编辑（1ST EDIT）或插入（INSERT）等编辑方式。在选择插入编辑时，还要选定视、音频连动（VA BOTH）、视频（V-ONLY）、音频（A-ONLY）、或视、音频分离（SPLIT）编辑方式。

（5）图像转换类型（EFFECT TYPE）。选择切换（CUT）、划像（WIPE）、叠画（DISSOLVE）或键控（KEY）等画面转换类型。

（6）图像转换时间（TRANSITION DURATION）。确定除切换以外的图像转换的过渡时间。

（7）划像图形代码。选择划像图形或划像的方向（NORMAL 或 REVERCE）等。

（8）编辑点数据。编辑点数据是根据素材带和节目母带的内容确定的，确定编辑点通常有如下三种方法：①标记入点/标记出点（MARK IN/MARK OUT）方法。这种方法是使录机或放机工作在重放或静像状态，在希望的编辑点上按 MARK IN 或 MARK OUT 键，使磁带上的地址（TC 或 CTL）存储在寄存器中。②设置入点/设置出点（SET IN/SET OUT）方法。这种方法是在预先知道编辑点处时间码的情况下，用键盘直接将编辑点数据输入编辑点寄存器中。③修改编辑点（TRIM）方法。这种方法通过修改编辑点寄存器中的编辑点数据，对原有编辑点进行修正。此时，使用编辑控制器键盘上的十进位键盘对输入的编辑点数据进行加、减运算、修正原编辑点。

（9）通用接口（GPI）数据。通用接口是一组继电器的输出端口，其通断时间可以根据编辑过程的需要进行设定，用以对外围设备进行控制。

2．执行预演（PREVIEW）

预演有以下几种方式：

（1）视频-视频-视频（VVV）。这是和实际编辑完全一样的预演，模拟从编辑入点至编辑出点的整个编辑过程。

（2）视频-黑场-视频（VBV）。这是一种仅对录机编辑点进行检查的方式。预演开始以后，录机启动并且进行调相运行，在预定要插入记录信号的编辑入点处换成黑场信号，以便确定插入时间。这对于检查对白的插入位置非常方便。

（3）黑场-视频-黑场（BVB）。此方式只对放机编辑点进行检查。这时，放机启动并且进行调相控制，监视器上仅显示预定要插入的放机重放信号，其余部分均为黑场信号。此方式便于检查被插入信号的编辑入点和出点。

3．执行编辑

有三种执行编辑的方法：

（1）自动编辑。编辑控制器按照在编辑事件中设定的一页编辑数据，控制录像机、视频切换台、调音台等设备进行实际的编辑操作。编辑控制器执行完一次实际编辑后，就将最终的编辑数据从暂存寄存器转移到 EDL 数据存储器中，暂存寄存器中将等待输入新的编辑数据，编辑数据显示器上显示新的一页。如果在实际编辑中按停止（STOP）键中止编辑，则暂存寄存器中的数据仍然保留，机器不认为是执行了一次编辑，编辑数据显示器的显示也不会转到下一页。

（2）自动组合。编辑控制器按照从 EDL 存储器中调出的数页编辑数据，按它们寄存在 EDL 存储器中的顺序控制录像机及其他设备进行连续的编辑操作。如果在编辑过程中按停止（STOP）键中止编辑，自动组合将被解除，但不会影响已存于 EDL 存储器中的数据。

（3）手动编辑。与以上两种编辑方法不同，手动编辑是在不设置编辑点数据的情况下，用手动记录（MAN REC）键或在录像机重放状态下用记录（REC）键进行的编辑。编辑完成后，编辑数据将不寄存在 EDL 存储器中。

4．执行审看

编辑完成以后，控制录机重放编辑好的图像，对编辑效果进行确认。可以对编辑入点、出点和画面转换等重点部分有选择地审看。

5．虚拟编辑

如果不经过实际编辑就将编辑数据转移到 EDL 存储器中，叫做虚拟编辑。这是因为对 EDL 存储器来说，与经过实际编辑一样，又增加了一个编辑事件的数据。在虚拟编辑时，只要输入编辑数据（有必要的话，经过预演），然后按下前进（FS）键，机器就会将这组数据加上事件序号（也可以人工设定）记忆到 EDL 存储器中，并转到新的一页，等待输入下一组数据，这样就为自动组合的连续编辑做好了准备。

三、常用编辑控制器简介

许多视频设备生产厂家，为了把自己生产的设备配成较完整的电视节目后期制作系统，都生产编辑控制器。此外，为了适应不同的使用要求，同一厂家生产的编辑控制器具有多种型号，其性能和使用方法也不尽相同。这里仅就几种使用较为广泛的编辑控制器作简单介绍。

（1）RM-G800U 自动编辑控制器，是小型、轻便，具有微处理机功能的程序编辑单元。能快速搜寻编辑点，记忆编辑点，具备预演、检查等一系列逻辑功能。

（2）RM-450CE 自动编辑控制器，具备自动编控器的一般性能，特点是对 1 英寸螺旋扫描录像机（BVH 系列）、U-matic 格式录像机、和 Betacam-SP 及 MⅡ格式录像机均可进行控制，通过遥控电缆可控制 2 台录像机进行一对一编辑。

（3）PVE-500 较新的自动编辑控制器，可控制 2 台放像机和 1 台录像机，可进行变速控制，实现无噪波慢动作，具备 99 个编辑页存贮能力，能连续自动编辑，遥控调音台、音频分离编辑等功能。

（4）BVE-2000 自动编辑控制器，能自动选择 SMPTE/EBU 时间码和包括静帧在内的任何录像机速率下精确的时间码编辑，可以连续自动编辑，具备许多特殊实用的功能。

（5）BVE-900 高级编辑控制器，自动化高，功能全，具备很强的系统功能，可同时控制各种录像机 4 台，进行三对一编辑。另外还能控制两个辅助信号源，可以控制视频切换台、调音台，并能指定信号交叉点，便于构成较为完美的节目后期制作系统，但过程较复杂，需专门人员操作。

四、RM-G800U 编辑控制器的使用

RM-G800U 编辑控制器的前面板，如图 3-42 所示。

1. 前面板的按键及功能

① 计数器显示/设定部分，COUNTER：计数器显示选择；CTL：显示以控制信号为基准的计数值；TC：显示时间码；UB：显示时间码中的用户比特；HOUR/MINUTE/SECOND/FRAME：时/分/秒/帧；IN/OUT：编辑入点/出点被记忆时亮；PLAYER/RECORDER：显示被选中的录像机；LAP：显示从第一个编辑点到磁带当前位置的时间，按下此钮 LAP 指示灯亮；CONNTER RESET：计数复位键。

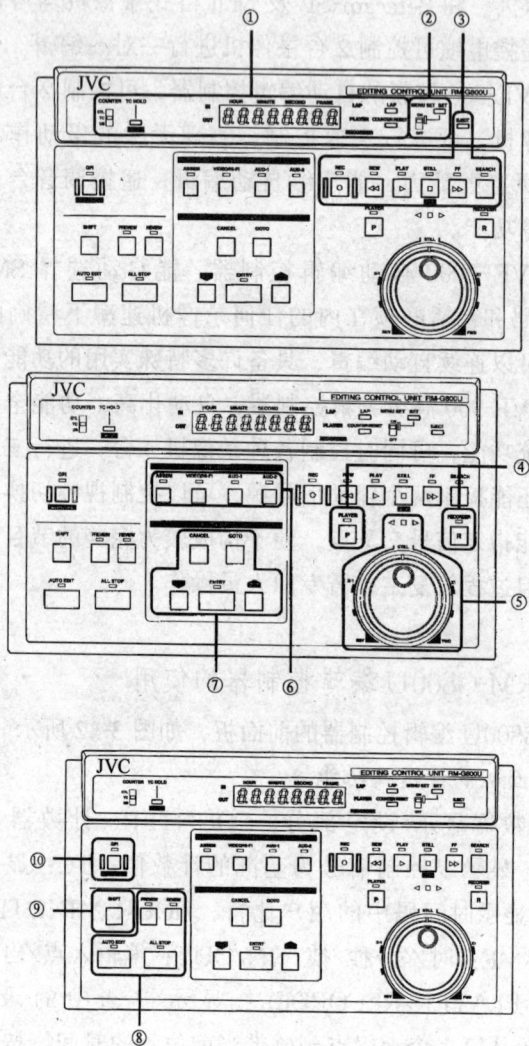

图 3-42 RM-G800U 编辑控制器前面板

② 菜单开关设定部分，MENU SET：菜单设定开关。如果菜单开关设在 ON，录像机不受控制；SET：设定键。

③ 录像机操作键部分：EJECT 即退出键；REC 即录制键；REW 即倒带键；PALY 即放像键；STILL 即静像键；F.F 即快进键；SEARCH 即搜索键。

④ PLAYER/RECORDER：放机/录机选择键即选择要操作的录像机。

⑤ 搜索盘：用于搜索素材镜头。

⑥ 编辑方式选择部分：ASSEM 即组合编辑键；VIDEO/Hi-Fi 即插入视频/Hi-Fi 键；AUD-1 即插入音频 1 键；AUD-2 即插入音频 2 键。

⑦ 编辑点记忆部分：ENTRY 即记忆点键，需与 IN 或 OUT 配合使用；IN 即入点键；OUT 即出点键；GOTO 即转移键，与 IN 或 OUT 一同按下，磁带快速移到 IN 或 OUT 点；CANCEL 即取消键，与 IN 或 OUT 钮一同按下，才起作用。

⑧ 逻辑功能部分：PREVIEW 即预演键；AUTO EDIT 即自动编辑键；ALL STOP 即全停键；REVIEW 即重看键。

⑨ SHIFT：替换键，进入时间码插入状态。

⑩ GPI：GPI 键，设定 GPI 信号的输出定时。

2. 后面板接口部分

后面板接口如图 3-43 所示，各功能如下：

① 遥控电缆插座：R 是与录机遥控电缆相连插座；P 是与放机遥控电缆相连。

② GPI 输出信号插座：VAR 是在靠近编辑入点附近的指定点输出 GPI 信号。FIX 是在编辑入点上输出启动特技的 GPI 信号。

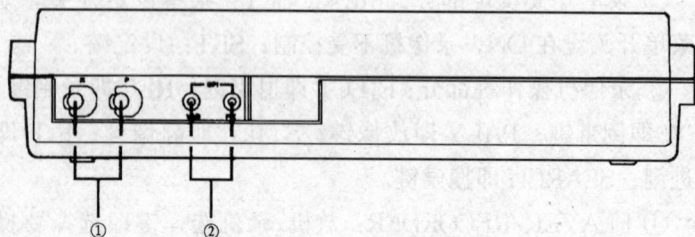

图 3-43　RM-800U 后面板接口图

3. 编辑系统的连接

利用 RM-G800U 与两台 SR-S388EC 录像机组成一对一编辑系统的连接，如图 3-44 所示。

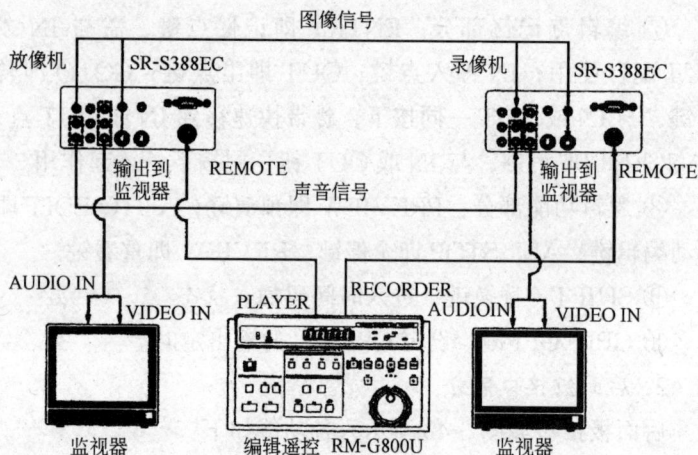

图 3-44　编辑系统的连接

为了使用 RM-G800U，需将 SR-S388EC 录像机前面板上的 RS-233C/LOCAL/REMOTE 开关置于"REMOTE"。

4. 编辑的基本操作方法

利用上述编辑系统编辑时操作步骤如下：

（1）选择编辑状态：在组合编辑时，请按 ASSEM。在插入编辑时，根据编辑内容，按 VIDEO/Hi-Fi、AUD-1 或 AUD-2 按钮（按 AUD-1 和 AUD-2 按钮的其中之一）。按 VIDEO/Hi-Fi 钮可改变记录在录像带上的图像和高保真声音。按 AUD-1 或 AUD-2 可改变记录在录像带上的普通声音。

（2）输入编辑点：输入放像机和录像机部分的编辑入点与编辑出点。放机与录机的切换按 PLAYER 或 RECORDER 按钮，使用微调盘和双向搜索盘寻找编辑点。输入编辑入点时，一边按着 IN 键一边按 ENTRY 键。输入编辑出点时，一边按着 OUT 键，一边按 ENTRY 键。

（3）在必要时将修正编辑点：如需修改编辑点时，可重新输入新的编辑点，已被登录的编辑点将自动被取消。若不输入新的编辑点而取消原有的编辑点时，需一边按着 IN 或 OUT 键一边按 CANCEL 键。要确认编辑点的图像时，需一边按着 IN 或 OUT 键，一边按 GOTO 键。放像机找到指定的编辑点后，将进入静像放像状态。微调编辑点的位置时，需按着 IN 或 OUT 的同时旋转微调盘。

（4）实行编辑：确定了编辑点后，开始录制。我们称之为"实行编辑"。按 AUTO EDIT 钮开始实行编辑。在实行编辑的过程中按 ALL STOP 按钮，可中止编辑。

（5）如有必要可以审看：编辑结束后，重新检查编辑前后连接的状态称之为"审看"。在新的编辑点输入以前，按 RE-VIEW 钮，录像机将自动播放刚才编辑的部分，即可以审看。审看满意后就可实行下一个项目的编辑，依此类推，直至所有的项目都编完。

五、BVE-900 自动编辑控制器的应用实例

本节以一个实际应用的编辑系统为例，对 BVE-900 自动编辑控制器的具体使用方法进行简单介绍。此系统采用 BVW-60P、BVW-65P 和两台 BVW-70P，其中三台作为编辑放机，一台作为编辑录机，构成三放一录编辑系统（BVW-70P 放机可以作为录机备份）。选用一台 SEG-2550 特技视频切换台和一台 MXP-290 调音台进行视频音频信号切换。BVE-900 编辑控制器通过遥控电缆对以上设备进行控制。

1. 系统连接

图 3-45 给出了本例的系统连接示意图。

（1）将 4 台录像机的 9 芯遥控电缆接至 BVE-900 的 BKE-904 接口板的 9 芯接口上。BVE-900 最多可以配备 3 块 BKE-904 接口板，每块可为两台录像机提供接口即可连接 6 台录像机，但 BVE-900 只能同时控制其中 4 台。根据在 BVE-900 机箱上的特定位置，对 6 个遥控接口从 A 至 F 编了号。在机器出厂时，系统设置成连接到 A 接口的为录机，连接到 B、C、D 接口的分别为放机 1、2、3。BVE-900 不能对连接在接口 E 和 F 上的录像机进行控制，这个系统设置可以用系统设置（SYSTEM SETUP）菜单来改变，利用系统设置菜单可以任意对连接在 A 至 F 接口上的录像机进行功能定义。

（2）用 25 芯电缆连接 SEG-2550 视频切换台和 BVE-900 编辑控制器的 BEK-915 板两者的 RS-232 接口。用 15 芯电缆连接 SEG-2550 视频切换台和 BVE-900 的 GPI（通用）接口。

（3）用 15 芯电缆连接 MXP-290 调音台和 BVE-900 的调音台接口板 BKZ-916 的遥控接口。用 25 芯电缆连接 MXP-290

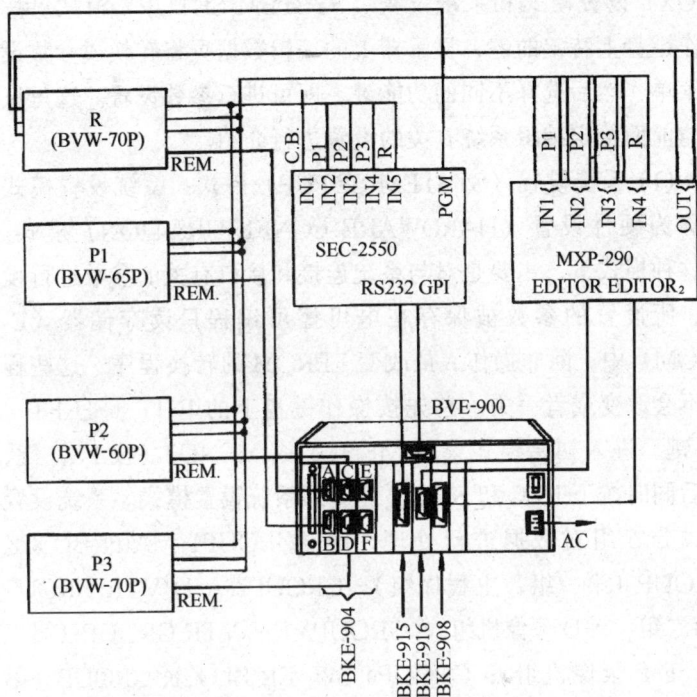

图 3-45 BVE－900 应用实例的系统连接示意图

调音台的编辑器 2（EDITOR2）接口和 BVE-900 的 BKE-908 监听切换接口。

　　另外，如果系统中使用了同步信号发生器，则由同步信号发生器为系统中各设备提供基准信号；如果未使用同步信号发生器，则由 SEG-2550 视频切换台为录像机和 BVE-900 提供基准信号。本例中使用 TSG-271 信号发生器作为同步源。

　　2．系统设置

　　为满足编辑过程中不同情况的需要，BVE-900 采用三种模式对系统参数进行设置，即初始（INIT）设置模式、辅助

(AUX)设置模式和系统设置(SYSTEM SETUP)模式。按操作键盘上特定的键,显示器上的编辑数据页将转换成参数设置菜单,然后选择不同的功能键,即可进行参数设置。这里仅对与前面给定编辑系统有关的设置进行介绍。

(1)系统设置(SYSTEM SETUP)模式:系统设置模式也称为硬件设置(HARDWARE CONFIGURATION)模式。在这种模式下,主要是对与系统连接和接口有关的参数进行设置,所设置的参数被保存在电可擦可编程只读存储器(E-PROM)中,除非操作人员改变 EPROM 的转换程序,这些程序不会改变或者丢失。首先按操作键盘上的 INIT(SHIFT+0)键,进入初始模式菜单 MENU1 或 MENU2(按 FS)键,然后同时按下 REC 和 SHIFT 键进入系统设置模式。系统设置模式分 5 组对数据进行处理,即:GROUP1 MAIN BLOCK GROUP(第一组,主程序组);GROUP2 A-D VTR GROUP(第二组,A-D 录像机组);GROUP3 E-F VTR GROUP(第三组,E-F 录像机组);GROUP4 SW'ER BLOCK GROUP(第四组,视频切换台程序组);GROUP5 MIXER BLOCK GROUP(第五组,调音台程序组)。下面对与本例有关的主要数据的设置进行说明:①设置录像机识别标志:按功能键 F1,选择第一组(MAIN BLOCK)。然后再按功能键 F1,选择第一块录像机识别标志(VTR ID)数据,这时显示器上将显示出与可以控制的 4 台录像机相对应的 4 个字节,使用 FS、BS、1 或 0 键改变各字节中的数据位,可以对接在 BKE-904 录像机接口板不同接口上的录像机进行定义,即哪个接口上为录机,哪些接口上为放机 P1、P2、P3。本例将录机(BVE-70P)接在 A 接口,放机 P1(BVW-65P)、放机 P2(BVW-60P)和放机 P3(BVW-70P)分别接在 B、C、和 D 接口上,即第一字节录机设定（R-VTR ASSIGN）设置为 00（00000000），第二（P1）、第三（P2）和第四（P3）字节分别为 01（00000001）、02（00000010）和 03（00000011），与机器出厂时的设置相同。这个设置在设定两台互为备份的 BVW-70P 哪一台为录机时很有用。②设置切换装置的控制方式：在第一组（MAIN BLOCK），按功能键 F4 选择第四块接口（INTERFACE）数据，并将第一个字节切换装置的控制方式设为 02（00000010）。这种设置适用于录机输出、输入视频切换台和调音台的系统，预演时录机和放机视、音频信号之间的切换完全由视频切换台和调音台操纵。③设置视频切换台（SEG-2550）的输入信号交叉点：按功能键 F4，选择第四组（SW'ER BLOCK），这时显示器上显示出与 BVE-900 控制的 6 个信号源相应的 6 个字节。本例中，来自同步信号发生器的彩条信号送到 SEG-2550 的第 1 讯道（CH-1），放机 P1、P2、P3 以及录机信号分别送到 SEG-2550 的第 2、3、4 和 5 讯道（CH-2、3、4 和 5）。因此，将第一字节录机设定（R-VTR ASSIGN）设置为 05（0000101），将第二（P1）、第三（P2）和第四（P3）字节分别设置为 02（00000010）、03（00000011）和 04（00000100），并把第五字节（AUX1）设置为 01（00000001）。④设置调音台（MXP-290）的输入信号交叉点：按功能键 F5，选择第五组（MIXER BLOCK），这时显示器上给出与 BVE-900 控制的 6 个信号源相对应的 6 个字节，由于本例中放机 P1、P2、P3 和录机的双路音频输出信号依次输入到 MXP-290 的线路输入 1～8（LINE IN1～8），故将第一字节录机设定（R-VTR AS-SIGN）设置为 04（00000100），将第二（P1）、第三（P2）和第四（P3）字节分别设置为 01（00000001），02（00000010）和 03（00000011）。在以上的设置过程中，当每一组（或块）

中各字节数据设置完毕后，按 RETURN (SHIFT + RETURN) 键，则所设数据将存入 EPROM 中，显示器上的显示将返回到前一页。若想解除系统设置（SYSTEM SETUP）模式，可以用 RETURN 或 EXIT 键退出所选取的页面，返回到初始（INIT）模式。

（2）初始（INIT）和辅助（AUX）模式：在初始（INIT）和辅助（AUX）模式设定的参数是通过转换程序保存在由电池后备的 CMOS 随机存储器（RAM）中的，这些数据在 BVE-900 关电后的三天内有效。超过三天以后，所有设置返回到缺省值。初始（INIT）模式主要是用来对一些在编辑前设定后一般不再需要重新设定的参数进行设置，它由两个页面 MENU1 和 MENU2 构成。其中较为重要的参数有 GPI 脉冲输出点、同步带功能通/断（用于 FLY EDIT）、彩色成帧基准（在哪里进行彩色成帧检测）和 EDL 显示通/断等。辅助（AUX）模式进行的设置主要有带盘编号、同步精度和编辑所用时间码的选择等。在进行编辑之前，要根据编辑的实际需要对这些参数进行设置。

3. 编辑操作

使用 BVE-900 遥控系统中的设备前，需做如下准备工作：按视频切换台 SEG-2550E-文件（E-FILE）部分的 REM（遥控）键，遥控状态将显示在 BVE-900 的显示器上，要解除遥控操作，则按 E-文件部分的 C（清除）键。

当接通调音台 MXP-290 的电源时，MXP-290 自动进入遥控状态。要解除遥控状态，按 BVE-900 的 MAN（手动操作）键，进入手动操作菜单，然后按功能键 F8，MXP-290 进入本地（LOCAL）状态。如需要再次进入遥控状态，按功能键 F7，将各录像机的遥控/本地开关打到遥控位置。准备工作完成后，便可分步进行编辑操作。

（1）选择节目信号源：用 BVE-900 键盘上的信号源选择键选定与 SEG-2550 和 MXP-290 相连接的信号源。

（2）确定编辑方式：指定组合编辑或者插入编辑。

（3）指定特技转换方式：BVE-900 可以指定六种类型的特技转换方式：CUT（切入）、DISS（叠画）、WIPE（划像）、KEY（键控）、PTRNKEY（图形键控）和 MAN（手动）。但 SEG-2550 不能执行 PTRNKEY 指定的操作。在 MAN（手动）方式下，用 BVE-900 指定使用的放像机和录像机同步，其他操作在 SEG-2550 上执行。

（4）指定特技过渡时间：当用 BVE-900 执行划像和叠画时，必须指定过渡时间，而不能靠移动 SEG-2550 的 EFF（特技）手柄来实现。在 PAL 制情况下，BVE-900 可以指定的特技过渡时间从 00 秒 00 帧至 59 秒 24 帧。但是在与 SEG-2550 联机操作时，只有下列时间可以执行，即 0 到 6、8、10、16、32 到 1023 帧（40 秒 23 帧）。如果选择了上述数值以外的时间，则使用大于并最接近指定值的时间。另外，有几点需要注意：①当转移时间指定为一帧时，SEG-2550 也许不能正确地执行指定特技，而是以切换（CUT）方式转换画面。②当转换时间由 BVE-900 指定时，由 SEG-2550 执行特技的实际时间可能比指定时间略短。③当选择了图形码为 300 至 307 的划像图形（马赛克划像）时，SEG-2550 不能以 8 帧或更快的速度划像。

（5）确定编辑点。

（6）执行预演。

（7）执行自动编辑：此时，BVE-900 自动控制 SEG-2550、MXP-290 和所指定的录像机完成整个编辑操作。

(8) 执行审看。

4. 编辑数据的管理和调用

BVE-900 编辑控制器的 EDL 存储器具有 128 个编辑事件的存储能力。当每个编辑操作完毕时，所有与这个编辑操作有关的数据作为一个完整的编辑事件被自动编号并存入 EDL 中。当需要调用一个编辑事件时，只要按操作键盘上的 RECALL 键，并用数值键输入事件编号，即可调出并在显示器上显示所要的编辑数据，利用这些数据就可以进行编辑预演、记录和审看。使用 DELETE 键，可以清除 EDL 存储器的数据，使用 RESUME 键，可以恢复被误操作清除掉的数据。

使用 DUMP 键，可以将 EDL 存储器中的数据通过 RS-232 接口转移到外部的微计算机中去，以获得编辑数据的硬拷贝；使用 LOAD，可以把外部设备，例如 SEG-2550 的 E 文件存储器中的编辑数据输入到 BVE-900 的 EDL 存储器中。

在本例中，如果需要将 SEG-2550 的 E-文件存储器中的编辑数据调入 BVE-900 的 EDL 存储器，只需按 BVE-900 操作键盘上的 LOAD（SHIFT＋2）键进入数据调入状态，然后按功能键 F3。SEG-2550 的 E-FILE 即可实现数据传输，如果需要中止传输，则按 ALL STOP 键。另外，在 BVE-900 上调出并执行在 SEG-2550 的 E-文件中存储的数据也可以先在 BVE-900 上指定划像（WIPE）为特技转换方式，然后将图形代码（PTRN）设为 SEG-2550 的 E-文件中 BVE-900 数据调用号码（06XX），这样 BVE-900 就可以执行 SEG-2550 中存储的编辑程序。在图 3-46 中，对 SEG-2550 的 E-文件数据显示和 BVE-900 的参数设置显示进行了对照。

特技文件数据

BVE-900 的设定

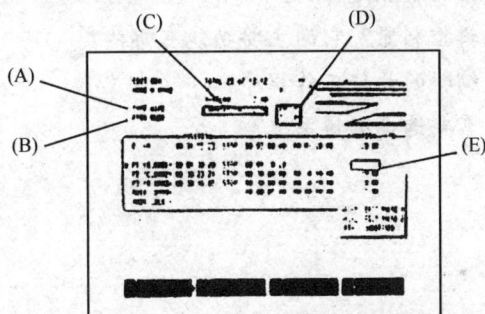

注：(A) 指定划像（WIPE）；(B) 指定图形代码（PTRN）为数据调用号码（06XX）；(C) 以帧为单位指定 E-文件中过渡时间（TRANS）的数值；(D) 不能改变设定状态；(E) 把大于过渡时间（TRANS）数值指定为"TO"信号源的转换时间。

图 3-46

本章思考与练习题

1. 简述磁带录像机记录、重放信号的过程？

2. 磁带录像机是如何分类的？

3. 磁带录像机的主要特点有哪些？

4．目前数字式录像机的主要格式有哪些？其特点是什么？

5．录像机、视频磁带如何维护保养？

6．编辑录像机的技术条件是什么？

7．二对一编辑系统是如何连接的？

8．编辑点是指什么？编辑录像节目对编辑点有何要求？编辑点不良会出现什么现象？

9．什么是组合编辑？什么是插入编辑？各有何特点？插入编辑对磁带上的信号有何要求？

10．时码编辑的特点是什么？

11．非线性编辑的特点是什么？

12．什么是编辑控制器？它的主要功能有哪些？

13．简述电子编辑的最佳工作程序？

14．如何根据需要选择编辑系统？

第四章

视频切换台与电子特技

本章内容提要

◎　视频切换台是现场电视节目制作的必要设备。尽管它品种繁多，但组成基本相同、功能相近、切换原理一样。

◎　电子特技是电视节目制作中最常用的特技，它分为模拟特技与数字特技。

◎　简要介绍电视制作系统中的字幕机、同步机、监视器和字幕提词机。

◎　数字视频制作技术主要介绍数字非线性编辑系统，虚拟演播室以及数字硬盘录像机。

249

△ 第一节　视频切换台

我们所看到的现场直播的电视节目，如各种晚会、球赛等，都是由多台摄像机拍摄，经过现场选择画面，找出最佳镜头播出（或录像）。这种选择镜头的工作，是由导演操纵的一台称为视频切换台的设备来完成的。电视节目制作系统中使用的视频切换台品种繁多，但它们的组成基本相同，功能相近，切换原理一样。

一、视频切换台的组成

视频切换台通常由操作控制台（即导演控制台）和视频信号系统机柜两大部分组成。

操作控制台是一个指挥单元，它所发出的编码指令通过专用的多芯电缆传送到信号机柜，对系统进行操作和控制。控制台板面上排列着各种颜色的按键开关、拉杆、调节旋钮和指示灯。信号系统机柜里安装有视频输入矩阵电路、视频处理器、特技装置、控制电路、电源以及其他电路等。它执行由控制台发出来的指令，同时将执行后信号系统的各种状态的信息返送回控制台，由台上的指示灯和显示屏提示给操作者，告知目前的工作状态。各种输入的视频信号都接在它的多端口输入处，并且输出切换后的视频信号和预监信号。

二、视频切换台的功能

视频切换台的基本功能：

（1）从几个输入视频信号源中选择一个最佳的图像。现场节目制作是由多个摄像机在不同的角度进行拍摄的，那么从多个镜头中选择适当的镜头播出是视频切换台的基本功能。

（2）在两个图像之间作基本的转换。从一个图像转接到另一个图像，实现即刻编辑。

（3）创造并获得特技效果。视频切换台都带有特技功能，可产生多种特殊的画面效果，可进行图像淡出淡入、化出化入、叠、划、抠像等处理，获得多层次画面的组合，创造出一个独特的视觉空间。

三、视频切换的方式

视频切换的方式可分为：硬切换方式、软切换方式和特技切换方式。

1. 硬切换方式

由一个画面瞬间切出消失，另一画面瞬间切入出现，它也称为快切。

2. 软切换方式

(1) 淡出淡入：一个画面由强变弱至全部消失后，另一画面再出现。

(2) 化出化入：一个画面由强变弱逐渐消失的过程中，另一画面逐渐出现最终取代。

3. 特技切换方式

(1) 划变：两个画面是以某种图案从某一方向来进行转换。

(2) 叠影：一个画面并存于另一个画面之中。

(3) 分屏：屏幕上出现二分、四分及多分画面效果。

(4) 键控：一个画面嵌入另一个画面之中。

251

四、视频切换台的切换原理

当看到有很多不同色彩的一排排按键和各种控制杆的大型视频切换台时，可能会不知从何下手，但如果想操作它，首先应懂得视频切换台的基本切换原理，就能操作任何一种切换台了。我们就以一个简单的现场电视节目制作系统为例来说明视频切换台的切换原理，其示意图如 4-1 所示。

摄像机 1 和摄像机 2 把拍摄到的不同镜头的图像信号分别

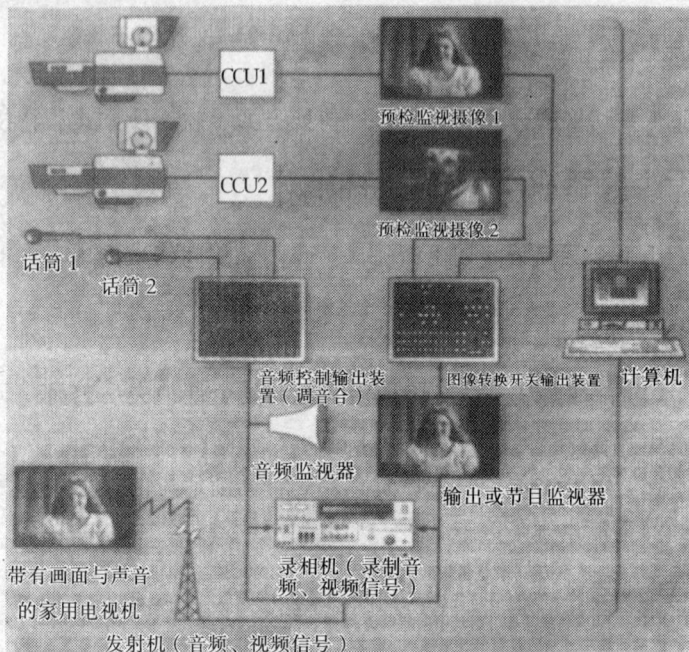

图 4-1　电视节目制作系统

先送到摄像机控制器，然后再送到预监视器和视频切换台输入端。视频切换台上对应着每台摄像机输入端有一个切换按键（即开关）标注为 C-1 和 C-2。当按下摄像机 1 的按钮时，将摄像机 1 的视频信号送到输出端播出（或录像），同时也送到输出监视器上监看。当按下摄像机 2 的按钮时，摄像机 2 的视频信号被送到输出端播出（或录像）同时也送到输出监视器上监看。在两台（或多台）摄像机之间进行选择图像信号，从一个图像信号源转换到另一个图像信号源的方式就称为切换。因切换都是在节目制作、播出的过程中进行的，也可称它为即刻编辑。字幕机产生的文字信号也可嵌入到已选择的图像信号上。那么，视频切换台是如何实现切换的呢？下面将介绍其原理。

1.视频切换台的总线概念

在视频切换台上，每个输入视频信号都对应着一个输入按键。例如，一个演播室有两台摄像机，摄像机 1 和摄像机 2（C-1 和 C-2），一台字幕机（CG），一台磁带放像机（VTR）和一个辅助输入（REM）。那么这个视频切换台至少需要有五个输入按键与之对应，再加一个黑场视频按键（BLK），实际上就有六个按键，这六个按键排成一排形成一条总线。总线，简单来理解就是所有输入视频信号的一条公共通道。在演播室看到的视频切换台上一条总线的输入按键数远比上述的多得多，其目的在于工作扩大或购买新设备时，可以加入更多的信号源。视频切换台上有多条总线，每条总线都有同样的按键个数；按键排列的顺序也相同；且与同样的输入视频信号一一对应。下面将介绍视频切换台总线及其功能。

253

（1）节目总线（Program Bus）：如果仅从一图像源到另一图像源而无需预看的切换，那么就可以采用一条总线的视频切换台，见图 4-2。总线上，每一按键对应一个图像源输入，这条能把各种图像源直接输出送到发射机或录像机的总线，称为节目总线。实际上节目总线相当于切换选择器，由于它能直接把输入和输出联系在一起，所以也称为直通总线。注意节目总线的头一个按键是附加键，标注 blk 或 Black，blk 按键不是连接特定的输入信号，而是使屏幕变成黑色。

（2）混合总线（Mix Bus）：如果想用视频切换台作化出化入（两图像有短暂的重叠）、叠影（两图像重叠或混合）、淡出淡入（一图像从黑色逐渐出现或逐渐消失至黑色），就需要增加两条总线（叫做混合 A 总线、混合 B 总线）和一个控制杆

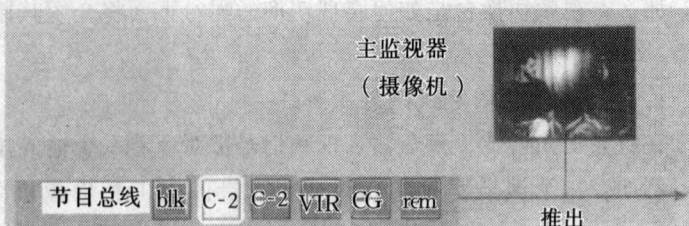

图 4-2 节目总线

（控制杆一般称为拨杆或拉杆）。控制杆是用来控制化出化入、淡出淡入以及叠影的速度，见图 4-3。但怎样才能让混合总线得到的混合信号输出？就必须再在节目总线旁增加一个"混合"（mix）按键。按下它时它能把混合总线产生的图像通过节目总线送出。此 mix 按键在节目总线的右边。

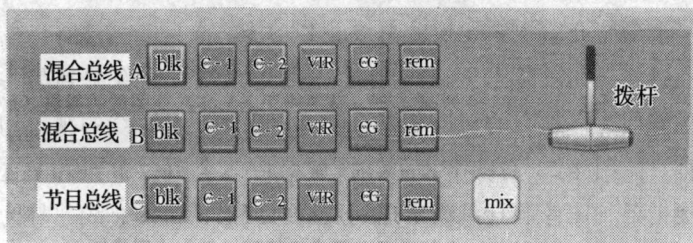

图 4-3 带有混合总线和拨杆的节目总线

（3）预监总线（Preview Bus）：预监总线可以在把图像在播出之前先供预看。预监总线与节目总线的按键数量、形状和安排完全相同。它们的功能也非常相似。预监总线输出的图像信号不是提供播出或录制，它只是作预监视用。例如，如果按下预监总线上的 C-1 按键，摄像机 1 的图像就会出现在预监视器上而不影响节目总线的输出。对于摄像机 2 也是如此。如果不喜欢摄像机 1 的图像而想要转换到字幕机，就只需按下预监总线上的 CG 按键，预监视器显示字幕机的文字，而节目总线会在主监视器仍然显示着摄像机 2 的图像。预监视器和主监视器通常并排放在一起，显示随后的两个镜头切换在一起是否合适，看看方向性是否一致以及内在形象的位置是否正确。可以看到，视频切换台已经增加到了 26 个按键，安排在四条总线内，并且还附加一个拨杆，见图 4-4。

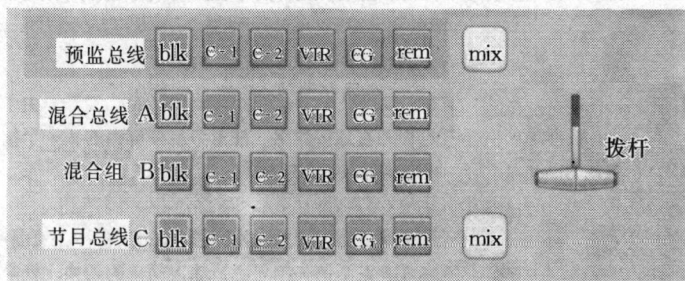

图 4-4　带有预监总线的视频切换台

（4）特技总线（Effects Bus）：如果现在要视频切换台作一些比较普通的特技效果，如各种各样的划度（一几何画面逐渐取代另一画面）、标题键入（把文字嵌入到一背景画面上）和其他图像的操纵（开头和色彩的变化），那么视频切换台的基本设计应该至少包括两条特技总线和一个附加的拨杆。实际的切换台也不会有这样多的按键和控制杆。控制所有这些功能就需要多功能视频切换台，以对多台摄像机现场制作或直录制作。

2．多功能视频切换台

为保证视频切换台的可操作性，生产厂家设计出按键能发挥多种功能的视频切换台，不是分开的节目总线、混合总线、特技总线和预监总线，而是用最少的总线（或按键）作出各种混合和特技功能，即 M/E 功能（M 是 mix 的缩写，E 是 effcts 的缩写）。当把混合总线和特技总线（A 和 B）调到混合方式时，就能作 A 到 B 的化出化入或作叠影（停止在化出化入的中途）。当调到特技方式时，能得到特技效果，如从 A 到 B 的各种划变。甚至还能把节目总线和预监总线用作混合和特技功能，但它们仍然还发挥原有的功能。下面来介绍各种总线以及在简单的多功能视频切换台上是怎样互相作用的，见图 4-5。

256

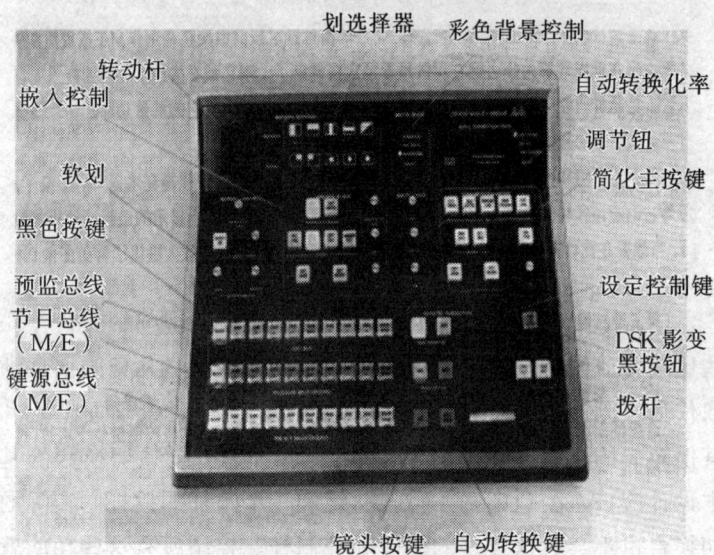

图 4-5　多功能视频切换台

（1）三条主要的总线：可以看到在图 4-5 的多功能视频切换台上只有三条总线：一条预监总线（最下一条总线），一条节目总线（中间一条）和一条键源总线（上面一条）。还有几个按键组可用作创造具体特技。节目总线总是作输出，例如，如果按下节目总线上的 C-1 按键，摄像机 1 的图像就作播出。如果现在按下 C-2 键，就从摄像机 1 切换到摄像机 2 的图像播出。如果不需要监看紧跟的图像并只作切换，就可以在节目总线上完成这一切。当设定到混合或特技 M/E 功能时，该总线就变成了（M/E）A 总线。当设定到混合或特技功能时，预监总线可以预先看到选作下一镜头的图像。当按下其中的一个图像信号输入键时，图像就会出现在预监视器上。当作具体的切换时（硬切、化出化入、划），预监视器的图像马上就会取代在主监视器所显示的图像播出。可以看出，预监总线是作为（M/E）B 总线。节目总线和预监总线有时都称做"背景"总线（Background Buses），这使得在术语上更复杂了，因为它们能为各种特技作背景。例如在节目总线上 C-1 的镜头是最新计算机的特写，当想要在此计算机特写的镜头上嵌入名称时，C-1 就为此标题的嵌入提供了背景图像。第三条总线是键源总线（Key Bus），它能把所选的图像，如字幕机提供的文字等，嵌入到节目总线提供的背景图像上。

（2）设定控制键：这些设定控制键可作选择转换方式或特技。在上图显示的视频切换台上这些键位于总线的右边，拨杆的左边，见图 4-6。按下背景按键（bkgd 键），节目总线和预监总线（即 M/E 的 A 总线和 B 总线）选定到了混合方式。节目总线作播出时，图像就会显示在主监视器上，而预监总线上的图像就显示在预监视器上，通过切换预监总线上的图像信号就被节目总线取代播出。按下视频切换台设定部位的附加红色 mix 键就扩展了切换方式，从只能作硬切增加到划出划入的软切，现在就可以从一图像切换到另一图像，或者在这两图像间作化出化入了。当按下红色 wipe 键而不是 mix 键时，切换

257

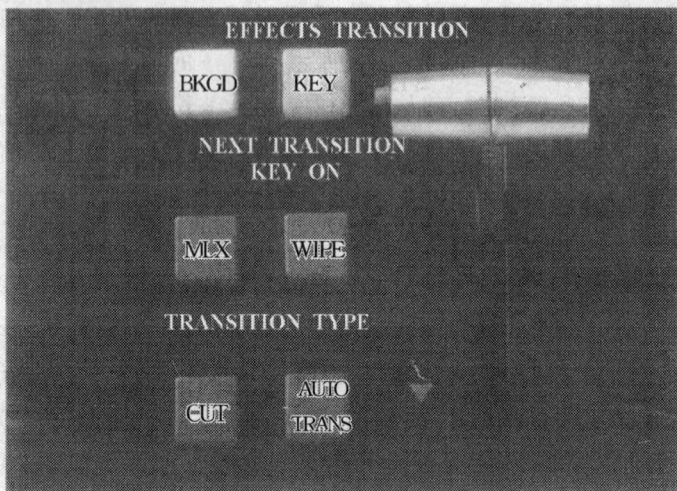

图 4-6　设定控制键

258

就是划变而不是化出化入了。按下 KEY 键，就采用了最上一排总线，在这条总线内可以选择适合的嵌入源，如文字等，能插入到节目总线呈现的背景图像上并作播出。回到计算机的那个例子，按下节目总线的 C-1 键就会提供计算机特写的背景图像，按下键源总线上的 CG 键就会出现计算机的名称。

多功能视频切换台的优点是仅仅采用三条总线就能获得所有效果的切换。如果按电路设计的逻辑来结构视频切换台，可能至少需要五条总线、两个拨杆和几组附加按键才能获得相同的效果。

3. 基本的切换方式

以图 4-5 为例（Grass Vally100），它的控制键是以特定的方式安排的，但大多数多功能视频切换台的操作都采用相似的 M/E 原理。一旦知道怎样操作一台视频切换台后，就能把这些技巧用于其他视频切换台。

（1）硬切：只要按下节目总线上相应的按键就能从一图像源切换到另一图像源。如果想要播出摄像机 1 就按下 C-1 键，要切换到摄像机 2，就按下 C-2 键。用这种直接切换的问题是下一镜头不会出现在预监视器上，除非在控制室内每个图像输入有各自的预监视器否则只能在播出时才能看到新的图像。要想看到紧跟的镜头（即摄像机 2）与已在播出的镜头（摄像机 1）切换在一起时是否合适（提供视觉上的连贯性），在推出播出以前，应该先看一下预监视器。怎么办？只需按下预监总线的摄像 2（C-2）按键，然后再从预监总线切换到节目总线。节目总线和预监总线它们应该起一对 M/E 的作用，按下背景按键（bkgd 键）就完成了这种设定。M/E 中的 A 总线（也就是节目总线）现在会把摄像机 1 的图像输送到主监视器上，M/E 中的 B 总线（也就是预监总线）把摄像机 2 的图像输送到预监视器上，随时可取代摄像机 1 的图像，见图 4-7。为完成从摄像机 1 到摄像机 2 的实际切换，只要按下切换键（cut 键），在主监视器上的图像会立即从摄像机 1 变换到摄像机 2，并且在预监视器上的图像从摄像机 2 变换到摄像机 1，节目总线上的 C-1 按键变暗（表示它的图像源没有播出），而节目总线上的 C-2 键发亮（表示它的图像源正在播出中）。在预监总线上会以相反的键发亮，C-2（摄像机 2）键暗亮（表示它的

259

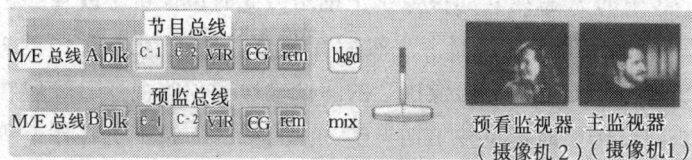

图 4-7　切换前的状态

图像不在预监视器上）。而 C-1（摄像机 1）键发亮（表示图像
已输送到预监视器上）。按下切换键（cut 键）实际上是把预监
总线上的图像切换到节目总线上了，并且把节目总线的输出切
换到预监总线，见图 4-8。如果再按下切换键（cut 键），在预
监总线（显示摄像机 1）和节目总线（摄像机 2 在播出中）之
间是否会得到相同的反向效果？是的，切换键的反向特点在两
个相同的图像源之间作快速和反复切换时非常有用。例如，作
采访的切换中，用单一的切换键能对说话对象作出快速反应，
并能在采访人和被采访人的特写镜头之间作非常精确的切
换。

图 4-8　切换后的状态

（2）化出化入（渐隐渐显）：作化出化入时，首先要按下
mix 按键设定到混合功能，如果因为某种原因 bkgd 键已关了
也需要按下，当背景和混合键都发亮，切换台已处在正确的混
合状态。从摄像机 1 化出化入到摄像机 2，需要把节目总线
（M/E 中的 A 总线）的摄像机 1 推出，此时摄像机 1 就在播出
中，并显示在主监视器上。然后在预监总线上（M/E 中的 B
总线）按下 C-2 键把摄像机 2 的图像输送到预监视器上。但在
镜头间作转换时不是按下切换键（cut 键），而是把拨杆作全程
的推上或拉下。化出化入的速度取决于拨杆推拉的快慢，当把
拨杆推拉到头时，化出化入就完成了，并由摄像机 2 的图像完

全取代了摄像机 1 的图像，见图 4-9（a）、（c）。主监视器上

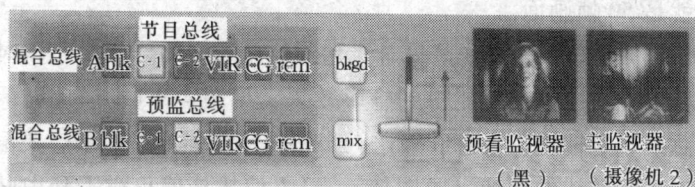

（a）

（b）

261

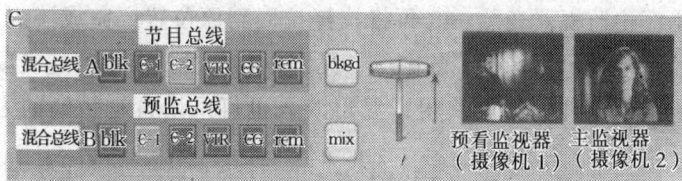

（c）

图 4-9 化出化入

可看到化出化入的效果，在化出化入的开始显示摄像机 1 的图像，在化出化入的结束显示摄像机 2 的图像。虽然这两条总线能短暂地作为 M/E 的 A 总线和 B 总线，但它们很快就会回到节目和预监的功能上。还可以采用"自动转换"方式来实现化出化入，不是采用拨杆推上推下，而是按下自动转换键就能发挥拨杆的功能。化出化入的速度取决于调节的画面数量。因为

电视系统是以每秒钟 25 帧画面运作的，所以以 2 秒钟的化出化入就是 50 帧画面。

(3) 叠影：如果在节目总线和预监总线之间作化出化入时拨杆停止在中途，就能得到叠影效果，见图 4-9 (b)。此时两条总线都有输出，各总线输送一半图像信号强度。如果想要偏重于节目总线的图像（原图像），只需使拨杆停止在不到中间点处，想偏重预监总线的图像（叠入的新图像），将拨杆推过中间点。

(4) 淡出淡入（影变黑 黑变影）：视频切换台作淡出淡入的切换过程：①按下节目总线上的 C-1 键，摄像机 1 作输出，主监视器显示摄像机 1 的图像。②按下 bkgd 和 mix 键（这些设定控制键能使节目总线和预监总线转换到 M/E 功能上）。③按下预监总线上的 blk 键。④将拉杆拉推到相反的位置，完成淡出，主监视器变黑。⑤再将拉杆拉回到原位置，完成淡入，主监视器显示摄像机 1 的图像，见图 4-10。淡出淡入的速度取决于推拉拉杆运动的快慢，淡出淡入也可采用自动转换的方式。

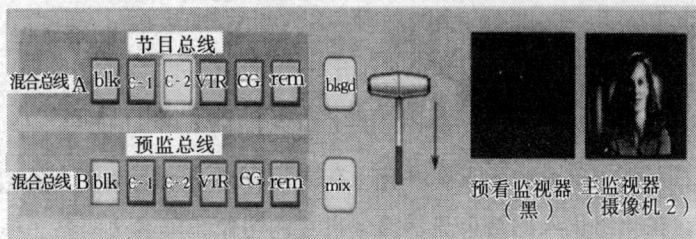

图 4-10　淡出淡入

(5) 特技效果控制：因为已经熟悉了视频切换台的操作，所以能使用更多的控制键创造各种特技效果，包括：划的控制和划的形状、键控和调节控制、下游键控和彩色背景控制。到此不必担心这些控制具体是怎样操作的，虽然各种专业视频切换台都有这些特技的控制，常常需要不同的操作方法。为了能胜任使用某种视频切换台，常常需要借助操作说明，结合以上所讲内容，通过大量的实践，才能达到熟练的程度。①划的控制和划的形状：当按下设定控制部分的 wipe 键，所有的切换就是划。在划的过程中，原图像逐渐被第二个图像以"擦掉"的方式来取代，该图像是以某种几何图形来切换的。在称为划的方式选择单元的按键中可以选择划的特定形状，见图4-11。大型的视频切换台能达到近百种不同的形状，还能控制划的方向。转动定位杆可以在屏幕的任何位置作某种形状的划，还能

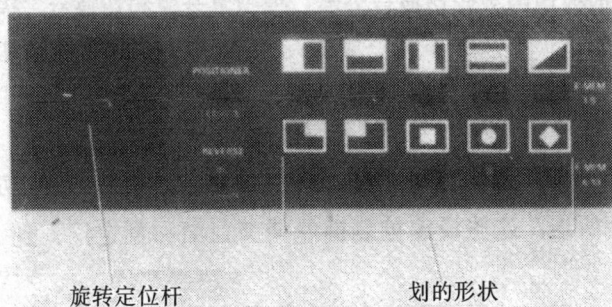

旋转定位杆　　　　　　划的形状

图 4-11　划的形状

控制软边的划或硬边的划。②键控和调节控制：键控是在现有的图像背景上、场景上插入文字或另一图像。最常用的键控是在人物或场景上加入文字或在新闻播音员肩部上方加入文字或方框，键源总线可用来选择要作插入到背景上的图像源，如：从字幕机送来的文字等。调节控制是调节键入的信号，在作插入时能调节文字鲜明度和清晰度。有关键控是怎样产生及更多

的内容，在下节中会有讲解。③下游键控单元：下游键控是指在线外的信号操纵，而不是上游的混合特技阶段。采用下游键入能在信号输出视频切换台之前插入文字或其他图像。这种最后一刻的特技完全独立于总线的任何控制，这样做是为了尽量保持混合和特技（M/E）作更多的其他切换或特技功能。另外下游键控单元还有淡出（影变黑）的控制，在节目结束前可作最后的淡出。④彩色背景控制：大多数视频切换台具有这样的控制，它能提供彩色背景用作嵌入，甚至给文字或标题和其他书写内容提供各种色彩或彩色的镶边。色彩来自于视频切换台内装的彩色发生器。控制包括调节色别、色饱和度和色彩的亮度。大型视频切换台具有这些色彩的全部控制。

目前使用的视频切换台分为：模拟复合视频切换台、模拟分量视频切换台、数字复合视频切换台和数字分量视频切换台。

以 M/E 功能又分为：一级（混合/特技）视频切换台、二级视频（混合/特技）切换台和三级（混合/特技）视频切换台。

△ 第二节　电子特技

"特技"一词，从字面上理解就是特殊技巧的意思。当它用于影视制作时，则是指运用特殊的处理，而产生的特殊视觉效果。电视特技一般采用电子特技来完成。电子特技是指用电子的方法对视频信号进行特殊处理后，产生特殊效果的视觉图像。如"新闻联播"节目中新闻标题的出现，新闻播音员肩上方的小框画面，各种栏目节目的片头等。它们有二维的，有三维的，画面给人新颖别致、变化万千、富有个性、充满诱惑和新奇。

一、电子特技的作用

电子特技通常有以下几方面的作用：

（1）特技画面已经形成了一套独特的画面语言，扩大了电视的表现力，丰富了画面内容。

（2）改变画面的节奏，延长或压缩动作的持续时间，形成慢动作或快动作，以产生抒情或喜剧效果。

（3）消除或减轻制作过程中给演员带来的危险性。

（4）以假代真，节约制作经费，缩短制作周期。

（5）能够对电视画面进行意境创新，为艺术表现服务。

此外，电子特技一般分有模拟特技和数字特技两种。

265

二、模拟特技

电子特技中的模拟特技，是指直接利用模拟电视信号来实现特技效果。它只能是两个信号之间的相互替代或一个图像插入另一图像之中，画面的大小、形状、方向和位置不能改变。上节中所讲到的叠影、划变以及键控都属此类。前面所讲的视频切换台都能完成这些标准的特技。使用较多的特技有：

1. 划变（简称划）

是指一个图像以某种几何形状或方向逐渐缩小，渐渐地被另一图像取而代之，也称扫换。通常划变的形状有几十种或上百种，见图 4-12。如果参与划变的两图像之间的分界线为两个图像互相交融，就称为软划（分界线为软边）。要是两图像有清晰的轮廓就称为硬划（分界线称为硬边）。划变的速度由拨杆上推或下拉的速度来决定或设定为自动状态。

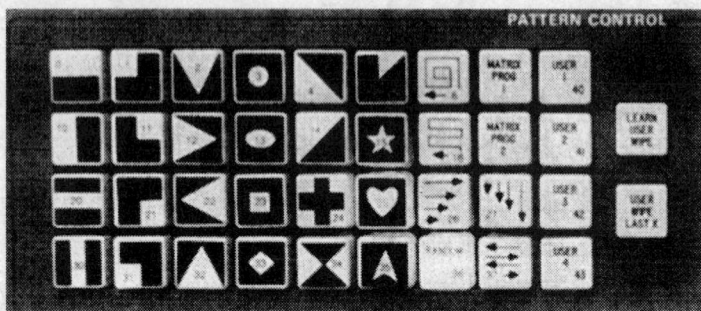

图 4-12　划的形状

（1）划的形状：在竖向划变时，一图像逐渐被另一图像从上至下或从下至上地取代，称为竖向划变，见图 4-13。在横向划变时，一图像逐渐被另一图像从左至右或从右至左地取代，称为横向划变，见图 4-14。图 4-15 是横向的软划。在对角线划时，第二个图像从屏幕的一个角开始，逐渐扩大取代第一

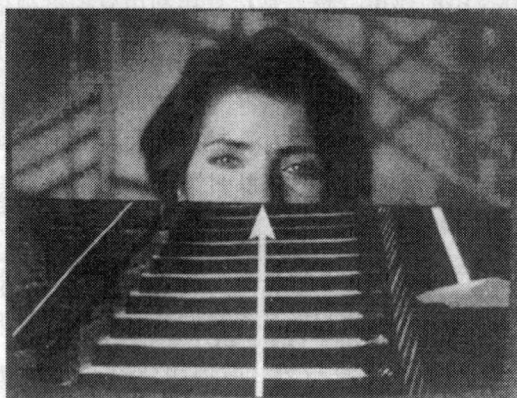

图 4-13　竖向划变

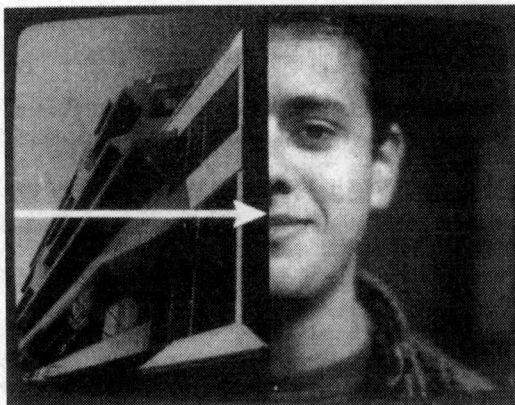

图 4-14　横向的划

图 4-15　横向的软划

个图像。较复杂的划有很多种，如棱形划是一图像开始于另一图像之中（位置可调），四边扩展划出，取代前一图像（见图4-16），几何图形可选方形、圆形、椭圆形等。

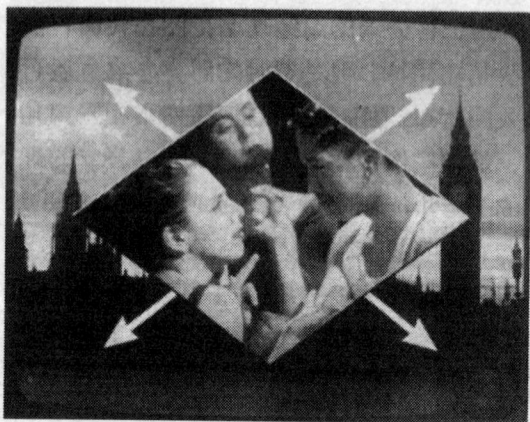

图 4-16　棱形的划

（2）划的位置和方向：划是用拨杆的运行来完成的，当拨杆停止在某一位置时，任何一种划都能在任何地方停止。如果视频切换台具有划的方向按键，就必须事先设定正确。如果采用方形或圆形划变时，一般可在一定范围内改变形状。例如，可以从圆形变换成椭圆形或从正方形变成长方形。采用旋转杆，可以把划的形状置于屏幕的任何位置。

2．叠影（简称叠）

叠影是将两个图像重叠在一起而产生的画面效果，与日常生活中摄影时采用的二次曝光而形成的画面效果一样。叠影在视频切换台上用两个混合键和拨杆就可容易的得到，见图 4-9（b），两个参与叠的图像的强度可用拨杆的推拉来改变。

叠影常用来表现人物内心活动，如梦的想象等。例如在一个特写的舞蹈演员的图像叠上演员舞蹈时的全景，创作出想象的效果。用叠影的方法还可给背景图像加字幕，如：一台摄像机拍摄某一事件现场，用另一台摄像机拍摄一个黑底白字的字幕卡，然后，把两图像叠在一起，就可完成加字幕。值得注意的是字幕卡必须是黑底，因为黑底参与叠时在屏幕上是看不见的。

3. 分屏

在进行划变特技时，将拨杆停在某一位置上，屏幕上画面效果就是分屏特技。它是一个没有做完的划变特技。用一例来说明分屏，见图 4-17，摄像机 1 拍摄图像（A）（主体应在屏幕左半边），摄像机 2 拍摄图像（B）（主体应在屏幕右半边），采用划变方式将拨杆停止在中间位置，就在屏幕上得到二分屏的效果。在一台多级的大型视频切换台上可实现四分屏、八分屏。

图 4-17 分屏

4. 键控

键控就是用电子方式将一图像的一部分切出（即分割出来）并镶嵌到另一背景图像上或是组成另一图像的一部分，它是用来在某一图像上加入字幕或把一图像（如天气预报员）嵌入到背景图像上（卫星天气预报图）。键控特技有自键、外键和色键三种。

（1）自键：以参与键控的某一图像的亮度信号作为键信号来合成画面，如图 4-18 所示。当扫描束扫到键信号（即高亮度图像部分）时，切换台的电子"开关"就动作，这个开关就从背景图像切到键图像信号（即高亮度图像部分）。由于自键是取决亮度信号，所以作键信号的图像最好是黑底白字或图像是白底黑字。自键常用作黑白字幕及图形的嵌入。为了使字幕不出现断裂或毛边，就必须将背景图像与键信号保持一定的亮度反差，用切换台上的键入程度控制旋钮来保持这种反差。

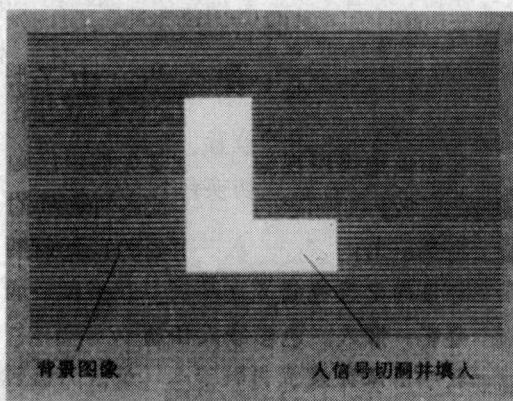

图 4-18　自键特技

（2）外键：键信号不是由参与键控特技的两路图像信号所提供，而是由第三路图像信号的亮度信号作为键信号来合成画面。如图 4-19 所示，如果想要嵌入字幕机的字母 L 到舞蹈演员图像上，并想使 L 字产生麻纹布质感，可用摄像机 2 拍摄一麻纹布，则键控后，L 字母像是从麻纹布上剪下来一样的效果。如果摄像机 2 拍摄各种色彩或活动图像就可使 L 字母成为彩色字幕或是活动的图像。当然，彩色也可由切换台上的彩色发生器提供。

（3）色键（抠像）：利用参与键控的两路图像信号中一路图像信号的任意一单彩色信号作为键信号来分割和合成画面。

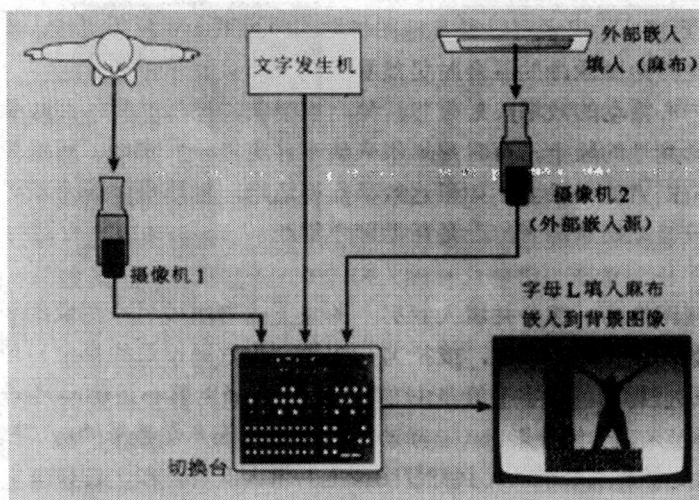

图 4-19 外键特技

如每天都能看到的天气预报节目就是使用了这一特技。一路信号摄像机拍摄站在蓝色背景幕布前的天气预报员（见图4-20），另一路图像信号是被计算机处理过的卫星天气动画图像（见图4-21），将两路图像信号作色键后，预报员就站到了卫星天气动画图像的前面进行天气的预报了（见图4-22）。

图 4-20 前景图像

由于预报员是从蓝色幕布背景上抠出后加到天气图像上，因此也称为"抠像"。具体来说，其实现过程为：①在节目总线上选择背景图像信号（如按下 VTR 键，录有卫星天气动画图像的录像带）。②在键源总线上选择前景图像信号（如按下 C-1 键，它是摄像机1拍摄的蓝色幕布前的预报员）。③在键控控

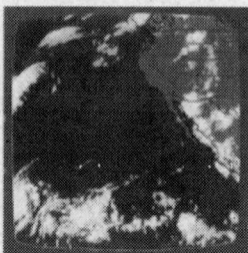

图 4-21　背景图像

图 4-22　色键效果

制单元选择色键方式。④旋转调节控制钮到恰当的位置（色调与蓝色幕布一致）。⑤调整键电平（使背景上嵌入清晰且无幕布色镶边的前景人物）。⑥在设定控制键单元按下 key 键、bkgd 键和 mix 键。⑦再按下 cut 键，完成抠像，在主监视器上显示合成后的图像。或用拨杆实现慢抠像，用 WIPE 键实现扫划抠像。作为色键的彩色键信号要求与人的肤色有较大的区别，一般用蓝色或绿色效果最好。所以幕布多选用蓝色布。作为色键的彩色图像信号，主体形象（天气预报员）和蓝色背景应保持一定距离，否则靠得太近蓝布的反射蓝光会照射到预报员的身上，这样会使嵌入的主体在合成图像上引起"毛边"或撕损。另一方面，主体形象和蓝色背景靠得太近，其灯光的投影会照射到蓝布上，也会引起合成图像撕损。

三、数字特技

数字电子技术和计算机技术的飞速发展以及它们在电视领域里的广泛应用，使得画面组合达到了一个崭新的水平。数字特技（即 DVE）是利用数字电子技术，将模拟电视信号转换成数字信号并存入存储器中，进行数字变转处理，然后再取出还原为模拟电视信号。改变取出的速率、顺序与方式，就能改变电视信号的时间轴及像素的顺序，因此就可改变画面的尺寸、形状和位置，获得放大、缩小、翻转、翻页、旋转等特技效果。借助数字特技手段，制作人员在节目制作中，可对收集到的图像素材进行更充分的艺术再创造，制作出气氛活泼，风格新颖，艺术完美，寓意深刻的电视节目。

目前，数字特技在电视台的体育节目、娱乐节目和广告节目中已大量使用。下面介绍常见的数字特技。

1. 缩小与放大

缩小与放大的意思是可以使画面变小而仍然保持完整的画面和它的宽高比不变。可以从正常的全屏幕画面收缩到屏中的一小点（见图 4-23）。或者可以从一个点的形象开始扩展到全屏幕或甚至更大，只能看到扩展后形象的特写细部。这种处理叫做形象的放大。这种视觉效果与镜头变焦拉出（缩小）变焦推进（放大）极为相似。

273

2. 伸展

用数字图像特技可以横向或竖向伸展形象。伸展不是简单地修剪以适合新的画面（去掉图像的某一部分），而是使整个形象变形，使四边形达到一个新的宽高比，见图 4-24。

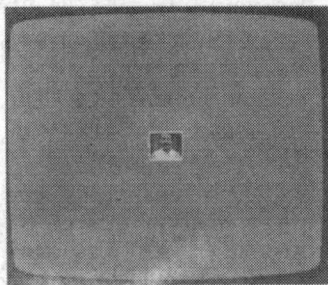

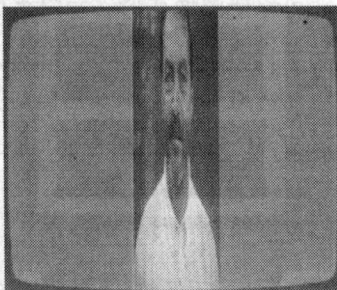

图 4-23　缩小　　　　　　　　　图 4-24　伸展

3．位移

压缩后的形象可以移动到屏幕的任何位置上。例如，可以把新闻图像的第一个画面凝固，并把它压缩后置于新闻播音员肩上方的方框内，然后从第一个图像开始播放新闻。并同时扩展到全屏幕，见图 4-25。

图 4-25　位移

4．透视

可以使图像变形，看起来像三维或者像占有三维空间。简单地透视能创造出三维的错觉。这种效果看起来似乎像把二维的照片（抓拍的照片或明信片）放入电视的三维图像空间内，而活动的图像会使这种图像的三维空间感增强，见图 4-26。

5．镶嵌图案

镶嵌图案特技，图像形象（静止的或活动的）被变成很多亮度和颜色都均匀的小方块。屏幕形象效果看起来非常像瓷砖镶嵌图案（也称为马赛克），见图 4-27。这种技术常用于采访中保护被采访者。

图 4-26　透视

图 4-27　马赛克

6．滑动

　　如图 4-28 中图像（A）横向（或竖向、斜向）平滑到图像（B）的上层，展现在屏幕上，而图像（B）被压在了图像（A）的下面。滑动效果相似于横向划，但不是图像（A）（第一画面）把图像（B）（第二画面）推向一边，而是更像盖上一样。

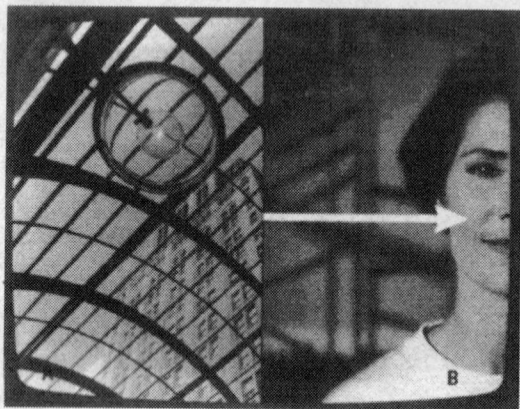

图 4-28　滑动

7. 翻页效果

滑动效果的一种变化是翻页效果，图像（A）会卷走，就像看画报翻页一样，展现下页的图像（B）。这种翻页效果已成为观众喜爱的转换方式，它是文艺节目，体育节目中经常使用的特技，见图 4-29。

8. 抓拍效果

这种效果包括许多凝结的画面，能以各种速率更新各自的画面。在屏幕上能看到的从一图像到另一图像波浪起伏的效果。各画面还能分别填入画面，构成一连串的多屏幕效果，也称为冻结效果，如图 4-30 所示。

9. 旋转效果

采用旋转效果，可使图像在三条轴线上转动，既可以分别转也可以同时转：沿 X 轴线转，变化宽度；沿 Y 轴，变化高度；沿 Z 轴，变化深度。见图 4-31。虽然关于旋转的术语有些混乱，但"翻滚"一般是指 X 轴旋转，"翻转"指 Y 轴旋

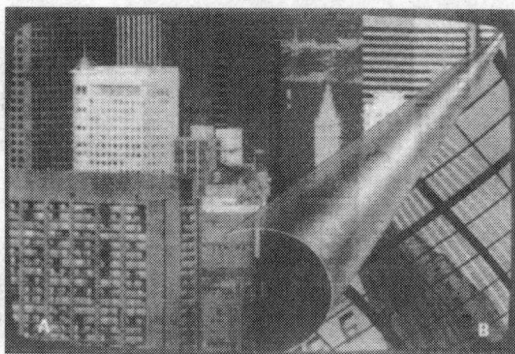

图 4-29　翻页

图 4-30　冻结

转，"转动"指 Z 轴旋转。

10．反射效果

在反射效果中，压缩的图像（A）是从屏幕的一边反射到屏幕的另一边，并衬着背景图像（B）。图像（A）的"反弹球"在活动中改变形状或转动，并扩展到全屏幕，见图 4-32。

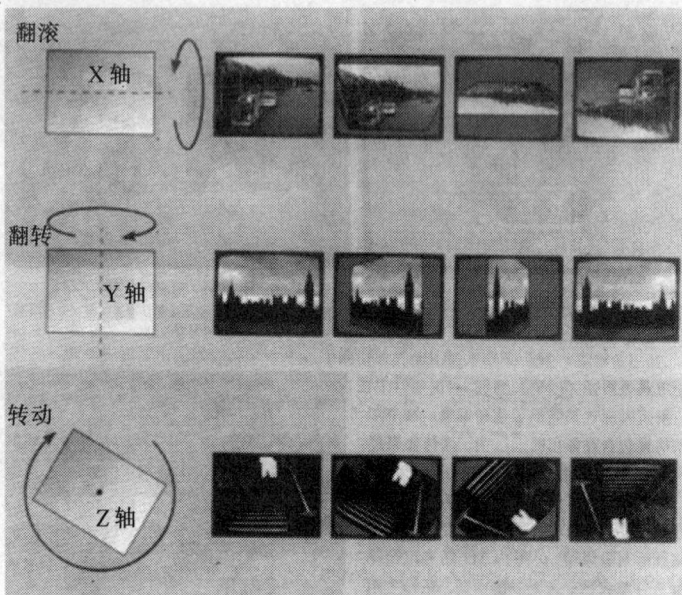

图 4-31　旋转

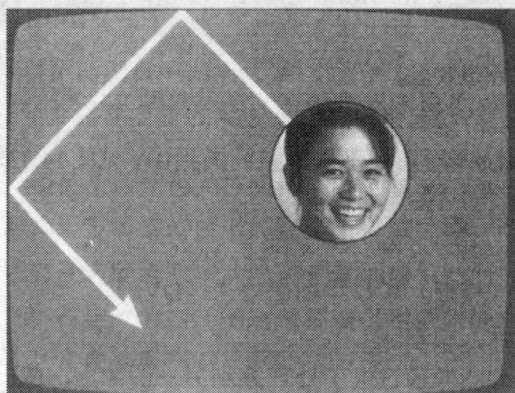

图 4-32　反射

11．飞行效果

在飞行效果中，图像（B）从一点扩展到一定大小并从背景图像（A）上的一处飞行到另一处。在飞行中，可以使图像（A）旋转、翻滚、盘旋，或者用任何逗乐的形式，见图4-33。

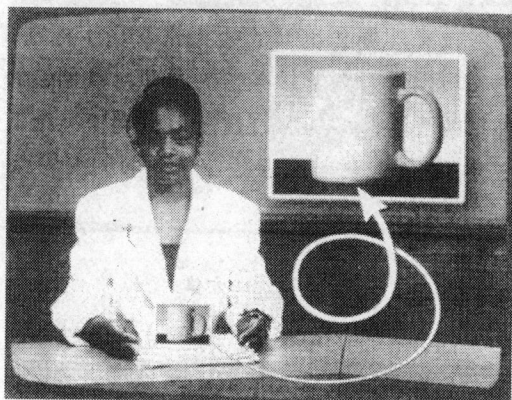

图 4-33　飞行

12．立方体绕圈

这种旋转提供的是三维图像效果。众所周知的立方体绕圈显示了一个自转的立方体，在每个可见的三面上显示了不同活动的或静止的图像，见图4-34。

13．附属画面

附属画面效果在屏幕上显示了几种形象，每个形象明确地包含在各自的画面内，就像两个形象作相反的翻转。这种效果经常用来同时显示主人和客人在分开的画面内，在不同的地区作相互交谈。为了强调两人在相互交谈，通过数字透视的变化使两个附属画面对着斜视，见图4-35。还可以把单个屏幕分割成四个或更多的画面（上、下、左、右好像一个空间隧道），在每个画面上分别显示四个人或事。

图 4-34　立方体

图 4-35　附属

14．重复效果

　　重复效果的创造是重复同一形象，就好像把它置于理发店的两块相对着的镜子之间一样。这种高度装饰性的效果常常用于标题，但也可以用于连续重复冻结的画面，来创造假的活动效果。例如：可以冻结一舞蹈演员特别优美的姿势，然后通过重复效果再使冻结的画面活动起来，见图4-36。还能使连续的重复形象变小或变大、前移或后移。

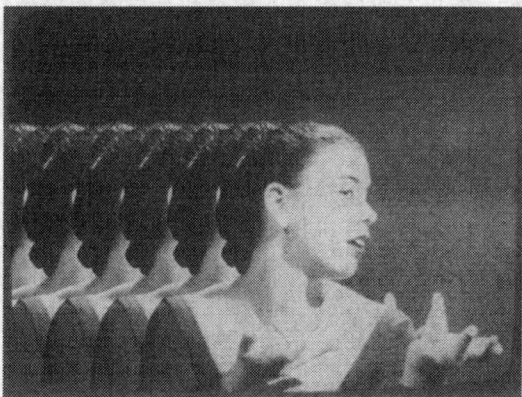

图 4-36　重复

281

△ 第三节　视频设备简介

在电视节目制作系统中，除了有摄像机、录像机、编辑机、视频切换台、特技机外，还有字幕机、同步机、监视器和字幕提词机等。在制作节目时，它们发挥各自的作用和功能，确保节目的整体质量和艺术的要求。

一、字幕机

字幕机就是在 PC 机中加入一块视频图像处理卡和相应的字幕软件的电视设备。它能在画面上嵌入文字，给节目加标题，给画面作说明或提供新的信息。

字幕机是由硬件和软件两部分组成的。硬件是一台 PC 机和一块视频图像处理卡,可处理一路视频信号输入;一路视频输出。字幕、图像采取混合输出,能实现彩色图文字幕功能。软件是专门为电视字幕的形成而编制的操作软件。它具有高精度矢量字库,能进行汉字编辑。字幕机的字幕图形的行、场同步信号和视频图像行、场同步信号能实现同步锁定,从而它可任意放大和缩小汉字,任意选择字体,任意安排字幕在屏幕上出现的位置,任意选择字幕的颜色等。字幕图形和视频信号叠加可在图像上产生黑白字幕图形和彩色字幕图形。

近几年来,随着计算机技术和电视技术的飞速发展,字幕机已不再是简单的字幕设备,而是集字幕、动画、切换、三维特技、视频绘画于一体的数字系统,称为图文特技动画系统。其功能如下:

1．综合字幕

除了能完成一般的旋转、加边、立体、倾斜、阴影等外,还有魔变字幕、面向对象式操作、任意路径摆放、三维字幕、字幕的模块替换、多层画面任意调整、不规则图像修改等。制作时可做到"即做即播",也可制作完成后播出。

2．光感、质感及半透

同屏 1680 万种颜色,有上千种无需调整的 32bit 真彩材料库,可实现半透明、局部半透明、透明渐变、质感半透等效果。

3．新闻唱词

对任何计算机系统中输入的汉字,一旦调入后,就能立即制作出多样的新闻字幕及卡拉 OK 唱词。

4．绘制圆、椭圆、多边形等图形

5．制作三维(3D)动画

采用实物建模,多个光源设置、摄像机变换、贴图及物体运动的透视、反光、镜面、阴影、变形、"模板替换"等技术。

6. 数字特技

可实现特技窗口的油画、负像、马赛克、倒像、画中画、翻转、连续变焦等。同时可完成窗口漫游、活动画面中的漫游等。

7. 满屏的多屏滚动、全自动卡拉OK

对图像、字幕、图形进行混合多屏滚动，速度可调。卡拉OK按歌词节拍击键计时。

8. 集成播控

可将综合字幕、新闻字幕、动画文件进行混编，在播出时，同期进行修改。

在字幕机和图文特技动画系统中都有时钟台标发生器（也有单独的时钟台标发生器），它把时钟信号、台标信号叠加到屏幕上的指定位置。

二、字幕提词机

电视节目经常需要播音员、节目主持人出正面图像，当播讲内容较长时，不希望播讲人员手执稿纸读稿而影响画面构图，因此对播讲人给予必要的提词是完全必要的。提词机就是为此而设计的。

现在普遍使用的字幕提词机是由电脑、视频图像卡、监视器以及镀有特种反射光膜的玻璃板所组成。反射玻璃板要求平稳均匀，不影响摄像机拍摄播音员的效果，光学特性为中性。反射率为10％，透射率在90％。播出的稿件先通过文字录入员输入（也可用手写形式输入文字）到电脑中经编辑排版后送到监视器，然后由反射玻璃板反射，播音员就能清晰地看到字幕的内容。

实际上，播音员可以"照本宣读"，但是播音员无须低头去看稿件，也不必担心忘词。屏幕上的播音员显得端庄大方，神情专一的注视观众，播报流畅自然，字音清晰，铿锵悦耳。提词文稿运动的速度和方向是由播音员自己控制。

三、监视器

在电视节目制作和播出过程中，需要对各种视频设备的图像质量进行监测和评价，并且进行正确的调整。彩色监视器就是用来调整、检查和监测各个环节图像质量所必须具备的终端显示设备。

监视器不同于电视接收机，监视器既能监视图像，又能作为测量仪器对信号进行定性甚至定量测试。电视接收机采用了各种自动控制补偿电路，监视器则相反，它要求能尽量忠实地反映出输入图像信号中的各个细节和不足之处，因此监视器中电路的技术指标都要求很高，而且电路的稳定性、可靠性要好，尽量少采用自动调整补偿电路（为提高本机电路和器件的稳定而采用的自动补偿电路除外）。

监视器规格品种较多，有专供监视用的，有供接收、监视用的，也有供监看彩色电视信号或 R、G、B 三路基色信号用的。监视器根据使用要求的不同，屏幕尺寸分为 4.4 英寸、7英寸、14 英寸、20 英寸等规格。监视器也可根据精度，按质量级别区分。

四、同步机与时基校正器

通过前面的学习，我们已经知道，电视节目制作系统是由多台摄像机、录像机、其他图像信号源和视频切换台等设备所构成。图像信号的切换、混合及特技处理，要求所有摄像、录像设备的图像信号具有相同的相位关系，确保各图像信号同步，否则整个系统将无法工作。使用同步机产生统一的同步信号，在同步信号的作用下，可使各设备图像信号的行、场信号和色副载波信号的相位保持相同。如美国泰克公司生产的1411 同步机，不但能输出同步基准信号，使各设备图像信号相位相同，还能产生各种视频测试信号供系统监测用。

在节目制作过程中，通常会将过去录制的资料插入，放像机要将重放的图像信号送到视频切换台，由于重放磁头与磁带相对速度不可能和记录时的完全一样，同时由于周围环境的影响或因磁带的不均匀性伸缩变化等原因，重放图像在时间轴上会有畸变，致使行、场和色副载波都有很大的误差，即产生时基误差。这对高质量的制作和播出都是不允许的。

时基误差使得重放图像的彩色不稳定，专业用录像机要求色度信号的副载波相位误差小于 3°当副载波频率为 4.43MHz 时，相当于一行时间内误差小于 2ns，即要求录像机抖晃率为 $2ns/64ms \approx 3 \times 10^{-5}$，录像机走带机构是无法达到这一精度的，只能从电路上采取措施进行补救，而时基校正器就是用来完成这一工作的设备，它能使电视图像稳定地重现。在用摄像机、录像机等设备进行节目制作和编辑时，使摄像机和录像机重放的图像信号的帧同步，以清除各种设备相互间的时基积累误差，时基校正器能将两路图像信号调整到同步，确保高质量的电视图像信号。

通常时基校正器分为：外同步和内同步两种方式。外同步方式是用其中一路图像信号作基准，利用同步锁相来校准另一路图像信号的时钟；外同步方式多用于图像编辑与混合；内同步方式用内部时钟来校准。这样，便可在图像合成时进行时基校正，也可在信号加扰时进行时基校正。

同步机与时基校正器区别在于：前者是产生各种同步信号作基准信号，使制作系统的其他设备达到同步，而后者是在电路上采取措施来校正制作设备产生的时基误差，使制作系统达到同步。

△ 第四节　数字视频制作技术简介

近几年来，随着数字视频技术的飞速发展，电视正全面从模拟转向数字化。电视视频技术从前期拍摄到后期制作，从最初的模拟复合、模拟分量，发展到数字复合、数字分量、压缩数字分量等，如：Betacam-SP、M-2、D-1、D-2、D-3、D-5、D-6、数字 Betacam、BetacamSX、Dvcpro、Dvcam、Digital-S；卫星新闻采集（SNG）、数字磁盘录像机、RAM 录像机等，真是应有尽有。它们的发展保证了电视节目信号的高质量，为各种各样的制作提供了必要的条件，使得电视荧屏丰富多彩。

谈到数字视频制作技术，就离不开计算机。当视频技术与计算机技术结合在一起时，则产生了数字化视频制作技术，如图文动画制作系统、非线性编辑系统、虚拟演播室、硬盘录像机和视频服务器等等。这些设备都是计算机在电视制作中的具体的应用。

一、数字非线性编辑系统

数字非线性编辑系统是一个强大的电视后期制作系统。它集放像、录像、编辑、特技、字幕、调音、录音等功能为一体，从编辑到视频特技、图像生成、加字幕、配音到节目形成都在该系统中进行直到完成。它还能作为放像机，供节目播出时使用。那么什么是数字非线性编辑系统呢?

1. 数字非线性编辑的概念

计算机技术带给影视制作的改变是革命性的。这不仅表现在制作手段上,同时也表现在理论概念上。数字非线性编辑一词的出现,就是这一改变的体现。

如何来理解数字非线性编辑这一概念?

非线性编辑这一概念,有人说是从电影剪辑中借用而来,然而今天的数字非线性编辑被赋予了很多新的含义。首先计算机处理的是数字视频信号,模拟视频信号必须要转变为能使计算机识别的 0 和 1,数字视频信号才能在计算机中进行剪切、复制和粘贴,并无需在存储介质上重新安排它们。这样的一种编辑才算是数字非线性编辑。编辑中的剪切、复制和粘贴是任意的,无顺序性的。传统的录像带编辑、素材存放都是顺序的,必须反复搜索,并在另一录像带中重新安排它们,所以称为线性编辑。数字非线性编辑除了能对图像进行一般的编辑外还能产生许多特技效果,这些经特技处理了的图像是我们在现实生活中无法看到的,它使影视创作人员的艺术才智得到了极大的展现。可以说数字非线性编辑是艺术与技术完美结合的典范。

2. 数字非线性编辑系统的组成

数字非线性系统是由软件与硬件所组成。一个数字非线性编辑系统的硬件包括:计算机、视频卡、声卡、高速 AV 硬盘、专用板卡(如特技卡)以及外围设备构成。非线性编辑系统一般带有数字串行接口和模拟分量、模拟复合输入、输出接口。如图 4-37 所示,是基于 DV/DVCAM 的非线性编辑系统。

软件包括非线性编辑软件、二维动画软件、三维动画软件、图像处理软件、音频处理软件等。数字非线性编辑系统输

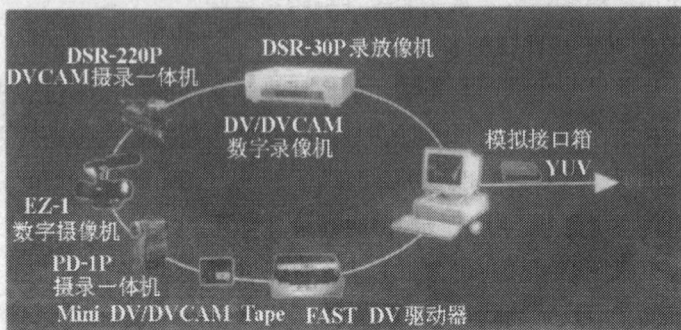

图 4-37 非线性编辑系统

入应是数字信号或模拟信号经 A/D 转换成数字信号，所以要求编辑的素材必须是数字视频信号，而对模拟视频信号非线性编辑系统都要经过这样一个过程：

（1）首先把来自录像机或其他信号源的视音频信号，分别经视频卡、声卡实时采集压缩和 A/D 转换，然后存储到高速 AV 硬盘上。

（2）根据脚本，使用非线性编辑软件以及其他各种软件，对采集的数字视频进行处理、合成，最后形成节目片段。

（3）从高速 AV 硬盘，将节目看做送至相应的视频卡、声卡，进行解压缩及 D/A 转换，还原成模拟视、音频信号送入录像机录制。

3. 数字非线性编辑系统的优点

数字非线性编辑系统的优点：非线性编辑系统具有信号质量高、制作水平高、节约投资、保护投资、网络化等几个方面。

（1）高质量的图像信号：使用传统的录像带编辑节目，素材磁带要磨损多次，而机械磨损是不可弥补的。另外，为了制作特技效果，还必须"翻版"，每"翻版"一次，就会造成一次信号损失。最终，为了质量的考虑，你往往不得不忍痛割爱，放弃一些很好的艺术构思和处理手法。而在数字非线性编辑系统中，这些缺憾是不存在的，无论你如何处理或者编辑、拷贝多少次，信号质量将是始终如一的。当然，由于信号的压缩与解压缩编码，多少存在一些质量损失，但与"翻版"相比，损失大大减小。一般情况下，采集信号的质量损失小于转录损失的一半。由于系统只需要一次采集和一次输出，因此数字非线性编辑系统能保证你得到相当于模拟视频第二版质量的节目带，而使用模拟编辑系统，绝不可能有这么高的信号质量。

（2）高水平的制作：使用传统的编辑方法，为担任一个10多分钟的节目，往往要面对长达四五十分钟的素材带，反复进行审阅比较，然后将所选择的镜头编辑组接，并进行必要的转换、特技处理。这其中包含大量的机械重复劳动。而在非线性编辑系统中，大量的素材都存储在硬盘上，随时备用，不必费时费力地逐帧寻找。素材的搜索极其容易，不用像传统的编辑机那样来回倒带。用鼠标拖动一个滑块，能在瞬间找到需要的那一帧画面，搜索、打点易如反掌。整个编辑过程就像文字处理一样，既灵活又方便。同时，多种多样、花样翻新、可自由组合的特技方式，可使制作的节目丰富多彩，将制作水平提高到了一个新的层次。

（3）数字非线性编辑系统对传统设备的高度集成，使后期制作所需的设备降至最少，有效地节约了投资。同时，由于是非线性编辑，你只需要一台录像机，在整个编辑过程中，录像机只需启动两次，一次输入素材，一次录制节目带。这样就避免了磁鼓的大量磨损，使得录像机的寿命大大延长，节约了投资。影视制作水平的提高，总是对设备不断地提出新的要求，这一矛盾在传统编辑系统中很难解决，因为这需要不断的投资。而使用非线性编辑系统，则能较好地解决这一矛盾。非线性编辑系统所采用的，是易于升级的开放式系统结构，支持许多第三方的硬件、软件。通常，功能的增加只需升级软件就能实现。另外，非线性编辑系统的应用，也决不是对传统模拟设备的抛弃，一些非线性编辑系统还能与模拟设备相结合，实现混合编辑。

(4) 网络化是计算机的一大发展趋势，非线性编辑系统可充分利用网络方便地传输数字视频，实现资源共享；还可利用网络上的计算机协同创作，对于数字视频资源的管理、查询，更是易如反掌。目前在一些大的电视台中，非线性编辑系统都利用网络发挥了更大的作用。

由于数字非线性系统的优势以逐渐在影视制作中突现出来，它将会成为今后影视制作的主流。

二、虚拟演播室

1. 虚拟演播室的概念

虚拟演播室技术是近几年来发展起来的新兴而独特的电视节目制作技术，是计算机技术与视频技术结合起来的产物。它的出现与应用，引起了电视节目制作中的一场革命。在现代社会中，电视成为最广泛的大众传播媒介和娱乐工具，随着电视观众对电视节目的欣赏品味不断提高，对于电视制作技术提出了更高的要求。为了满足观众们的这种需求，近年来数字化技术和多媒体技术广泛应用于电视节目制作领域，虚拟演播室技术成为新的热点。

什么是虚拟演播室？虚拟演播室（Virtual Studio）技术的实质是将计算机制作的虚拟三维与电视摄像机现场拍摄的人物

的活动图像进行数字化的实时合成，使人物与虚拟背景能够同步变化，从而实现两者天衣无缝的融合，以获得完美的合成画面。应用这项技术，背景成像依据的是真实的摄像机拍摄所得到的镜头参数，因而和演员的三维透视关系完全一致，避免了不真实、不自然的感觉。由于背景是由计算机生成的，可以迅速变化，这使得丰富多彩的演播室场景设计可以用非常经济的手段来实现，缩短了节目的制作周期，大大提高了节目制作的效率和演播室的利用率；同时使演员摆脱了物理上的空间、时间及道具的限制，置身于完全虚拟的环境中自由表演。节目导演可以在广泛的想象空间中进行自由创作，这样就使得电视节目的制作进入了一个全新的境界。

2. 虚拟演播室的系统构成

虚拟演播室的工作过程就是将演播室摄像机拍摄的表演者的图像（前景图像）和计算机制作的演播室图像（背景图像）合成在一起的过程。虚拟演播室系统一般分为联机和脱机两个部分。联机部分包括：演播室色键合成系统，即包括色键合成器和具有蓝色背景的演播室；跟踪系统，即能够检测和提供摄像机参数、演员位置等的系统；背景成像系统，即能够根据摄像机参数实时形成背景图像的图形成像系统；合成系统，即把前景中的演员图像和虚拟背景图像实时混合的系统。脱机部分一般包括虚拟背景的设计和生成，如场景中三维模型物体的建立和场景的整体设计等。

虚拟演播室是一个完全开放的系统。它可以不断地根据节目制作的需要更新软件系统，随时满足电视节目制作的要求。在电视制作中使用虚拟演播室，可以得到一个全新的环境，可以让布景设计随整体的形式或主题风格变化，而用实物构造的布景不容易做到这一点。

近几年来，计算机技术的迅猛发展和集成系统价格的大幅度下降以及软件实时性的增强以后，这使得虚拟演播室技术适应了电视节目制作的需要，成为近年来的新兴技术。

三、数字硬盘录像机

电视节目制作需要存储大量的数据，即使压缩后的图像、图形和声音信号，仍然要占据很大的存储空间，因此发展高密度、大容量、高效率、低成本的数据存储介质是电视数字化的关键。近几年来硬盘的制造技术发展很快，单个硬盘容量已做到几十 GB（硬盘的存储容量以 MB 或 GB 为单位），如果将多个硬盘组成阵列，可使在线容量达到几百 GB 甚至更大的容量。

硬盘录像机则是大容量存储硬盘技术发展和计算机技术发展结合的产物。这种录像机存储全数字的视频信号，存储容量大，传输速度快；连接 INTERNET 网络，可实现信息的大交流；还可连接成局域网络，实现信息资源共享。它有多路串行数字输入与输出接口以及多路模拟信号输入、输出接口，可进行多路同时录像和放像，在录像时可进行回放，对已录的图像可进行非线性编辑，可做一些普通的数字特技；变速重放，可实现实况现场的多路慢动作回放和非线性分段播放，具有延时播放的功能。它将是未来几年的主要视频存储设备。

本章思考与练习题

1. 什么是切换？为什么它又称为即刻编辑？
2. 视频切换台的功能有哪些？
3. 视频切换有哪些方式？
4. 简述视频切换台的切换原理。

5. 电子特技有哪些作用?
6. 色键 (抠像) 特技的原理是什么?
7. 数字特技有哪几种?
8. 什么是数字非线性编辑?

第五章
音响技术基础

本章内容提要

◎　音响系统与视频系统一样，都是电视节目制作系统的主要组成部分。音响系统的基本功能有：声电信号转换功能，信号传送、合成、重塑、放大、录制与重放功能，以及信号的监示功能。任何音响设备都是这几个功能中的一种或几种的组合。

◎　音响系统的设备主要有：传声器、调音台、延时器、均衡器、功率放大器、录音机、扬声器、音频电缆等，每一种设备都有其特有的功能特点、操作使用方法和具体应用。

◎　音响的制作应从声音的录制、加工、处理、合成等各个环节努力，以创造出与电视画面高度统一和谐的、能深化画面思想内容的高质量音响效果。

◎　本章主要介绍声学基础、音响系统组成与功能、传声器、调音台、音响制作以及数字技术在该领域的应用。

△ 第一节　声学基础

音响技术（Audio Engineering），有时又称电声技术或称声频工程，是用电子学的方法对声音进行转换、加工、传输、记录和重放的一门技术。我们不仅要讨论各种音响设备本身的技术性能，还要涉及许多声学知识。为此本节主要是扼要介绍声学基本知识。

一、声音的性质

发声的物体称为声源，例如：音叉、喇叭、人体的喉管内的声带等。声音产生于声源的机械振动，例如：音叉的振动，放声时喇叭的振动，人在讲话的声带的振动等。声源的振动带动周围的媒介（如空气）振动起来，产生一疏一密的振动传播，形成这种传播的波叫声波。如图 5-1 所示的为音叉的振动所形成的在空气中传播的声波。声波在空气中以 340m/s 的速度向四面八方传播，当传播到人耳中时，引起人耳鼓膜发生相应的振动，这种振动通过听觉神经，使我们产生声音的感觉。

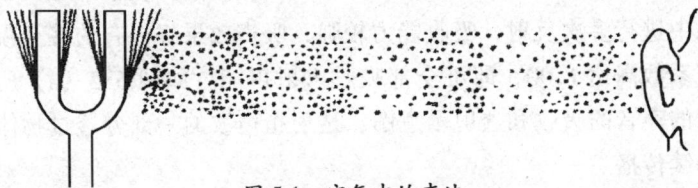

图 5-1　空气中的声波

因此，我们要听到声音，需要三个基本条件：一是存在发声体或声源；二是需要传播过程中的弹性媒介，如空气、水、泥土等；三是通过人耳的听觉，这样才能产生声音的感觉。

声音传输到人耳时，往往包含有多种频率成分，是多种频率振动的复合音。正常人耳可以感觉到的声音频率范围约为20Hz～20000Hz。低于 20Hz 的声波称为次声波，高于20000Hz 的声波叫超声波。

声波常用频率、波长与速度三个物理量来表示，它们之间的关系可以表示为。

$$\lambda = V/f \qquad 或 \qquad \lambda = V \cdot T$$

式中 T 是指周期：声源完成一次全振动所需要的时间，单位是秒（s）；f 是指频率：一秒钟内声源振动的次数，单位是赫兹（Hz），$f = 1/T$；V 是指声波在媒介中传播的速度，即声波在媒介中每秒钟传播的距离，单位是米/秒（m/s）。

声波在传播过程中，会产生吸收、透射、反射、折射和衍射、干涉等现象。当声波在空气等媒质中传播时，若遇到墙、地毯等物体时，声波穿过它们进行传播，由于空气微粒遇到摩擦，部分声能被转化为热能而被吸收。正常情况下，这种热能非常小，如玻璃、木头、砖石等非多孔坚硬的密质材料吸收声能很少，其吸声系数一般小于 0.05。吸声系数是衡量吸声能力的一个物理量，是被吸收的声能和入射声能的比值。但地毯、布帘、玻璃纤维等软质、多孔材料，由于声波在纤维和小孔中进行多次反射，吸收能力较强，吸声效果好，有的甚至吸声系数高达 1.00，即可全部吸收入射声能。如图 5-2（a）所示的声音的吸收和透射示意图。透射指声波的一部分透过物体继续传播。

当声波遇到坚硬的物体（如墙）的表面时，会产生反射。如图 5-2 所示的即为点声源的平面（b）、凸面（d）和凹面（c）反射示意图。当障碍物或孔洞的尺寸小于声波长时，声音绕过障碍物传播，例如："未见其人先闻其声"现象，以及平时我们在墙的一侧可以听到另一侧的声音等现象。这种现象就是声音的衍射或绕射现象。声音频率越高越不易产生绕射，其传播的方向性越明显，声音频率越低，越易产生绕射，

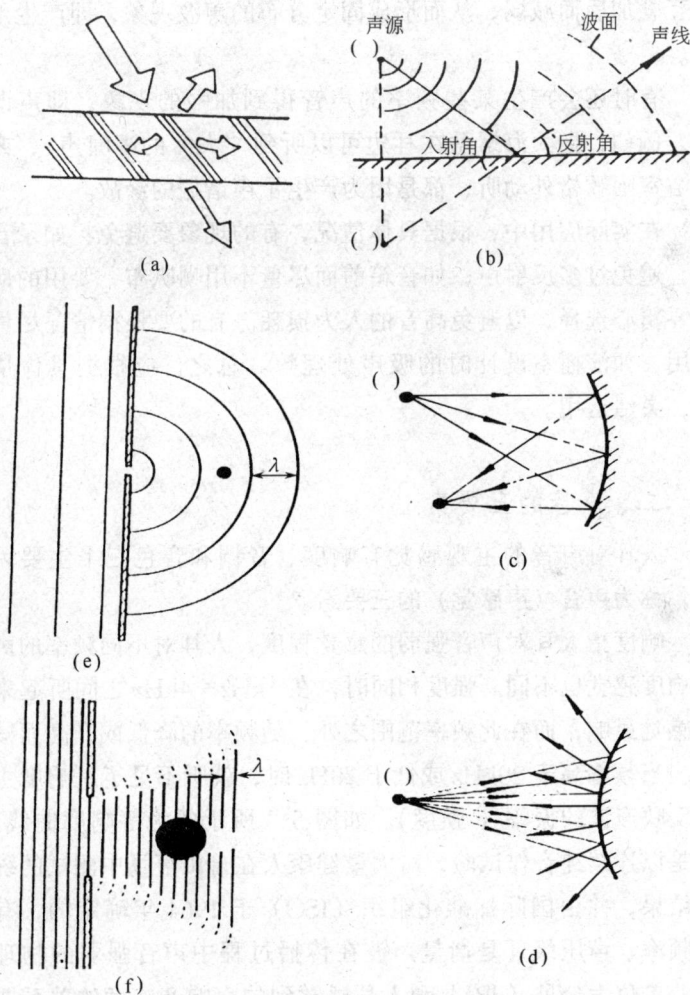

图 5-2　声音的传播

如图 5-2（e、f）所示为声波的绕射示意图。

在一定的条件下，如两列频率相同的声波在一定情况下叠加，会产生某些部分声波因相互叠加而加强，而另一些地方因相互叠加后而减弱，从而形成固定分布的声波现象，即产生干涉。

有时还会产生某些频率的声音得到加强的现象，即声谐振。例如，把大海螺贴在耳边可以听到"大海的呼啸声"，或在浴室唱歌格外动听，都是因为产生了声谐振的缘故。

在实际应用中，根据具体情况，有的现象要避免：如录音间，避免过多反射声；如音箱前面尽量不用喇叭布，要用的话也要精心选择，以避免高音的人为损耗。有的要根据情况尽量利用，如演播室设计时的吸声处理等。总之，应根据具体情况，灵活运用。

二、声音的三要素

人耳对声音的主观感觉有响度、音调和音色三个主要因素，称为声音（声感觉）的三要素。

响度指人耳对声音强弱的感觉程度，人耳对不同频率的声音响度感觉也不同。强度相同时，在 1kHz～4kHz 之间听起来的感觉最响，而在此频率范围之外，随频率的降低或升高而减弱，当频率高于 20kHz 或低于 20Hz 时，就听不见了。响度主要反映声波的振幅（强度）。如图 5-3 所示的为等响度曲线。它是以连续纯音作试验，对大量健康人在自由声场中测试的统计结果，并由国际标准化组织（ISO）于 1964 年确定的，有关频率、声压级〔是衡量声波在传播过程中声音强弱的物理量，单位为分贝（dB）〕和人耳感觉到的声响音响度的关系曲线。

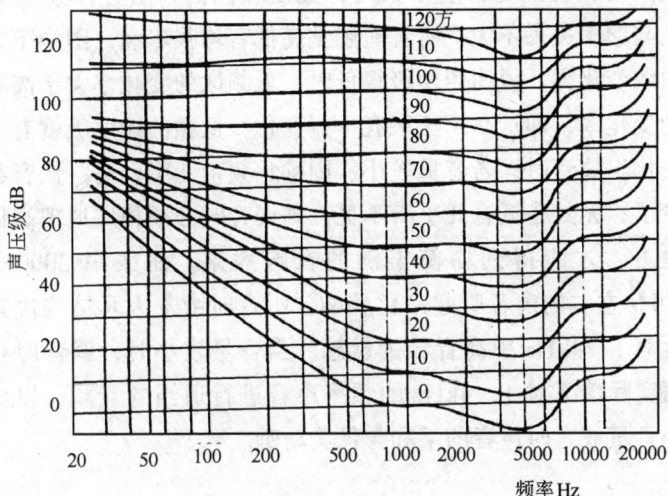

图 5-3　等响曲线

等响曲线在调音时是很有用的。等响曲线图中，同一曲线上任何一点所代表的声音对人耳听起来是同样响的。每条曲线上附注的数字称响度级，其单位为方（Phon）。任何声音的响度级等于一样响的 1000Hz 声音的声压级，因此对于 1000Hz 的声音来说，它的响度级就等于它的声压级。人声语言的平均声压级约为 68dB，最轻的细语约为 40dB，最大声喊叫的声压级约为 80dB，频率范围约为 80～8000Hz 各种乐器的频率范围各不相同，但比语言声的范围宽得多，一般可达 40Hz～1600Hz，最大声压级可高达 110dB。普通乐器和各种声音的频率范围参见图 5-4。常见的各种乐器及男、女的声压级的动态范围参见表 5-1。放音和调音时，必须考虑到不同声音的频率范围和声压级（响度）的动态范围。从等响曲线可以看出，响度级与声压级有关。声压级提高，响度级也相应提高，且与频率相关，调音时应综合考虑。图中上方曲线较平直，说明声压级很高时，放音的音量很大时，强度相同的声音差不多一样响，与频率关系不大，听音时感觉高低音均很丰满。图中下方的曲线变化大，说明声压级很低时，低频区的变化率大于高频区的变化率，即这时声压级有一点变化，低频的响度级就有很大变化。放音时，若音量较小，则感觉频带变窄，高、低音都减少了，尤其是低音几乎听不见，则调音时必须相应地把高低音提升，才能得到均衡丰满的音响效果。曲线中 3000～4000Hz 左右的声音听起来比较响，听音时由于人耳结构决定人耳对 1～4kHz 中高音较为敏感。当音量较小时，调音时可根据实际情况对 1～4kHz 的频率声音进行适当的衰减，以保持小音量放音时声音的柔和与优美动听。

图中标注（频率范围，横轴 20 50 100 200 500 1k 2k 5k 10k 20k 频率 (Hz)）：

飞机　螺旋桨
调幅　收音机
唱片　录音
管风琴
人耳
现代　立体声系统
男声
女声
拍手
大鼓
口琴
钢琴
三角铁
小号
小提琴

频　率 (Hz)

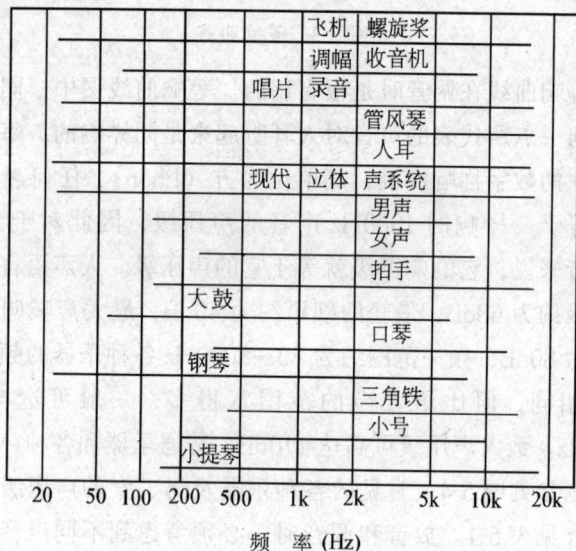

图 5-4　普通乐器和各种声音的频率范围

表 5-1　常见各种乐器及男、女的声压级动态范围

类别名称	声压级范围（dB）	类别名称	声压级范围（dB）
小提琴	40～100	小号	55～95
低音大提琴	55～95	大号	45～95
钢琴	60～100	定音鼓	30～115
吉他	35～80	大鼓	35～115
风琴	35～105	小鼓	55～105
长笛	50～90	管弦乐队	25～120
单簧管	60～95	男声	25～100
双簧管	60～95	女声	25～95

注：距声源约 3m 处测得。

音调是人耳对声音高低的感觉。例如：小提琴的声音较高，而中音提琴的声音较低。音调的高低决定于声音的频率，频率高、音调高，频率低、音调低。对于不同的频率段，人耳对音高的辨别能力不同，中频段最灵敏。如对于 1kHz 左右的声音，一般人可辨别出 2～3Hz 的变化，钢琴调音师可以辨别出 1Hz 以内的变化。人耳对高低频段的辨别能力较差。在可闻声频范围内，音调和频率并不成线性关系，而是成对数关系。当两个声音频率相差一倍时，两音调相差一个倍频程（1OCT），音乐上叫纯八度（如 1→i，7→7 等）。另外，两个频率相同的纯音，若声压级不同，则听起来音调也略有不同。

音色是指人耳对语言、音乐等复合声波的各个频率成分的分布特定的综合印象。例如：钢琴和黑管的基音都是 100Hz，但即使演奏同一乐曲而且响度也一样，人们仍然可以分辨出是两种不同的乐器。如图 5-5 所示的为钢琴和黑管基音为 100Hz 的乐音频谱图。音色主要决定于声音的频谱结构，与音调和响度也有一定的关系。

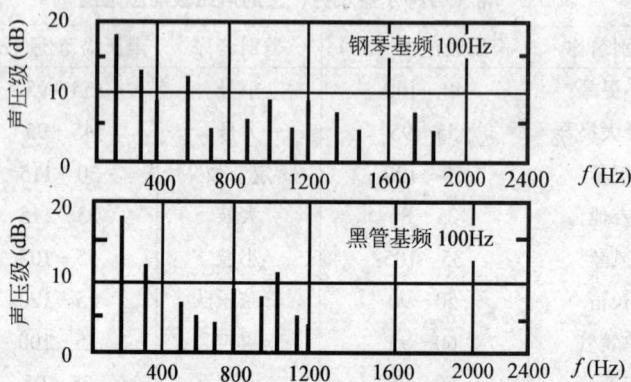

图 5-5　钢琴及黑管的乐音频谱

302

三、室内声音传播特点

在室外自由声场中，某一点声源发出的声波是以球面波形式连续向外传播的，如图 5-6 所示即为一个扬声器产生的球形波阵面。由于能量向四周的扩散，以及部分声能由于空气分子的摩擦而变成热能的损耗，声强随距离的平方成比例而衰减。

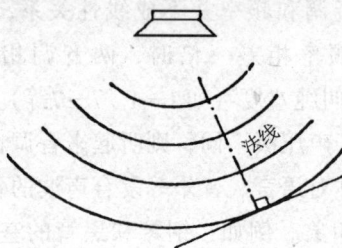

图 5-6　一个扬声器产生的球形波阵面

但室内声音的传播与室外的自由声场有很大区别。室内声音传播时，会受到四壁、地面、天花板等一系列的反射，形成了与室外自由声场不同的复杂声场，使声音在空间的分布发生变化，从而产生与室外不同的音质效果。

1．室内声音的传播

当声源发出声音时，在室内任一点听到的声音按照它们到达的先后可分为直达声、近次反射声和多次反射声（混响声）三部分，如图 5-7 所示。

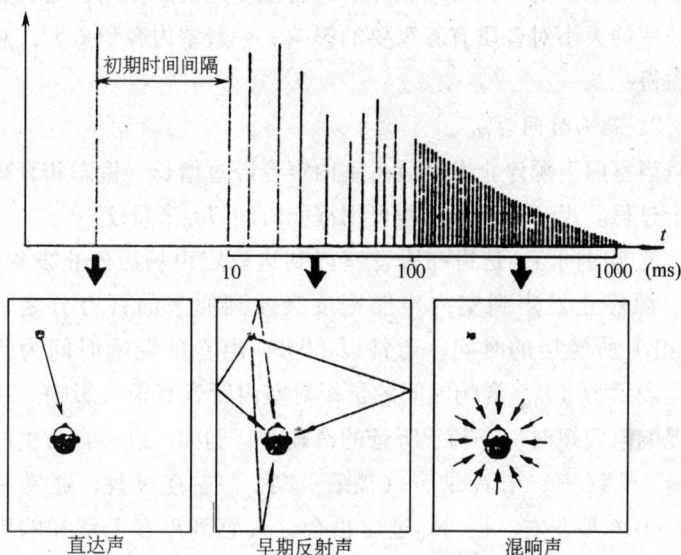

图 5-7　室内声音的传播

（1）直达声。直达声是由声源直接到达听音点的声音，它是声音最主要的信息。直达声的传播与室外自由声场的传播规律相一致，不受室内界面的影响。

（2）近次反射声。近次反射声也叫早期反射声，一般指直达声之后相对延迟时间为 50ms 以内到达的反射声。通常是室内界面的一次、二次以及少数三次等反射后到达接收点的声音。由于人耳难以把直达声和延时 50ms 以内的近次反射声分开，故这些反射声会对直达声起加强作用。特别是大厅内来自侧墙的反射声，对声音的空间感和宏亮感起着重要的作用。

（3）混响声。混响声是指在近次反射声后陆续到达听音点的，经过多次反射的声音的统称。由于声波每入射反射一次，界面都要吸收掉一部分声能，故混响声强度是逐渐衰减的。在远场，混响声的声强对接收点的声音强度起决定作用，而且其衰减率的大小对音质有着重要的影响。一般室内容积愈大，衰减愈慢。

2．混响时间 T_{60}

当室内声源停止发声后，室内声音经过增长、稳态和衰减三个过程。声音的衰减过程可用混响时间 T_{60} 来量度。

混响时间 T_{60} 是指在听音室内到达稳定声场后停止发声，从声源停止发声到室内声能密度衰减到原来的百万分之一（60dB）所经历的时间。通常以 500Hz 声音的混响时间为代表，表示为 T_{60}。混响时间的长短对室内听音有很大影响。一般混响时间短时，有利于听音的清晰度，例如：以语言为主的室内：会议室、语音录音（播音）等，T_{60} 宜短些，通常在 0.4~0.6 秒左右。但 T_{60} 过短也会让人感到声音干涩和响度变弱。混响时间长，有利于声音的丰满，例如：以音乐为主的室内：歌剧院、音乐录音棚、音乐厅等，T_{60} 宜长些，通常取 1.2~1.8 秒。混响时间 T_{60} 也不能太长，太长则会感到前后声音分辨不清，降低听音的清晰度。混响时间 T_{60} 是对各类房间进行音质设计或评价的一个重要指标。

3．分贝

在音响技术领域中，分贝（dB）是一个广泛使用的单位。以分贝为单位的常用量有声级、电平、磁平等。

　　分贝（dB）是两个数值进行比较再取常用对数的结果（10 倍或 20 倍系数）。分贝的定义为：两个同类功率量或可与功率类比的量（如电流平方、电压平方、声压平方、位移平方等）之比值的常用对数乘以 10 等于 1 时的级差。级差就是通常所说的电平、磁平、声级等。

　　电平指两个同类功率量或可与电功率类比的量之比值的常用对数乘以 10，单位为分贝（dB）

$$L_p = 10 \lg \frac{P_2}{P_1} \quad \text{（dB）}$$

若 P_1 为一个电信号传输系统的输入信号功率，P_2 为此系统的输出信号功率，则 L_p 称为该系统的输出功率电平。由于以 P_1 为比较基准，则 L_p 称为相对功率电平；若以 $P_0 = 1mW$（定为 0dB）这个公认的基准值为比较基准，则 L_p 称为绝对电平。

　　声级是指同类声功率量或可与声功率类比的量之比的常用对数乘以 10，单位也为 dB。

　　磁平是在磁记录技术中对剩磁大小的度量单位，通常指两个带磁通密度平方值之比的常用对数乘以 10。

　　声级和磁平也有绝对、相对之分。

　　总之，分贝（dB）是一个功率类量比值对数单位。由于分贝这个单位能对应于人的感觉特性，且可化乘除为加减，把很大的数化为较小的数来表达，使用方便，因而应用广泛。

　　四、声学评价

　　由于节目最终是给观众视听的，因此节目的声音质量（音质）除要符合一定的技术指标外，还应当通过人的听觉进行主观评价，才能反映出节目的真实质量。

1. 音质评价要求

电视节目的音质评价，必须考虑两个方面，一是播放节目声音的设备即音响设备，二是特定听音环境中的听众。只有用符合要求的音响设备，在规范的听音室内，由符合条件的音质评价小组，按规定进行评分，结果才可资比较。

(1) 送评节目要求

参加音质评价的节目必须遵循单声、立体声节目交换的有关规定，录音电平合乎标准。新闻、专题、综艺节目的声音主观评价，一般只评主声道，除新闻节目外副声道必须录有国际声。声迹的分配规定为 12.65mm 或 1/2 英寸节目磁带，如常用的 Sony Betacam-SP，声迹 1 或 CH-1 记录单声道节目混合声，声迹 2 或 CH-2 记录国际声；19mm 或 3/4 英寸节目磁带，如常用 Sony VO-U 型机，声迹 1 或 CH-1 记录国际声，声迹 2 或 CH-2 记录单声道节目混合声。规定的声音基准磁平为 1000Hz 的正弦波。要求在 10 秒空白带后录制 1000Hz 的正弦波信号 60 秒。

(2) 评价用电声设备的要求

原则上音质主观评价用电声设备和器件的电声质量不应低于原录制节目所用设备的指标，并应经主观评价为合适的。

(3) 审听室的条件

推荐的审听室尺寸为：高度 2.8m，长度 6.7m，宽 4.2m，体积为 80m³。混响时间一般取 T_{60} 为 0.2～0.6 秒（中频）。同时要求声场分布较均匀，噪声要求符合标准，内装修在满足声学条件的前提下，结合建筑艺术、色彩艺术、灯光布置等方面统筹考虑，尽可能造就一个视听宜人的符合要求的良好审听室。

(4) 听音人员组成要求

　　听音人员应对原声及音乐基础知识有比较好的了解，最好受过良好的音乐教育。听音人数一般为4～10人，男女各一半左右。听音员的听力一般需125～8000Hz的频率范围。听音人员的位置应尽量避开声频频响有明显峰谷的点，距侧墙至少0.4m，距后墙至少1m，相互间距至少0.6m，尽可能相对听音区轴线相对称排列。

　　2．评分方法

　　采用绝对法评定每个节目音质的绝对印象。对音乐、戏曲节目通常对清晰度、平衡度、丰满度、圆润度、明亮度、柔和度、真实度以及特殊听感（齿音、沙哑、金属声等）和其他杂音（交流声、卜卜声、接头声等）进行评价打分；对语言节目通常对清晰度、丰满度、圆润度、明亮度、真实度、平衡度（两人以上播音时）以及特殊听感进行评价打分。评价时每项一般分为五个等级：优、良、中、可、差。其中优为5分，良为4分，中为3分，可为2分，差为1分。最后进行综合评价。对于电视节目进行音质评价时，还需兼顾声画关系。

　　在评价音质时，一般把整个声频频段大致划分为四个频段，一是低频频段（150Hz以下），低音是基础，是厚度，使听觉真实；二是中低音频段（150～500Hz），中低音是力度；三是中高音频段（500Hz～5000Hz），中高音决定音乐的亮度；四是高音频段（5000Hz以上），高音是色彩。在具体评价时常用术语有：

　　（1）清晰：语言的可懂度，乐队层次分明，有清澈见底之感。

　　（2）平衡：节目各声部的比例协调，立体声左、右声道一致性较好。

　　（3）丰满：中、低音充分，高音适度，响度合宜，听觉温暖、舒适、有弹性。

（4）圆润：低音和中低音丰富，中高音和高音适量，T_{60}合适。

（5）明亮：高中音充分，声音听感明朗、活跃。

（6）柔和：声音松弛不紧，高音不刺耳，听感悦耳、舒服。

（7）真实：能保持原有的声音特点。

（8）自然：音质变化自然，处置恰如其分，总体流畅、亲切。

（9）氛围感：气势、格调、动态范围等与作品相符。

（10）单声道兼容性：立体声节目作单声道重放时，音质、平衡，层次、空间感等良好。

对立体声节目，还应对立体感、空间感、临场感等进行评

价。

节目质量直接关系到视听效果。只有在知道什么样的声音是好的声音，我们才能用现有的音响设备和技术手段，制作出声音质量愈来愈高的电视节目。

△ 第二节　音响系统的组成和基本功能

音响在电视节目的制作中起着十分重要的作用，它是电视节目本身不可缺少的一个组成部分，是节目编导者描述事物发展过程和表达思想感情的重要手段。电视节目音响是对观众通过电视机喇叭听到的节目中各种声音成分的统称。音响的制作离不开各种技术设备所组成的系统——音响系统。

一、音响系统的组成

音响系统的最基本组成，如图 5-8 所示。

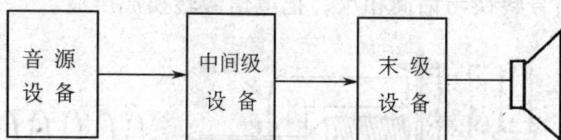

图 5-8　音响系统的基本组成

输入为音源设备，即产生声音的来源，主要包括传声器、录音机、电唱机、激光唱机 CD、录像机、激光影碟机 LD、小型光盘 MD、小影碟 VCD、数字视盘 DVD、数字式盒式磁带录音机 DCC 等等。中间级设备主要包括延时器、混响器、调音台、均衡器、各种效果器等。末级设备主要包括声频功放、扬声器、组合音箱等。不论音响系统的规模如何，其基本组成仍如图 5-8 所示，不同的仅仅是设备的配置、技术指标等。例如：高保真立体声组合系统，常见的有卡拉 OK 多功能歌舞厅、影剧院、音乐厅、汽车音响、家用立体声音响系统等，它们的基本组成也如图 5-8 所示，只不过有它特定的技术指标要求，同时所有设备均是双声道的。

二、音响系统的基本功能

音响系统尽管复杂多样，但其基本组成相同，其基本功能类似，可归纳为以下七个方面：信号转换功能；信号传送功能；信号合成功能；信号重塑功能；信号放大功能；信号录制与重放功能；信号监示功能。任何一种音响设备总是具有以上七个功能中的一个或几个。

在音响设备中具有信号转换功能的是传声器（即话筒）与扬声器（即喇叭），如图 5-9 所示。从图中我们可看到电动式话筒与扬声器的信号转换过程。话筒把声波转换成电信号，扬声器的信号转换与话筒相反，把电信号转换成声波。

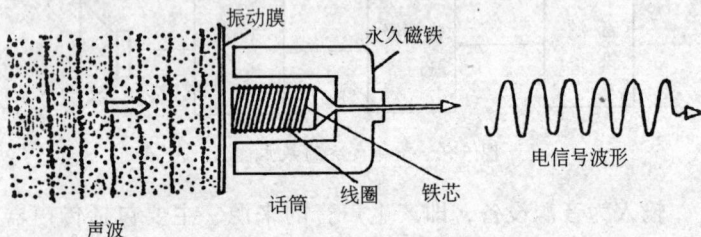

（a）电动式话筒的信号转换

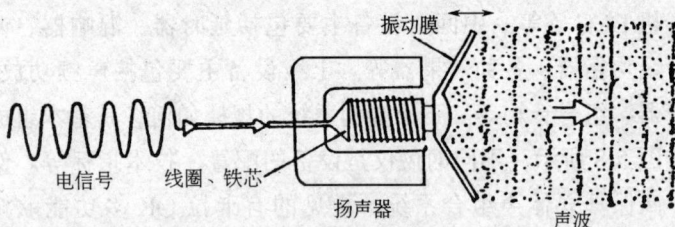

（b）扬声器信号转换

图 5-9　信号转换功能示意图

音响系统中用于传送信号的是各种线路和音频电缆。如电视演播室中音频信号的传输，首先从演播室的话筒通过电缆和线路传送到调音台，再通过调音台内部线路通道传送到输出端，最后通过电缆传送到监示器播放监听或到录音机、录像机等录制设备录音。

具有音频信号合成和重塑功能的是调音台。音频信号合成，指将多路独立的声音信号调谐混合，使之成为一个和谐的合成音响，若要创造出满意的符合节目要求的合成音响，必须同时考虑合成技术和艺术。声音信号的重塑是选择调制声音的音调与音质，通过调音台上的滑键、音量调节钮、滤声器等，改变声音的效果，提高声音的质量，以符合节目的创作要求。

　　具备信号放大功能的有调音台、功放等，它们能够将微弱的信号进行加强，以满足播放或处理的要求。如扬声器播送的声信号都是经过放大的信号。绝大多数音响设备内部均有信号放大功能电路。

　　具备信号录制功能的设备有：录音机、DCC、录像机等，它们能将话筒传送过来的电信号去激发录音磁头产生磁信号，并将磁信号记录在磁带上或磁盘上。具备信号重放功能的设备有录音机、录像机、LD、MD、VCD、DVD、DCC 等等，它们能通过放音磁头拾取磁带或磁盘、视盘上的信号并转换为电信号，再通过扬声器还原放大了的声信号。

311

　　为了确定和检验所制作的信号质量，必须在制作的同时监示音频信号。常用的音频信号监示设备有音量检测表（客观监示音量的大小和其变化）以及扬声器（通过人耳主观评价）。

　　只要掌握了音响系统的基本组成和七个基本功能，就不难理解和掌握各种音响设备及音响系统。

△ 第三节　传　声　器

　　传声器（俗称话筒）是接收声波的第一关，是音响系统的第一环节。传声器质量的优劣，传声器的正确选择与使用对音响制作的技术质量起着非常重要的作用。要正确选择和使用传声器，必须对其种类、特性、操作性能等有初步的了解。

一、传声器的种类

传声器是一种声电信号转换设备，它可以把声波转换成电信号。由于其声电换能的方式不同、原理不同、指向性等不同可以分成很多类型，如表 5-2 所示。传声器的分类方法众多，如按声波接收方式不同可分为压强式与压差式；按其指向性不同可分为有指向和无指向性；按结构不同，可分为动圈式、电容式、带式等等；按工作方式不同可分为有线或无线；按使用方法不同还可分为手持式、固定式和随身佩戴式传声器等。常用的传声器有动圈式、带式、电容式、强指向型、无线传声器等。

表 5-2　话筒的分类

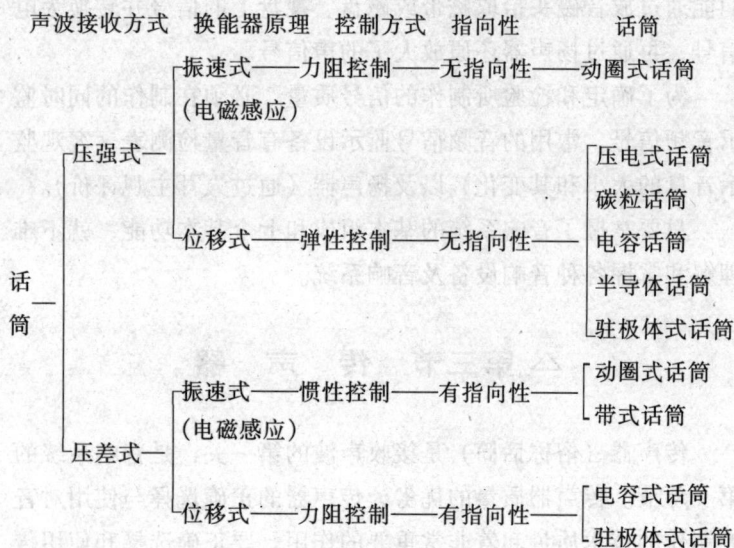

声波接收方式	换能器原理	控制方式	指向性	话筒
压强式	振速式（电磁感应）	力阻控制	无指向性	动圈式话筒
	位移式	弹性控制	无指向性	压电式话筒 碳粒话筒 电容话筒 半导体话筒 驻极体式话筒
压差式	振速式（电磁感应）	惯性控制	有指向性	动圈式话筒 带式话筒
	位移式	力阻控制	有指向性	电容式话筒 驻极体式话筒

1. 动圈式传声器

动圈式传声器的结构原理图，如图 5-10 所示。它主要由膜片、音圈、永久磁铁构成。当声波传送到膜片引起振动时，带动音圈做切割磁力线运动，从而在电路中产生感应电流。动圈式传声器是利用电磁感应原理进行声电转换的。动圈式传声器结构牢固可靠，使用简便，频率响应、指向性、固有噪声等特性良好，使用寿命长，尤其是拾取强音时，几乎无失真。它可以靠近声源工作，这一点对于嘈杂的外景环境下的制作特别重要——演员可以贴近传声器说话。动圈式传声器广泛运用于舞台扩声、卡拉 OK 歌舞厅、外景制作等场合，是最经久耐用的传声器。但其灵敏度较低，易产生磁感应噪声，不适宜一些高质量高灵敏度或有磁干扰的场合使用。应避免在磁感应场合使用，以防磁感应干扰。

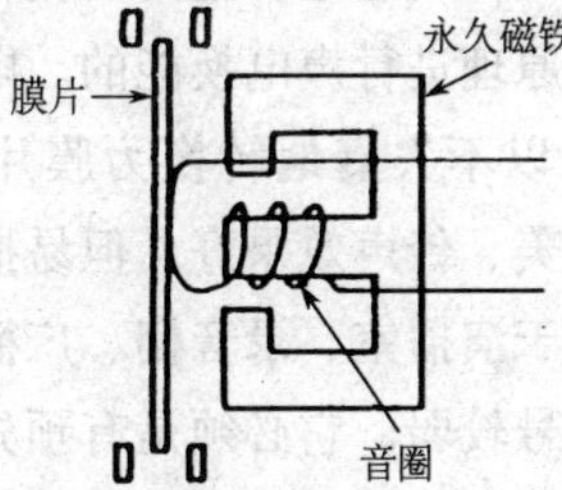

图 5-10 动圈式传声器结构原理图

2. 带式传声器

带式传声器的结构原理，如图 5-11 所示。一条很轻的波纹型金属带悬于两强磁极之间，声波使金属带振动而切割磁力线，在金属带的两端感应出电动势。它也是利用电磁感应原理进行声电转换的设备。带式传声器音质优美，频率响应非常好，是语音和音乐的极佳传声器，特别是低频区传送效果更

佳。但其抗震性能不是很好，相比动圈式易受过强的气流影响
或因敲击过猛而损坏。

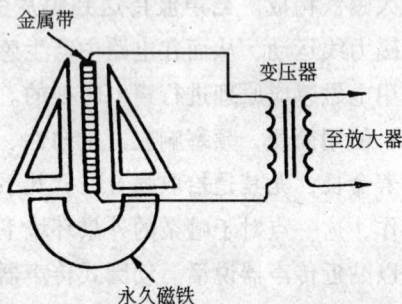

图 5-11 带式传声器结构原理图

3. 电容式传声器

电容式传声器的结构原理图，如图 5-12 所示。它是利用
当声波带动振膜振动时，引起电容量的变化，从而电容存储的
电荷量也随之变化的原理进行声电换能的。电容式话筒振膜薄
而轻，声压的变化可以不失真地转换为膜片的振动，灵敏度
高、频带宽、音质优美、传声效果好。但易损坏，一般作为高
保真传声器广泛应用于演播室、录音棚、广播电台等。由于电
容随声压差产生的信号较弱，它必须是有预先放大装置，因此

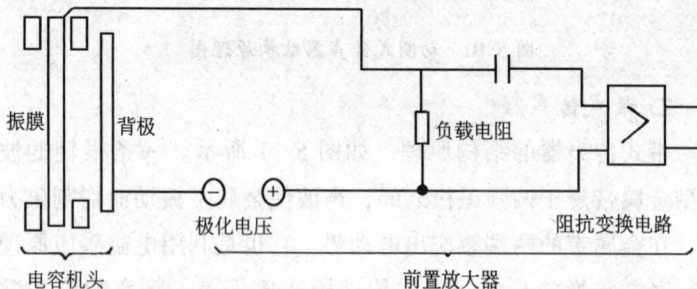

图 5-12 电容式传声器结构原理图

电容式传声器需外加电源电路，生产成本较高；而且由于其高阻部分多，在湿度大的地方有时会产生绝缘不良的现象。

4. 强指向性传声器

在进行大范围、远距离拾音时，必须使用强指向性传声器。实现的两种主要方式，如图 5-13 所示。图中（a）为射枪式传声器，它在传声器前增加一根很长的细管（射枪），在细管的许多部位开着声槽，让声音由此而进。当 0 度方向的声音从各声槽进入射枪时，由于同时到达传声器振膜而无相位干涉，传声器可获最大输出；而来自侧向（图中 Q 角）的声波，由于信号间存在相位差而产生干涉，使声波衰减，从而获得较强的指向性，在全频段适用。图中（b）为抛物反射体传声器，它把传声器设在抛物体焦点上进行远距离高指向性定点拾音，适用于中、高频段。

315

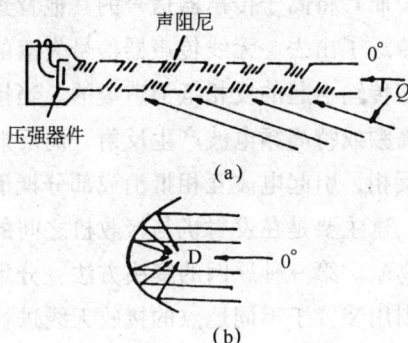

声阻尼
压强器件
(a)
D
(b)

图 5-13 强指向性拾音的两种方式

5. 无线传声器

无线传声器由内装传声器的微型发射机和接收机两部分所组成。发射时将音频信号调制为甚高频（VHF）或超高频（UHF）的调频信号，接收时解调为原来的音频信号。无线传声器由于不需传输电缆，因而特别适用于移动声源（加歌剧、话剧、歌舞厅、演播室等）的拾音，也适用于同期声画面拍摄（如拍电视、拍电影），可以避免画面中出现传声器、电缆等有碍画面的成分。其主要缺点是保密性差、易受外来干扰，有时会出现信号失落现象等。

在实际使用时，应针对具体情况，灵活处理。下面就针对干扰和信号失落问题进行分析。

（1）干扰问题：廉价的无线传声器，多数使用超高频段的低频段（30～50MHz），易受民用通讯的干扰。若使用超高频段的高频频段（150～216MHz）或特高频段（包括 400～470MHz 及 900～950MHz），情况会有很大改善。因为它不受调频广播和民间通讯的影响，效果良好，但价格较高。

（2）信号失落问题：信号失落是由于传声器的信号接收不好或接收不到，而且将高于传声器信号的其他背景干扰信号也录制下来，并传送了出去。无线传声器信号失落的主要原因有二：一是由多路传输引起的反相抵消造成的。当接收点附近有金属物，对超高频或特高频电波产生反射，而反射波又与直达接收点的电波反相，引起电波互相抵消或部分抵消；二是由电波吸收引起的，这主要是在发射机与接收机之间的视线上，存在吸收电波的物质。第一种原因的解决方法：分集接收。即对某一发射机，利用装置于不同地点的接收天线进行接收，将接收状态最佳的信号送入工作系统，如图 5-14 所示为设在舞台口的三重分集接收情况。对于第二种原因，主要依靠"视线传输"的有利条件，避开吸收电波的物体。

专业用无线传声器、发射机通常采用 100mW，以免干扰其他通讯系统，采用压缩限幅器，以保证声频音量的恒定；一个无线传声器只占用一个独立的频道，以免产生干扰。有的还

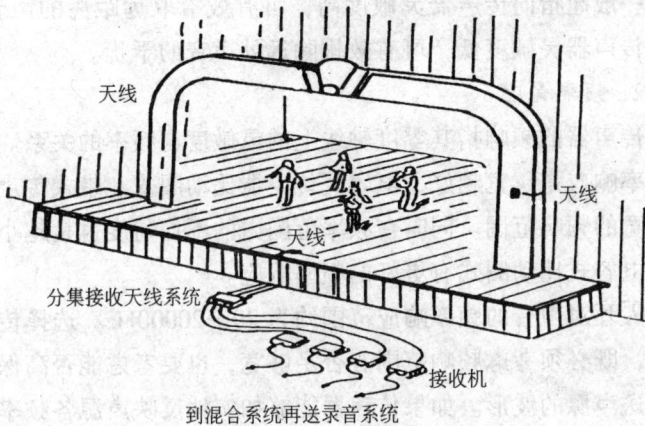

图 5-14　无线话筒的分集接收系统

采用静噪电路，以改善接收质量；或采用动态扩张措施以进一步降低本底噪声，如可用于录取非常清晰的雪地脚步声等。近年来，无线传声器得到比较广泛的应用。

二、传声器的基本特性

传声器的基本特性有灵敏度、频率响应、指向性、输出阻抗、固有噪声等，是衡量传声器和选择传声器的主要依据。

1. 灵敏度

灵敏度定义为传声器开路输出电压与输入声压之比：

$$E_f = \frac{传声器开路输出电压（mV）}{振膜激励声压（Pa）}$$

其中 E_f 为传声器的声场灵敏度。动圈式传声器的灵敏度约为 $1.5\sim4mV/Pa$，电容式传声器的灵敏度约为 $20mV/Pa$。

灵敏度表示了传声器的声-电转换效率的高低。实际使用中，因录制声源与使用距离不同，是低灵敏度传声器各有其

317

用。一般超指向传声器灵敏度高，可有效拾取远距离的声音；近讲传声器灵敏度低，可有效排除远处声音的干扰。

2．频率响应

传声器的频响指其零度轴线上的灵敏度与频率的关系。一般频率响应是越宽越好，电容式传声器比动圈式、带式传声器有更宽的频响范围。同时在频率范围内的不均匀度也是越小越好，电容式比动圈式有更好的频率响应。

人耳对声音的频率响应范围约为 20～20000Hz。选择传声器时，既必须考虑频响范围有否足够宽，也要考虑能否高保真地传送声源的波形。如果传声器能够如实地反映声源各频率的变化，可以说它具有良好的频率响应特性，此时的频响曲线是宽而平坦的。

3．指向性

传声器的指向性指传声器的灵敏度随声波入射角的变化而变化的特性，一般用指向性图来表示，如图 5-15 所示。极坐标中，指向主轴（0°轴）是传声器灵敏度最大的方向，向经 r 代表相对灵敏度，θ 代表偏向主轴的方位角。

在图 5-15 中，图（a）是全指向性传声器的指向性图，是一个圆，表示各方向上的灵敏度相同，又称为无指向性传声器。拾音与方向无关，仅决定于传声器与声源的距离。图（b）是心形传声器的指向性图，在指向主轴方向上灵敏度最高，随方位角的增加，灵敏度逐渐下降，在 180°方向上灵敏度为零。说明此类传声器只对一个方向（正前方）的声音拾音最佳，其余方向上被不同程度削弱，正后方的声音不能拾取。图（c）为双指向传声器，又称"8"字形指向传声器，其灵敏度在 0°和 180°两个方向上最大，而且对称，但相位相反。此类传声器只对正前、正后两个方向的声源拾音良好，一般用于一些需面对面交谈的采访节目中的拾音。图（d）为超心形或锐心形传声器，此类传声器的指向性更强，可有效抑制后方和旁侧不需要的音频信号，可用于正前方很远距离的声源的拾音。

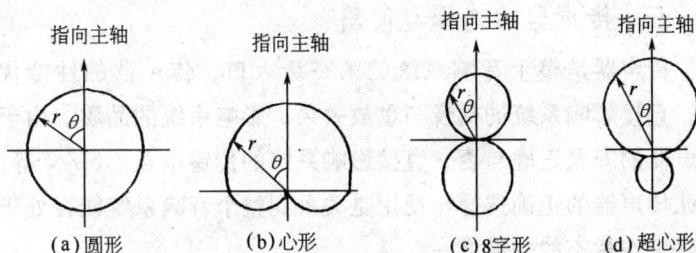

图 5-15 传声器的指向性图

对于不同的应用场合应选用不同指向性的传声器，如在音乐厅等场合，对主要演员的拾音一般采用方向性较强的心形或超心形传声器，以避免拾取观众的喧哗声和其他反射杂音；而拾取现场观众的"反应声"，往往采用全指向性的传声器悬吊于舞台前方与观众之间的高处，以取得逼真的现场效果。

4．输出阻抗

阻抗即传声器对音频电流的电阻，通常以 1kHz 的正弦信号为基准，测得的传声器的交流内阻即为输出阻抗。输出阻抗分为高阻（15kΩ、20kΩ、50kΩ 等）和低阻（150Ω、200Ω、600Ω 等）。高阻传声器，通常采用不平衡型单芯屏蔽电缆，常用于非专业领域，由于高阻电信号消耗大，衰减快，其使用电缆一般不超过 5～6 米。低阻传声器常用于演播室内节目制作，有平衡式和非平衡式两种，原则上采用平衡式。现在专业用传声器一般均设计成低阻的，一级电容式传声器和动圈式传声器的输出阻抗一般均为 200Ω（或小于此值）。

5．固有噪声

传声器的固有噪声是指声压为零时输出的噪声电压。一般优质电容传声器的固有噪声电压在 $0.1\sim0.2\mu\mathrm{V}$ 之间。在录音、广播等高要求的场合，应选用固有噪声低的传声器。

三、传声器的选择与使用

传声器是整个音响系统的第一级入口，传声器的性能优劣，直接影响系统的拾音与重放效果，影响系统的品质。由于传声器的安置正确与否，直接影响系统的传输增益、S/N 等，因此传声器的正确选择与使用是关系到整个音响系统能否处于良好工作状态的关键之一。

1. 传声器的选择

传声器的选择主要从系统进行音响工作的总体要求、应用场合的声学环境、拾音对象、拾音的声源、传声器本身的技术特性及传声器与调音台等其他设备的恰当配合等综合考虑，权衡选择。例如：对于广播、电视、大型音乐、录音棚等场合，应选择高档次的专业级传声器，以电容式传声器为主；对于一般的卡拉 OK 歌舞厅、或家庭卡拉 OK 娱乐、会场扩声则选择坚固耐用的动圈式传声器；演员来回走动时，则可选择佩戴式的无线传声器；对于乐队使用的多半采用强指向性传声器；对于大型体育比赛或文艺晚会等节目，既需要强指向性传声器以拾取清晰的主持人等声源声音，又需要全指向性传声器以拾取现场观众反应声；专业用传声器一般用低输出阻抗的，与其匹接的负载阻抗必须是其输出阻抗的 5 倍以上等等。总之，应根据实际情况，综合考虑多种因素，权衡利弊，进行正确选择。表 5-3 是传声器按使用场合的选择框图，可以作为我们的参考。

表 5-3 传声器按使用场合的选择

扩声音响系统 录音系统 广播系统 有线广播系统	寻人系统	通讯系统

近距离拾音	远距离拾音	一般通信用动圈式传声器

声反馈问题		声反馈问题	
存 在	不存在	存 在	不存在

近距效应		传声器在身上		具有近距效应的心形传声器或没有近距效应的心形传声器	电视或电影录音间	
需要	不需要	是	否		活动支架	无支架

具有近距效应的心形传声器	没有近距效应的心形传声器	配带式传声器	无指向特性传声器	真心形指向特性传声器	环境噪声	
					很大	较小

有近距或无近距效应心形传声器	无指向特性传声器

2. 传声器的使用

在正确选择传声器以外，拾音时还要根据不同场合的使用特点布置传声器，选择合适的距离、方向等正确使用，才能得到良好的音响效果，发挥传声器应有的效果。

传声器的一般布置原则，①传声器的布置必须远离扬声器，以减少声反馈；②传声器与扬声器的相对位置应有一定的角度，使扬声器辐射声音最弱的方向对准传声器灵敏度最差的方向，保证扬声器的辐射声波不影响传声器的正常工作；③传声器与反射墙面的距离至少 3 米以上，避免反射声影响语言清晰度或出现啸叫。

实际使用时，还要考虑扬声器与声源的距离和方向。一般语言拾音采用近距拾音，通常距离保持 20～40cm 为佳，以保证语言的清晰可懂。采用无指向传声器时，距离宜近些，如在演播室条件下，距离为 0.3m 左右，采用指向性传声器时，距离可略远，如在演播室条件下，常用距离为 0.6m 左右。使用指向性话筒远距离拾音时，必须注意保证声源的活动范围应在传声器的拾音区域内。对于大型的演出使用多少只传声器及如何布局拾音，取决于演出规模和形式，一般多采用指向性传声器拾取各声部主要声源或乐器声音，在舞台前方与观众之间的上方约 6～7m 处吊一只无指向性传声器以拾取乐队或合唱的混响声或现场观众反应声。

当使用多路传声器时，除合理选择、布局以外，还要考虑各传声器的声平衡，以及各只传声器之间的相位关系等问题。使用多只传声器时，必须遵循以下四个原则：①使用多只传声器拾音时，传声器之间的距离 L，应至少等于声源到传声器距离 D 的 3 倍，即 $L \geqslant 3D$，如图 5-16（a）所示。②使用指向性传声器时，可将传声器位置调整，使其主轴灵敏度区对准外侧声源，则 $L \geqslant 1.5D$ 即可，如图 5-16（b）所示。③当使用一对传声器拾取单声源信号时，应尽量将两只传声器靠拢，使之距离 L 远小于声源至传声器距离 D，如图 5-16（c）所示。④当使用一对传声器拾取单声源信号时，如果两只传声器间距离 L 大于声源与传声器距离 D，则必须保证两只传声器与声源间距离完全相等，如图 5-16（d）所示。

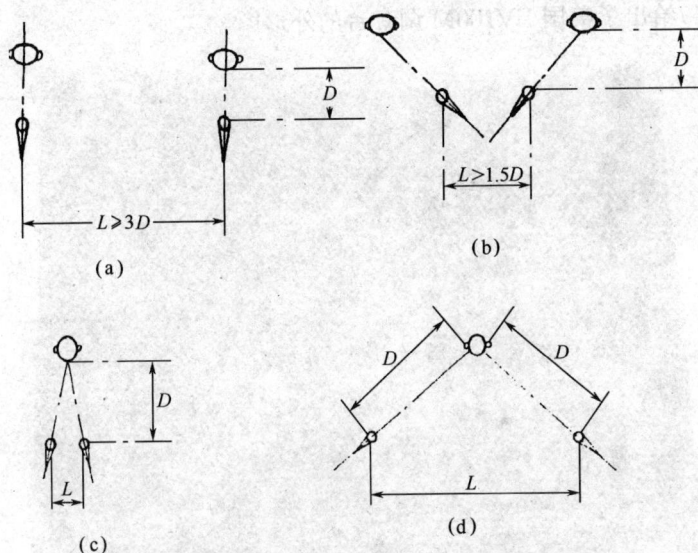

图 5-16　声源与传声器及传声器之间距离关系

△ 第四节　调　音　台

调音台又称音频混合器、音频控制台等，是以适当的电平把多路音频信号混合在一起，对它们进行控制调整和音响效果处理的专用音响设备。也是对声音素材进行技术控制和艺术加工的核心设备。

一、调音台的基本组成和作用

1. 调音台的组成

调音台种类繁多,应用档次和场合也各不相同,但其基本组成和作用是相似的。调音台主要是由输入单元、输出单元、混响/返送单元、监听单元和连接母线等部分所组成的。图5-17给出了美国 EV100M 调音台的外形图。

图 5-17　美国 EV100M 调音台外形图

输入单元主要对输入信号进行前置放大和音量调节。此外还进行音质调节,包括音调调节、多频补偿、频带控制等。若是立体声调音台,还需声像控制电路。如图 5-17 为 10 路输入调音台,其中 1~8 路为高阻线路输入或传声器平衡输入,每一路的结构完全相同，包括灵敏度、音调、音量、声像、效果电平等控制；其中 9～10 路为高阻线路输入或磁带录音卡座输入，该两路的结构地相同，可进行音量、声像、放大等控制。

输出单元主要是从主输出母线上取出各路输入单元混合的信号，进行放大和总音量控制，以一定的电平和适当的输出阻抗将其送给录音机、录像机以及其他音响设备。如图 5-17 中 1～10 路输入可以经过各电路处理后馈入左右声道总线、监听总线及效果总线上，最后输出到后继各设备上。

输入、输出单元构成了调音控制台声音信号的主通道。

混响/返送单元主要用于沟通声音信号的辅助通道，完成以下两个主要功能：一是从混响母线上取出各输入单元混合的信号，经放大调整后送给调音控制台外接的延时器、混响器等处理，再把经处理的信号经此单元送给主输出母线与未延时、混合的直达声信号相混合，完成特殊音响效果的制作；二是从返送母线上取出输入单元的信号，经放大调整后返送给演员等作为同步监听使用，如音乐、效果、预先录好的素材等。

监听单元用于选择监听各输出单元的信号，以及混响、返送信号、录音机、录像机等重放信号；预听各输入单元的信号。监听单元自成系统，可防止对声音信号主通道形成干扰。

连接母线用于连接上述各单元，完成信号的分配与混合。

如图 5-18 所示的为一 8 路输入单声道调音台的系统原理框图。它包含 8 个输入单元，一个输出单元，一个混响/返送单元和一个监听单元。

现代调音台多为通用化和积木化结构，可根据不同要求进行各功能单位的不同组合。对于较大型的调音台，输入路数很多。如标准为 24/16/2 的调音台，表示有 24 路输入、16 路输出和双声道立体声输出。对输入、输出路数很多的调音台往往

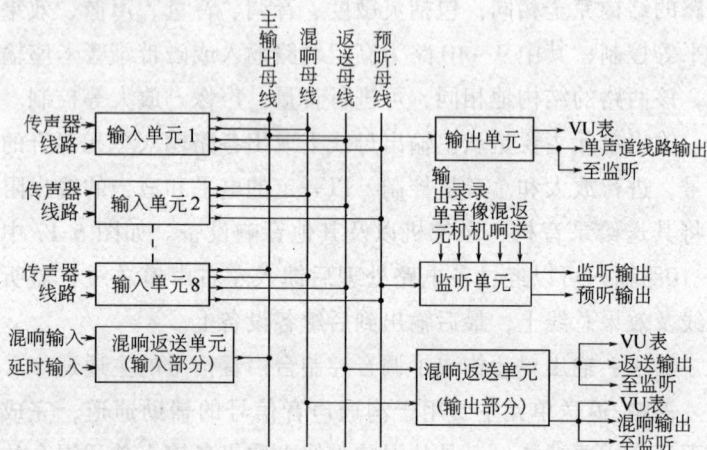

图 5-18 8路输入单声道调音控制台信号系统框图

对其信号进行编组，实行分组组合音量控制。在调音台上，需要对输入信号编几个组，就要设置多少条分组母线和多少个分组返回单元。编组调音台可以很好地解决声音录制与现场扩声的矛盾，同时满足不同信号对调音台处理的要求。

2．调音台的作用

调音台的主要作用有：对信号可以进行调整和放大；信号的频率均衡；信号的混合和分配；信号的传送。此外还有完善的监听系统、通话联路系统、多电声设备的遥控等功能。

二、音频连接

1．接口

音频电缆在声源和音频控制台或其他录音设备（如录像机）之间提供了基本连接。音频电缆，特别是接头部分特别脆弱，一定要小心使用。所有的专业传声器和摄录机等均采用三芯电缆和三相卡侬 XLR-3 型三芯接头，立体声传声器采用卡侬 XLR-5 型（5 芯）接头。如图 5-19 所示。卡侬 XLR-3 型接口：1 脚接地，2 脚为信号高端（＋），3 脚为信号低端（－），或顶端为信号高端，环端为信号低端，连接套管接地等方式连接。大多数非专业用电缆连接采用较小的 RCA 唱机插头或微型插头，电话插头常用于各种乐器如电吉他。

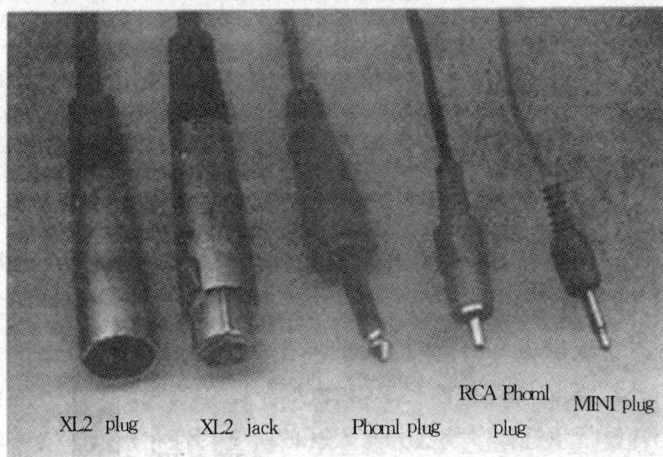

XL2 plug   XL2 jack   Phoml plug   RCA Phoml plug   MINI plug

图 5-19　声音接头

转换器能把不同的接头和电缆连接起来，虽然在平时工作中应随时准备好这些接头，但尽量避免使用。因为使用转换器仅是一个临时解决方法，容易出现问题。

2．阻抗匹配

音频连接时，应选用合适阻抗的设备进行配接。如传声器有高阻抗和低阻抗之分。高阻抗传声器一般使用较短电缆。专业用传声器一般为低阻抗，其配接设备作为传声器的负载，其负载阻抗必须是传声器输出阻抗的 5 倍以上。必要时，可加接阻抗变换器，以便顺利进行声音处理。

三、音量控制与音量表

音量控制不仅使微弱的声音响亮一些，响亮的声音柔和一些，而且也把声音保持在一个不失真的水平。音量的大小可参考音量表的指示，根据需要用旋钮式音量控制器或滑动推拉式音量控制器加以调整。

音量表是用来指示音频信号电平的。目前采用的有音量单位表（VU 表）与峰值音量表（PPM 表）两类。

1. 音量单位表

音量单位表又称 VU 表，是一种准平均值音量表。VU 表的表面刻度单位为分贝和百分数，如图 5-20 所示。其中标准 0VU（即 100%）相当于信号的准平均值为 1.228 伏，此时衰减器的衰减量为 0dB。VU 表的电平指示范围为 −20dB～＋3dB，VU 表的动态特性要求表针动得快、停得稳。VU 表的优点是音量指示近似平均数，与人耳的听觉特性相接近，能够较好地反应声音的响度，广泛运用于节目播送的音量控制上。VU 表的缺点是不能指示信号的峰值，当电路过载而引起节目

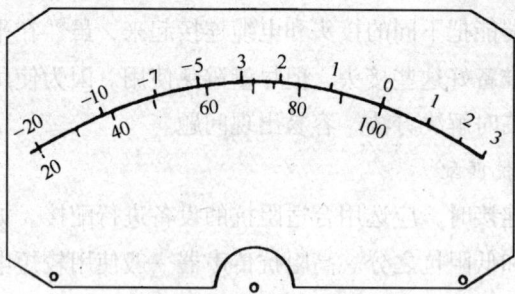

图 5-20　VU 表刻度盘

信号失真时，VU 表往往指示不出来。因此，在节目录制时，常采用 PPM 表与 VU 表并用，尤其是立体声节目的录制，PPM 表应用更为广泛。

VU 音量表使用时，一般要求音量足够大而又不失真，因此其指针的最佳位置应保持在下一行刻度线的百分之 50～100dB 之间，或上一行刻度线的 -7dB～0dB 之间。

2．峰值音量表

峰值音量表又称 PPM 表，是一种准峰值音量表。PPM 表的表头分为指针式和光栅式两种。指针式与 VU 表表头类似，指示范围有 - 50dB～+ 5dB（德国）， - 30dB～+ 11dB（荷兰）， - 12dB～+ 12dB（英国）等。PPM 表的指针上升极快，下降很慢，表针反应既快，又便于观看，可以精确地指示出节目的峰值。PPM 表作监测音频节目电平时比 VU 表优越。但 PPM 表指示的峰值电平大小并不能正确反应人耳对声音的响度感觉。各国使用的光栅式 PPM 表参见图 5-21。

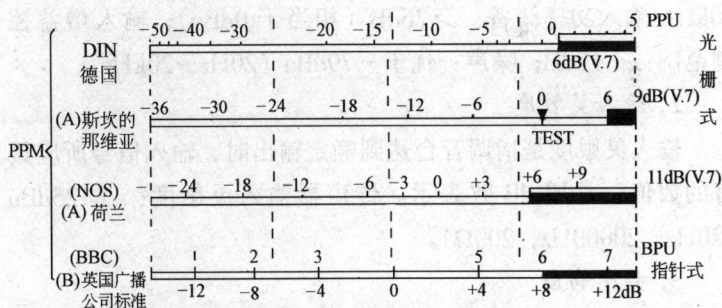

图 5-21　各国使用的 PPM 表表盘

综上所述，VU 表与 PPM 表在监测声音信号电平时各有所长，在播出调音台上常选用 VU 表，而在制作调音台上往往 VU 表与 PPM 表并用，以满足音量控制的需要。

四、调音台的选用

调音台种类繁多，价格差异很大，在实际应用中应在充分掌握不同调音台的技术特性基础上，根据应用场合对调音台功能的不同要求，选择最合适的型号。

调音台的主要技术特性有：输入特性、灵敏度、频率响应、信噪比（S/N）、失真度（THD）、通道均衡特性、交扰串音、输出特性等。例如世界上极负盛名的专业顶级调音台，英国 Neve（尼夫）的"V"系列调音台的主要技术特性：

1. 输入特性

（1）传声器输入：输入形式：平衡输入；输入阻抗：>1kΩ；输入峰值储备：>26dB（相对于 0dBu）（0dBu＝在任何电路阻抗上产生 0.775V）；输入增益控制范围：－10～+70dB。

（2）线路输入：输入形式：不平衡输入；输入阻抗：<10kΩ；输入功率储备：>26dB（相当于 0dBu）；输入增益控制范围：±10dB；噪声：优于－79dBu（20Hz～20kHz）。

2. 输入灵敏度

输入灵敏度是指调音台达到额定输出时，输入信号所应具有的数值，常用 dB 数表示。传声器输入灵敏度：－125dBu（20Hz～20000Hz，200Ω）。

3. 频率响应

+0.5dB～－1dB（20Hz～20kHz）（频率响应表示调音台对不同频率信号的放大能力，通常用某一频段范围内的输出电压的不均匀度表示）。

4. 失真度

总失真度＜0.04%（20Hz～20kHz）（通常指总谐波失

真)。

5. 交扰串音

<-80dB（20Hz~20kHz）典型值（表示串扰电压的大小）。

6. 输出特性

(1) 通道输出：输出阻抗：<15Ω；最大输出电平：>26dBu（600Ω 负载）。

(2) 总输出：输出阻抗：<15Ω；最大输出电平：>26dBu（600Ω 负载）。

7. 通道特性

(1) 噪声门：输入门槛电平：+15dBu~-55dBu；上升时间：1ms，正常：100μs，5 档；恢复时间：300ms~3s；范围：>50dB。

(2) 压缩器：输入门槛电平：+20dBu~-30dBu；上升时间：1ms/7ms（普通）；100ms/7ms（快速）；恢复时间：30ms~3s；压缩比：在 1:1 与 ∞:1 之间可调。

不同厂家生产的不同型号的调音台，其特性各不相同。对于广播、大型录音棚等专业制作，一般选择性能优越，并且带计算机控制的调音台，例如上例中英国 Neve 系列、英国 Soundcraft、日本 Sony 等系列调音台；对于一般娱乐场所，可选择中低档产品，例如美国 EV 系列等；特殊的专门领域还可选择一些专用调音台，例如可选用美国 RANE MP24 Disco Mixer 作为迪斯科专用调音台。

调音台是对音频信号进行放大、音色调整的专用声频核心设备。除调音台外，对音频信号进行加工、调整，对音响艺术进行再创作的设备还有延时器、混响器、均衡器、压缩器、限制器、扩展器、噪声门、功率放大器等等，参见表 5-4。

表 5-4　数字信号处理设备分类表

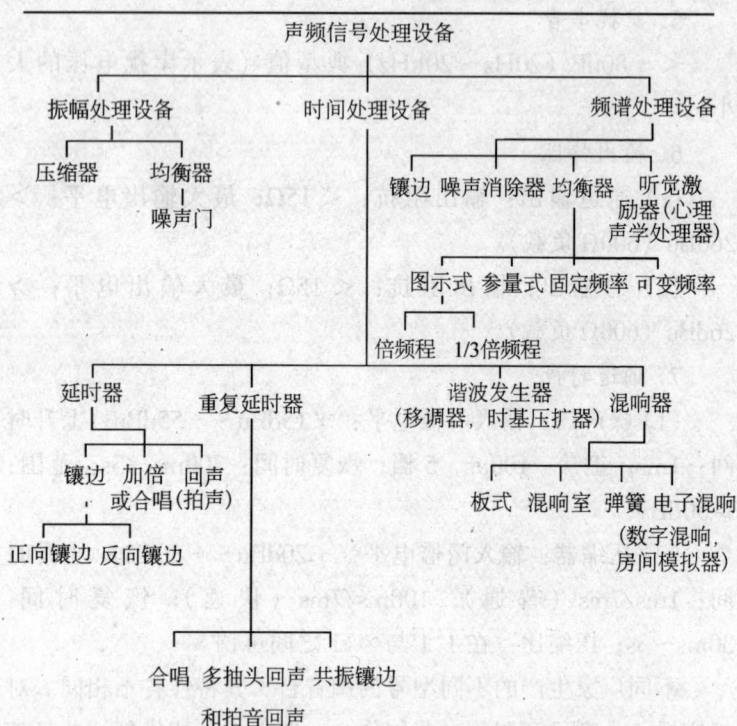

声频信号处理设备

振幅处理设备　　　　　　时间处理设备　　　　　　频谱处理设备

压缩器　　均衡器　　　　　　　　　　　　　　镶边　噪声消除器　均衡器　　听觉激
　　　　　噪声门　　　　　　　　　　　　　　　　　　　　　　　　　　励器(心理
　　　　　　　　　　　　　　　　　　　　　　　　　　　　　　　　　　　声学处理器)

　　　　　　　　　　　　　　　　　　　　　　图示式　参量式　固定频率　可变频率

　　　　　　　　　　　　　　　　　　　　倍频程　1/3倍频程

延时器　　　　重复延时器　　　　　　　谐波发生器　　　　混响器
　　　　　　　　　　　　　　　　　(移调器,时基压扩器)

镶边　加倍　回声　　　　　　　　　　　　　　　板式　混响室　弹簧　电子混响
　　　或合唱(拍声)　　　　　　　　　　　　　　　　　　　　　　　(数字混响,
　　　　　　　　　　　　　　　　　　　　　　　　　　　　　　　房间模拟器)

正向镶边　反向镶边

合唱　多抽头回声　共振镶边
和拍音回声

△ **第五节　音响制作**

　　电视节目都是声画并茂的，声音和图像都是其必不可少的组成部分。图像的制作由视频系统完成，而音响的制作由音响制作系统完成。任何音响制作都包括声音的录制、声音的加工、处理和音响合成等这几个部分。

一、声音的录制

声音的录制工作跨越了电视节目制作从前期到后期的各个制作阶段。声音的录制不仅仅是安放一个话筒，简单地把声音录制或叠加到相应的节目上去，而是至少应与视频制作一样从一开始就将它考虑在整个计划中，给予充分的重视，充足的准备。

声音录制时，首先应正确选择和使用最合适的传声器（即话筒），布置在合理的位置上，控制好拾音的方向。其次是利用专用的各种需要的音频设备，如调音台、均衡器等对声音进行适当控制，正确加工处理，控制好声音的音量、音质等因素。最后，用专用的声音录制设备记录到相应的媒体上。

音响不是独立于电视节目之外的，也不是与电视画面无任何关系的因素，音响和画面是电视节目中密不可分的两个方面。因而在音响制作、声音录制时必须充分考虑声音和画面的相互关系。

1. 音响成分

电视节目的音响，是对观众通过电视机喇叭听到的节目中各种音响成分的统称。从制作的角度来说，电视节目的音响可以分为三大类：有声语言、效果声和音乐。其中有声语言包括三种语言形式：对话，旁白、独白和解说，它是音响的主要组成部分。音乐包括主题音乐、主题曲、配乐等，是用来烘托时代背景、暗示地理环境、赞颂美好、暴露丑恶、表达情感等，是传达信息的主要组成部分。效果声是指除有声语言和音乐之外的所有自然界或创造的声音的总称。电视节目中的音响成分除可以跟画面一样表达内容，传递信息以外，还可以用来描绘环境，表达思想，抒发感情。

2. 声画关系

在电视节目制作中，声音和画面之间的配合关系基本上有三种：一是声画合一；二是声画分立；三是两者的混合运用。

声画合一是指声音和画面的内容完全一致，也就是说，画面中出现的人或物就是声音的发音体，或者声音是在具体说明画面的内容。

声画分立是指声音和画面的内容不一致。主要表现为声画对位和声画对立两种形式。声画对位是指声音和画面各自独立，相互配合，表现共同的含义或戏剧情节；声画对立是指声音和画面各自独立，相互对立，通过声音和画面的对立、冲撞，产生特定的含义。

电视节目的声画关系，根据具体节目的需要，或受某些条件的限制来确定。声音和画面的制作是相辅相成，密不可分的。无论是在视频制作或是音频制作中，均应充分考虑，合理处理好声画关系。

声音能够以某种方式影响我们对画面的感受，声音的录制不仅仅是技术问题，还必须"充分利用我们的耳朵"，即充分运用一些声音美学因素，如声音的现场感、声音的空间透视性、声音连续性、声音的主次感、声音的气氛等来帮助我们取得积极的声画关系。

二、音响合成

电视音响制作，依赖于电视音响系统来完成（此在前面已有所介绍）。电视台演播室制作系统是音响制作系统中最大而全的系统，具有同期录音、后期配音合成、播出甚至扩音等多种功能。实际使用中，往往是分别具有这些不同功能的简易系统或小型系统，它们可以是和视频系统密切配合的，也可以是独立于视频系统之外的。常用的音响合成系统主要有以下几种。

1. 同期录音系统

同期录音系统是在录制图像的同时现场录制声音的音频系统。

最简单的同期录音系统为 ENG 系统，如图 5-22 所示。由一只传声器和一台带时码的便携式数字录音机组成。现场录制时，图像由 ENG 摄像系统记录在录像带上，声音则由 ENG 录音系统记录在录音带上。为了使声画保持同步，录音带和录像带上都必须记录时码，以便在后期制作时，利用时间码连锁系统把它们编辑在一起。

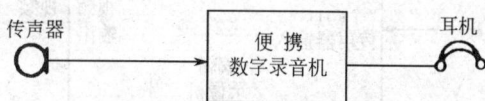

图 5-22　ENG 同期录音系统

功能较全的同期录音系统为 EFP 系统，如图 5-23 所示。该系统可以同时采用多只传声器拾音，现场完成调音及声音效果制作。为了简化系统，也可把虚线部分取消。

2. 后期配音合成系统

后期配音合成系统是根据图像进行同步配音并合成音乐、效果声的音频系统。

最简单的后期配音合成系统，如图 5-24 所示。它由一台带编辑功能的 VTR、一台监视器和一只传声器组成。配音时可根据监视器显示的图像画面，使用传声器配音，一般用于语言配音。需要时还可以加一台录音机以加配音乐。

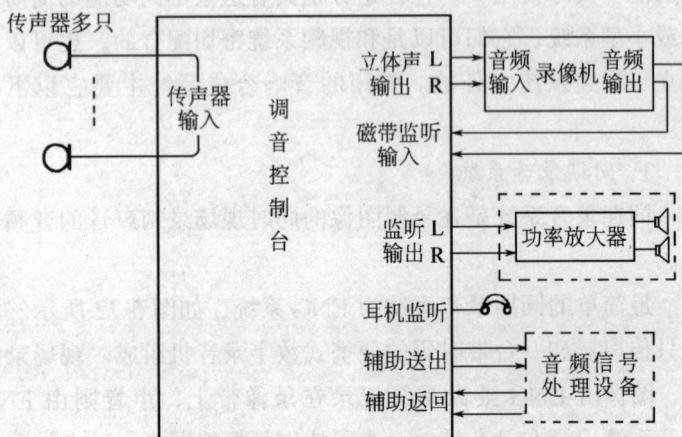

图 5-23　EFP 同期录音系统

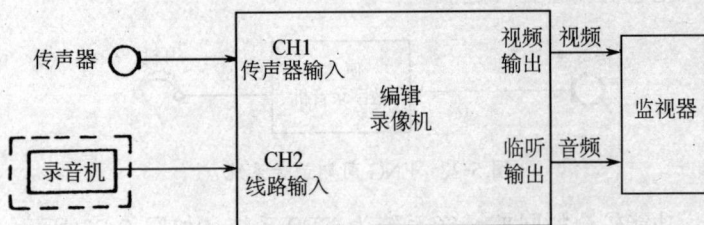

图 5-24　最简单的后期配音合成系统

　　功能较全的后期配音合成系统，如图 5-25 所示。与图 5-24相比，增加了调音台、混响器等音频信号处理专用设备，这就是常用的 1 对 1 编辑设备系统，接入一调音台所构成的符合专业级或广播级的带电子编辑功能的音响合成系统。这种系统信号源较全，音响处理能力强，宜选用高技术指标的录像机和多轨录音机、视音频同步锁相系统等，以制作高质量的电视节目。

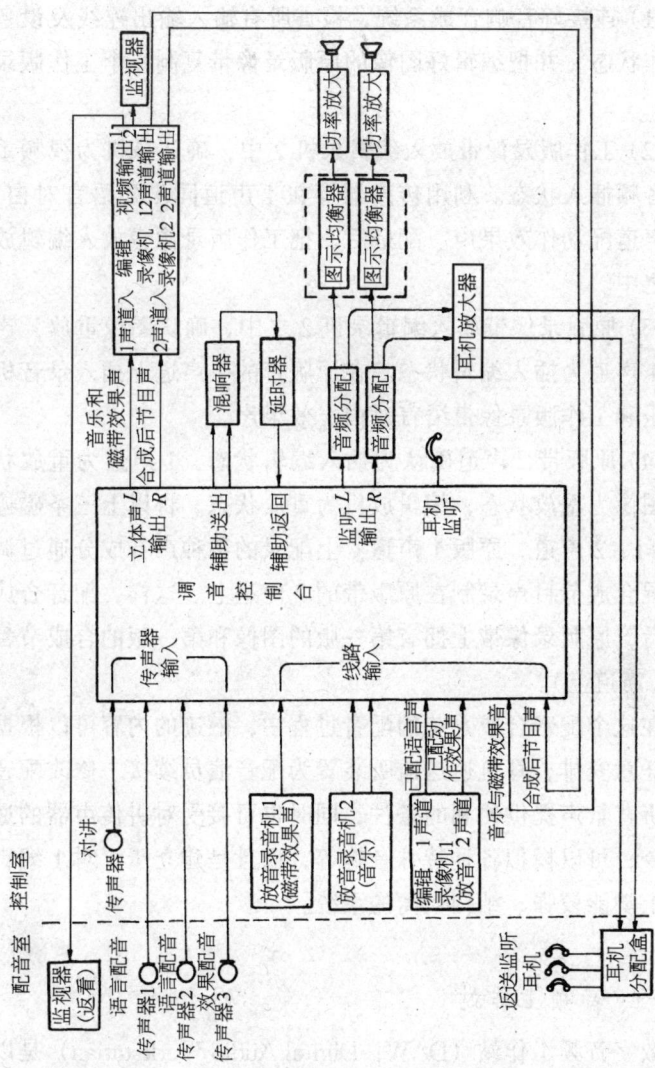

图 5-25 功能较全的配音合成系统

带编辑功能音响合成工作的基本要点是：

（1）连接好音响合成系统，检查所有输入输出连线及设备的工作状态。并把编辑好图像的原版录像带复制一个工作版录像带。

（2）工作版录像带放入编辑录机2中，确认该机为视频重放、音频插入状态。利用传声器等在1声道同步配语言对白，在2声道配动作效果声。配好后，把工作版录像带放入编辑放机1之中。

（3）原版录像带放入编辑录机2之中，确认图像重放，声音的1声道为插入编辑状态。在原版带的1声道上插入录音机的音乐和工作版录像带语言对白、效果声。

（4）原版带2声道确认为插入编辑状态，1声道为重放状态，图像为重放状态，编辑放机为重放状态。将以上三条磁迹（放机1、2声道，原版1声道）上配录的各种声音成分通过调音台混合成节目声录制在原版带的2声道上。这样，配音合成完毕后，原版录像带上拥有第一版的图像和第一版的合成节目声（2声道上）。

338

在这个配音合成系统的配音过程中，磁迹的内容可以根据需要任意安排；耳机返送监听装置为配音演员续接、修改配音或监听背景声提供便利的条件，同时也可接受对讲传声器的通话指令；可以模拟各种特殊音响等，而且是建立于1对1编辑系统上功能较强、结构较简的系统。

三、音频工作站

数字音频工作站（DAW：Digital Audio Workstatian）是以计算机控制的硬磁盘为主要记录载体的；在节目录制时，能将数字音频信号像计算机中的文件一样进行处理，包括存储、编辑、复制、传送等；能在数字状态下，对音频信号进行压缩、扩张、限幅、声像调节、音质调整、电平调整、混响、延时等精密加工处理的；集计算机、录音机、调音台、效果器等功能为一体的数字音频系统。

1. 音频工作站的分类

音频工作站的主要差别在于主控计算机，按其不同可分为专用机、MACⅡ机和 IBM 兼容机三大类。

（1）专用机：专用机目前的代表机型为 DAR（Digital Audio Research），适合于传统录音机的用户使用。专用机易于对人机界面进行管理，但要实现个人计算机式的丰富图形界面有一定的困难，也不利于产品的升级发展。

（2）MACⅡ机：MACⅡ机是一个开放的音频工作站。具有优良的图形人机界面，大部分产品以小型计算机系统接口（SCSI：Small Computer System Interface）为系统总线，容易实现多路系统。

（3）IBM 兼容机：IBM 兼容机系统有丰富的软硬件支持，是在 Windows3.0、3.1 环境下发展起来的，具有良好的开放性。同时，用户可进行二次开发，增强功能，做到一机多用。

2. 数字音频工作站的系统构成与特点

数字音频工作站是在个人计算机基础上，再配置音频信号的输入/输出接口和专门的音频处理器所组成的。它的软件建立在 Windows 或 MS-DOS 操作系统上，使用直观方便。近年来，随着广播电台录制和播出技术的迅速发展，音频工作站走向网络化，来完成广播节目的录制和自动播出。

数字音频工作站，把模拟的信号转换成高质量数字音频信号来处理。其信噪比可高达 108dB（理论值），频率响应为 20Hz～20kHz±0.25dB，通道隔离度大于 80dB，总体失真率小于 0.03%，抖晃率低于可测量的下限值。实现了在模拟领域中几乎无法实现的极高音频技术指标。数字音频工作站，是以计算机控制的硬盘为主要载体的，因而可对音频信号进行随机定位和随机存取。音频工作站既继承了传统多轨磁带录音机的优点，又进一步吸收了计算机图形显示的科学性、直观性，可进行精确的多磁迹目视编辑。音频工作站进行的编辑，与传统的模拟磁带的一次性编辑不同，不会直接破坏原始音频素材，可进行多次的非破坏性编辑，也不用担心素材的丢失。音频工作站还具有 DSP（数字信号处理）功能，可以提高系统速度，实时信号处理，加速主控计算机，管理外部接口和内部通信等。音频工作站还具备归档能力，可在需要时，迅速地对硬盘上数据进行归档。

340

△ 第六节 数字音响技术

自 1887 年爱迪生发明留声机以来，至今已有一百多年的历史。声音的记录、处理和重放技术也经历了重大的变革。但由于始终没有脱离模拟技术的范畴，录放机技术的大幅度提高，已是非常困难的事情。数字音响技术的飞速发展，从本质上解决了模拟技术所难以解决的问题，开创了音响领域的新纪元。

数字音响技术是指把音频信号数字化，并在数字状态下进行传送、记录、加工、处理以及重放的一整套技术。音响技术的数字化是音响技术发展的必然趋势。

一、数字音响技术的发展

早在 1937 年，利夫斯（A·H·Reeves）提出了脉冲编码调制（PCM）理论——一种将模拟音频信号进行数字化的技术，并取得了专利。但由于当时的电子器件还是真空管，用 PCM 技术设计音响产品，体积非常庞大，无实用价值。随着集成电路，特别是大规模、超大规模集成电路和高密度记录技术的出现和应用，PCM 技术才在音响系统得到应用。

　　1967 年，日本 NHK 技术研究所首先把 PCM 技术引进音响系统，并使用磁带录像机研制成功旋转磁头方式 PCM 录音机，开创了数字音响技术的新纪元。

　　1970 年，西德德律风根（Telefunken）公司等发表机械式电视唱片系统（TED）；随后，美国 RCA 公司发表电容式电视唱片系统。

　　1972 年，日本哥伦比亚公司采用旋转磁头方式数字录音机生产唱片母盘和出售 PCM 唱片；荷兰飞利浦（Philips）公司发表激光式电视唱片系统；英国 BBC 广播公司发表固定磁头方式开盘式数字磁带录音机。

341

　　1977 年，日本索尼（Sony）公司在市场发售家用旋转磁头方式 PCM 处理机 PCM-1，它与录像机连用构成数字磁带录音机。

　　1979 年，荷兰飞利浦公司发表激光式小型数字音响唱片系统（简称 CD）。

　　1981 年，为统一数字唱片标准，世界各国 51 家公司在日本召开商讨会（恳谈会），提出推荐数字唱片的三种方式的建议：

　　（1）Philips 公司和 Sony 公司的 Compact Disc 方式（简称 CD 方式）；

　　（2）Telefunken 公司等的 Mini-Disc 方式（简称 MD 方式）；

（3）日本胜利公司（JVC）的 Audio High Density Disc 方式（简称 AHD 方式）。

1982 年，各公司出售 CD 唱片，CD 方式唱片发展迅猛，很快淘汰了另外两种方式，成为统一的数字唱片方式。

1983 年 6 月，国际上有 81 家公司（多数是日本）在日本举行 DAT 恳谈会，商讨 DAT（Digital Audio Taperecoder）统一规格。1985 年，提出了两种方式数字磁带录音机 DAT 规格，即旋转磁头方式（R-DAT）和固定磁头方式（S-DAT）。1987 年，开始销售 R-DAT。数字录音机不仅在专业领域得到应用，而且已开始进入家庭，标志着数字录音机时代的开始。

1991 年，荷兰 Philips 公司研制出 DCC（Digital Compact Cassettes）数字盒式录音机，日本索尼 Sony 公司开发出 MD（Mini Disc）可录式光磁盘。1992 年它们分别商品化，并开始上市销售，进一步推动数字音响技术的发展。

1992 年 6 月 9 日在法国境内位于法、德边境的斯特斯堡第一个德法 DAB（Digital Audio Broadcasting）试验网投入运行，并于 1994 年 8 月结束了 DAB 标准的公开讨论。在 1995 年内英国开始 DAB 试验广播，其他多数国家也从 1997 年起陆续启用 DAB。目前，欧洲开发的 DAB 是世界上最好的数字传输系统，并以很快的速度向多媒体广播（DAB）发展。

随着 1994 年 DCC 关于文本数据在播放时的恢复、DAT 与 MD 数据驱动器建立、1995 年第三代 MD 播放机的推出等等，DAT、DCC、MD 都得到了很大发展。数字音响设备完全替代模拟音响设备仅是时间问题。也许 DAT、DCC 或 MD 系统还不能做到这一点，但是总有一天，数字音响将成为唯一的音响来源。

二、数字音响系统的分类

数字音响系统或数字音响设备大致可以分成以下几类：

1. 数字磁带系统

数字磁带系统包括固定磁头方式数字录音机（S-DAT）；旋转磁头方式数字录音机（R-DAT）；模拟放音兼容式数字录音机（DCC）等。

2. 数字唱片系统

数字唱片系统包括激光反射式唱盘（CD方式）和可录式光盘（MD方式）。

3. 数字音频广播 DAB

包括地面广播和卫星广播。

4. 其他数字音响设备

如数字调音台、数字延时器、数字混响器等等。

各种数字音响设备如数字磁带录音机，具有动态范围宽，一般大于90dB；频率特性宽而平直（0～20kHz在±0.5dB以内）；几乎无调制噪声，声音间有很好的相位特性；有误码校正和补偿功能，可以纠正记录或传输过程中的错误；多代复制声音质量不下降等等优点。由于其性能优越，迅速在广电系统得到应用，成为广播电视系统数字化的更新换代产品。

下面就数字磁带录音机来分析一下数字音响的基本原理。

三、数字音响基本原理

数字音响基本原理即 PCM 原理（即脉冲编码调制原理），就是指将连续模拟信号通过采样、量化、编码后形成数字信号，然后再进行记录、加工、处理、传输或重放。数字磁带录音机的原理框图，如图 5-26 所示。

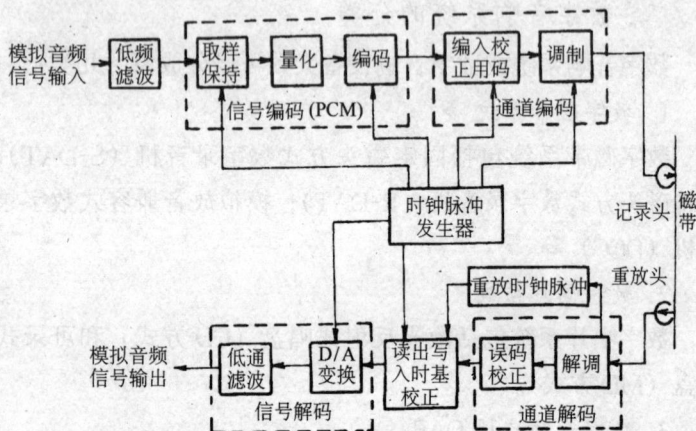

图 5-26　数字磁带录音机的基本原理框图

1．输入低通滤波

滤除输入模拟音频信号频带之外的高频频率分量。

2．信号编码 PCM

信号编码 PCM 是指把模拟信号通过采样、量化、编码后形成数字信号。

（1）采样：采样指以适当的时间间隔对模拟音频信号的幅度采得样值，即可得到在时间轴上不连续的脉冲序列，每个脉冲的幅度反映了采样值时刻的信号幅度的大小。采样时采样频率的选定主要考虑：①音频的最高频率，如人耳一般的最高听音频率为 20kHz；②采样定理。取样时的频率至少为信号最高频率的两倍，信号波形才能恢复原状，即若人耳听音最高频率为 20kHz，则取样频率必须大于 40kHz；③硬件的实现。数字录音采用的取样频率主要有 44.056kHz、44.1kHz、48kHz 等。44.056kHz 的取样频率，考虑到与 NTSC（彩色）行同步信号有 14∶5 的整数比关系，适合于该制式 VTR 作数字录音使用；44.1kHz 的取样频率，考虑到适合于 PAL、SECAM、NTSC（黑白）制的 VTR 作数字录音用；48kHz，考虑到与 PCM 数字广播所同的 32kHz 取样频率（模拟信号带宽取 15kHz）有 3∶2 的整数比关系，国际电工委员会（IEC）和国际无线电咨询委员会（CCIR）将其正式规定为专业数字录音机用演播室标准。

（2）量化：量化指把取样所得的脉冲序列分化为有限个预置离散值（量化电平值）。量化电平的级以 2^n 来表示，n 为量化比特数。n 越大，原信号电平值与量化电平值越接近，量化噪声越小，量化误差越小，系统动态范围越大，动态范围 $= 6 \times n + 1.76$（dB）。但传输和记录的信号频带也会越宽，录音机也会变得更加复杂和高价。一般 n 取 14～20。

（3）编码：编码是指将取样和量化后的，在时间上和幅度上都是离散的信号，用一组二进制码代表每一量化后的取样值。若量化的比特数为 n 时，编码须采用 n 位二进制码，则数码的传输速率即：PCM 信号的数码率 = 取样频率 × 量化比特数（bit/s）。设取样频率为 44.1kHz，量化采用 16 比特（bit），则其 PCM 信号的数码率为：$44.1 \times 10^3 Hz \times 16bit = 0.7056 \times 10^6 bit/s$. 若是立体声双通道信号编在一个通道中传输，则信号的数码率为上述的两倍。实际应用中，考虑到同步、误码纠错等冗余位。其数码率可达 3Mbit/s 左右。

3．通道编码

数字信号在传输过程中，由于磁粉脱落、磁迹的串扰、机械不稳定等因素的存在，容易产生随机差错。因此，必须在 PCM 信号中加入错误校正码，以便在解码时能够对错误码和信号失落给予纠正和补偿。数字录音机中常用的纠错码为里德-索罗门码（Reed-Solomon Code），简称 RS 码。

同时，为了提高数字信号的传输效率，改善传输条件，需要对数字信号加以调制，数字录音机常用的调制方式有 NRZI（Non Return to Zero Immediately，不即归零）、8/10 变换、HDM（高密度调制）、4/6 调制、2/4 调制等。调制方式应适应记录系统的传输特性。

4．通道解码

重放时，首先需进行通道解码。通道解码是通道编码的逆变换，解调出数字信号，并利用错误校正码检测出该码和信号失落，对其进行纠正和补偿。解调时从信号中分离出来的重放时钟同步信号可作为时基校正器的写入时钟使用。

5．时基校正

通过时基校正，可以把重放信号中包含的机构走带系统造成的抖晃完全消除，重而使数字录音机的抖晃率可以减小到忽略不计。

6．信号解码

信号解码是信号编码的逆过程，它用 D/A 变换器把数字信号变换成模拟信号。但 D/A 变换后的模拟信号包含有大量非原来模拟音频信号的大量高频成分，所以需要低通滤波器来滤除，以恢复出真正的模拟音频信号。

综上所述，数字录音机的基本原理可简单归结为 A/D 变换、数字信号记录、数字信号重放、D/A 变换。

四、数字音响格式简介

数字音响技术的基础是脉冲编码调制原理（PCM）（即 Pulse Code Modulation），它采用 0 与 1 序列存储在磁带或盘片上的录音方式取代了将声音或数据作为模拟信号的存储方式，解决了模拟方式难以解决的一系列问题。PCM 技术是一种将模拟信号数字化的技术。由于数字化时根据不同的媒体采用 32kHz、44.1kHz、48kHz 或 96kHz 等不同的取样频率,并按不同的编码方法形成代表原波形的二进制脉冲序列等,从而形成了不同的数字音响格式。下面我们介绍一下常用的几种数字音响机器的主要格式。

1. CD 数字音响唱片系统

CD 数字音响唱片系统格式于 1980 年由荷兰飞利浦(Philips)和日本索尼(Sony)公司确定,它是一个既考虑到现实的可能性,又预测到将来的发展而制定的具有相当质量高度的标准。考虑到人耳的可听声音频率范围为 20Hz～20kHz,根据取样频率为高端频率的两倍以上的要求,CD 的取样频率为 44.1kHz。根据当时批量生产的可能性,确定量化编码采用 16 比特,从而使用系统的动态范围达到 96dB。

2. 数字音频磁带录音机 DAT 格式

DAT 的格式分为固定磁头格式(简称 S-DAT)和旋转磁头格式(简称 R-DAT),这两种格式均诞生于 1982 年,但其技术标准直到 1985 年在世界上才得到统一。由于 R-DAT 采用了与早已成熟的录像机相似的旋转磁头技术来记录和重放数字音频信号,在录音时间、设备成本及体积方面都显示出了无比的优越性。而 S-DAT 格式却由于固定磁头的生产工艺水平的限制,尚未有产品上市。所以通常所说的 DAT 即指 R-DAT。

DAT 的工作原理是在录音过程中将模拟信号转换成编码的数字信号。开发的目的是替代传统的模拟录音机,因而任何会使用传统卡带录音机的人都能毫无困难地操作 DAT。DAT 采样时采用 44.1kHz 或 48kHz,以 16 比特的线性记录方式记录。由于 DAT 不对音频进行压缩,具有 CD 的音质,可用于录音母带的制作，保证原版带的拷贝或再拷贝，其声音质量几乎无任何下降。DAT 使用的是数字和模拟信号同样可以输入、输出的标准，以及 AES/EBU 接口方式。DAT 的磁带尺寸很小（一个 DAT 卡带的尺寸 73mm×53mm×10.5mm），相当于模拟带的一半，但存储容量较大，是普通盒带的两倍。而且其剪辑功能特别好，剪辑点特别精确，特别适合于专业录音。

3. 数字卡带 DCC 格式

数字盒式磁带录音机 DCC 是 1991 年荷兰 Philips 公司开发成功的。它是能与 DAT 一样对原版的声音质量进行数字录音和播放的格式。DCC 能自动翻带，并能向后兼容，还能播放目前世界上流行的模拟盒式磁带。这一兼容特性是 DAT 所没有的。DCC 采用 48kHz、44.1kHz 或 32kHz 频率采样，采用比特率压缩系统，采用高精度自适应子带编码压缩 PASC，压缩率高达 75%，动态范围达 18bit 或 105dB，达 CD 的音质。尽管 Philips 公司竭力宣传和推荐 DCC 是模拟卡带的理想替代品，但 DCC 受到另一试图达到同样目的的数字音频格式 MD 格式的竞争。

4. 迷你光盘 MD 格式

MD 是日本索尼公司推出的可录式激光唱片（光磁盘）系统。它在保持 CD 原有优点的基础上，又能像磁带录音机那样进行抹音和录音。MD 利用人耳的听觉特性进行压缩编码，并采用双功能激光拾音技术的高效记录磁头进行记录。其数字化的采样频率为 44.1kHz，采用 4 比特压缩编码（ATRAC-Adaptive Trausform Acousfic Coding），自适应变换声编码，其动态范围可达 105dB。MD 信息记录方式与 CD 相似，而且是利用激光来工作的，因此 MD 可以认为是 CD 家族的发展，但 MD 与 CD 不兼容。MD 具有尺寸小、易于操作、具有高质量的数字声音（频率范围为 5Hz～20kHz）、可以高速检索、可以录音等优点。MD 数据驱动器推出以及在计算机产业方面的应用，进一步推动了 MD 的发展。MD 的易剪辑、无损伤、可录放等优点使其被许多小型电视台站和个人所选用。MD 被认为是新一代的替代模拟盒式录音机的个人音响系统。

现行数字音响机器的主要格式比较，见表 5-5。

表 5-5　数字音响机器的主要格式比较

数字机器 各因素	DAT	CD	DCC	MD
采样频率	48kHz, 44.1kHz, 33kHz	44.1kHz	48kHz, 44.1kHz, 32kHz	44.1kHz
量化比特数	16 比特 直线 12 比特 非直线	16 比特　直线	4 比特 （PASC 压缩）	4 比特 （ATRAC 压缩）
通道数	2ch/4ch	2ch	2ch	2ch
频率特性	5Hz～22kHz 5Hz～20kHz 5Hz～14.5kHz	5Hz～20kHz	5Hz～22kHz 5Hz～20kHz 5Hz～14.5kHz	5Hz～20kHz
动态范围	96dB	96dB	105dB	105dB
记录时间	120 分/240 分	74 分	120 分	74 分
纠错方式	2 重里德 索罗门码	CIRC	2 重里德 索罗门码	CIRC
调制方式	ETM （8-10 调制）	EFM （8-14 调制）	ETM （8-10 调制）	EFM （8-14 调制）

5. HQAD 数字音频格式

英国 ARA 组织于 1995 年 6 月提出了 DVD 高质量音频应用的提案，提出了一种归纳了录音与光盘制作、广播、音频技术的有关学会、CD 唱机制造业、虚拟技术开发者等各方面意见的新的音频格式 HQAD（High Quality Audio Disc，高质量音频光盘）。

HQAD 的音频信号采用线性 PCM 编码，每一声道最高可达 24 比特精度，一般情况下采用 20 比特，48kHz 取样，或采用 16 比特，96kHz 取样。除了备份以外，都采用"非删减信息压缩方法"，可提供应用的灵活性。配备有 8 个声道，其中拥有单独分立的传统二声道，可与传统二声道完全兼容；并能按特定的混音方式提供最多可达 6 个全频带环境声道。播放时间可根据比特数、取样频道、声道数量等选用不同的组合，例如：可选 8 声道、20 比特、48kHz，播放时间为 93 分钟；2 声道、16 比特、48kHz，播放 371 分钟；2 声道、24 比特、96kHz，可播放 143 分钟；7.1 声道、24 比特、48kHz，可播放 74 分钟等。

HQAD 格式是一种全新的数字音频格式。它无论在音质上还是音量上，都超越了 CD。

6. ADA 数字音频格式

日本音响界也于 1995 年 7 月成立了 ADA，并于 1996 年 4 月提出了自己的方案，取名为"实现下一代数字音频的希望条件"。其要点是：

（1）ADA 参数要充分预测到以后技术的发展，至少今后 15～20 年还能使用；

（2）ADA 母版与重放媒体对声音文化的进一步发展具有足够高的质量，价格适中；

（3）ADA 母版与重放媒体是非压缩性的，并考虑充分的向后兼容性；

（4）ADA 母版与重放媒体的频带应从直流到 100kHz；

（5）ADA 重放媒体以 12cm 单面单层光盘为基本型，并具有声道扩展性。

HQAD 与 ADA 将充分考虑现有 CD 已相当普及的事实，从而向更高音质及更灵活应用的多功能方向发展。

本章思考与练习题

1．声音是怎样形成和传播的？

2．什么是声音的主观感觉三要素？

3．等响曲线有什么作用？

4．室内声音传播有什么特点？

5．什么是混响时间 T_{60}？

6．什么样的声音是好的声音？

7．音响系统的基本组成部分有哪些？有哪些基本功能？

8．传声器有哪些种类？它们的主要特性如何？

9．传声器的基本特性有哪些？

10．对电容式传声器与动圈式传声器的性能和适用场合作个比较。

11．如何正确选择、使用传声器？

12．调音台由哪几部分组成？它的主要作用是什么？

13．音频连接时应注意哪些问题？

14．什么是 VU 表与 PPM 表？它们有什么作用？

15．怎样才能录好电视节目的声音？

16．怎样进行音响合成？

17．数字音频工作站的作用？

18. 什么是 PCM 原理？

19. 什么是 DAT、MD、DCC？各有什么特点？

20. 如何认识音响技术的数字化是发展的必然趋势？

主要参考文献

[1] 郑利民、李亮:《电视制作技术——原理、设备与系统》,电子工业出版社,1995 年。

[2] 梁华:《HiFi 音响技术》,辽宁科学技术出版社,1997年。

[3] 曾广兴:《现代音响技术应用》,广东科技出版社,1997 年。

[4] 张文俊:《当代传媒新技术》,复旦大学出版社,1998年。

[5] 谢贺添、王世荣:《电视采编设备原理与使用》,中国广播电视出版社,1998 年。

[6] 张一心、姜绍禹编译:《电视节目制作手册》,中国水利水电出版社,1998 年。

图书在版编目（CIP）数据

电视节目制作（技术类）/梁小山主编 .—北京：中国广播
电视出版社，2000.7 （2013.3重印）
ISBN 978-7-5043-3529-6

Ⅰ.电... Ⅱ.梁... Ⅲ.电视节目-制作
Ⅳ.G222.3

中国版本图书馆 CIP 数据核字（2000）第 63687 号

电视节目制作（技术类）

主　　编：	梁小山
责任编辑：	王本玉
装帧设计：	张一山
责任校对：	谭　霞
监　　印：	刘立东
出版发行：	中国广播电视出版社
电　　话：	86093580　86093583
社　　址：	北京市西城区真武庙二条9号　（邮政编码　100045）
经　　销：	全国各地新华书店
印　　刷：	涿州市京南印刷厂
开　　本：	850 毫米 ×1168 毫米　1／32
字　　数：	250（千）字
印　　张：	11.5
版　　次：	2000 年 8 月第 1 版　2013 年 3 月第 7 次印刷
印　　数：	28001—31000 册
书　　号：	ISBN 978-7-5043-3529-6
定　　价：	22.00 元